Indien Reiseführer

Entdecken Sie die Wunder Indiens, Ihre ultimative Reise durch Geschichte, Kultur und Abenteuer (Vollfarbe 2025)

ELLA KARL

ISBN: 9798338496299

INHALTSVERZEICHNIS

WILLKOMMEN IN INDIEN

WIndia, offiziell bekannt als die Republik Indien, ist eine lebendige und vielfältige Nation in Südasien. Es ist flächenmäßig das siebtgrößte Land mit einer Fläche von rund 3,287 Millionen Quadratkilometern und mit einer Bevölkerung von mehr als 1,4 Milliarden Menschen im Jahr 2023 das zweitbevölkerungsreichste Land der Welt. Indien grenzt im Nordwesten an Pakistan, im Norden an China und Nepal, im Nordosten an Bhutan sowie im Osten an Bangladesch und Myanmar. Im Süden bildet der Indische Ozean eine natürliche Grenze, wobei Sri Lanka im Südosten und die Malediven im Südwesten liegen. Diese strategische Lage hat Indien historisch zu einem Knotenpunkt für kulturellen Austausch, Handel und Invasionen gemacht und zu seinem reichen und facettenreichen kulturellen Erbe beigetragen.

Ein Einblick in Indiens alte Geschichte: Indiens Geschichte ist eine der ältesten und kontinuierlichsten Geschichten der Welt, die auf die Indus-Kultur zurückgeht, die um 2500 v. Chr. blühte. Diese alte Zivilisation, die für ihre fortschrittliche Stadtplanung, Architektur und soziale Organisation bekannt ist, gedieh entlang des Indus und seiner Nebenflüsse. Die archäologischen Stätten von Harappa und Mohenjo-daro zeugen von ausgeklügelten Stadtplänen, darunter gut organisierte Entwässerungs systeme, mehrstöckige Häuser und öffentliche Bäder, die als einige der frühesten Beispiele der Stadtplanung gelten.

Nach dem Niedergang der Industal-Zivilisation um 1500 v. Chr. trat Indien in das vedische Zeitalter ein. In dieser Zeit, benannt nach den Veden, den ältesten heiligen Texten des Hinduismus, wanderten die indoarischen Völker auf den indischen Subkontinent aus. Die vedischen Texte legten den Grundstein für viele Aspekte der indischen Kultur, einschließlich religiöser Rituale, sozialer Hierarchie und der Entwicklung von Sanskrit als heilige und literarische Sprache. Die soziale Struktur entwickelte sich zu einem Kastensystem, das die Menschen in verschiedene Varnas (soziale Klassen) wie Brahmanen (Priester), Kshatriyas (Krieger), Vaishyas (Kaufleute) und Shudras (Arbeiter) einteilte.

Das erste große Reich, das den größten Teil des indischen Subkontinents vereinte, war das Maurya-Reich (um 322-185 v. Chr.), das von Chandragupta Maurya gegründet wurde. Das Maurische Reich erreichte seinen Höhepunkt unter der Herrschaft von Ashoka dem Großen, der von 268 bis 232 v. Chr. regierte. Ashoka ist nicht nur für seine militärischen Eroberungen bekannt, sondern auch für seine Bekehrung zum Buddhismus, nachdem er Zeuge der Schrecken des Krieges geworden war. Er förderte aktiv die Verbreitung des Buddhismus sowohl innerhalb als auch außerhalb Indiens und sandte Missionare nach Zentralasien, Südostasien und sogar bis zum Mittelmeer. Ashokas Herrschaft ist durch die Einführung eines moralischen und ethischen Kodex gekennzeichnet, der in Felsen und Säulen seines Reiches eingeschrieben ist und Gewaltlosigkeit, Toleranz und das Wohlergehen seiner Untertanen betont.

Das Gupta-Reich (um 320-550 n. Chr.), oft als Goldenes Zeitalter Indiens bezeichnet, folgte dem Niedergang der Mauryas. Diese Ära war geprägt von bedeutenden Errungenschaften auf verschiedenen Gebieten, darunter Mathematik, Astronomie, Literatur und Kunst. Bemerkenswerte Gelehrte wie Aryabhata machten Fortschritte in Mathematik und Astronomie, einschließlich des Konzepts der Null und der Approximation des Wertes von pi. In der Gupta-Zeit wurde auch die klassische Sanskrit-Literatur komponiert, wobei Werke wie Kalidasas Theaterstücke und Gedichte die kulturelle und intellektuelle Lebendigkeit der Zeit widerspiegelten.

Mittelalterliches Indien und der Aufstieg regionaler Königreiche: Das Mittelalter in Indien war geprägt vom Aufstieg und Fall zahlreicher Königreiche und Imperien. Im Süden errichtete die Chola-Dynastie (circa 9.-13.Jahrhundert n. Chr.) ein mächtiges Reich, das seinen Einfluss auf Sri Lanka und Teile Südostasiens ausdehnte. Die Cholas waren bekannt für ihre Beiträge zu Kunst, Architektur und Verwaltung und bauten großartige Tempel wie den Brihadeeswarar-Tempel in Thanjavur, der ein Beweis für ihre architektonischen Fähigkeiten ist.

In Nordindien markierte das Sultanat Delhi (1206-1526 n. Chr.) den Beginn der islamischen Herrschaft. In der Sultanatszeit wurden persische Kultur, Kunst und Architektur eingeführt, die sich mit den indigenen indischen Traditionen vermischten. Der Bau von ikonischen Bauwerken wie dem Qutb Minar und dem Alai Darwaza veranschaulicht die architektonische Innovation dieser Ära. Das Sultanat legte auch den Grundstein für Verwaltungspraktiken, die später von den Moguln übernommen wurden.

Die Ankunft der Moguln im 16.Jahrhundert läutete ein neues Kapitel in der indischen Geschichte ein. Das 1526 von Babur gegründete Mogulreich ist bekannt für seine Beiträge zu Kunst, Architektur und Verwaltung. In der Mogulzeit wurden einige der bekanntesten Denkmäler Indiens errichtet, darunter das Taj Mahal, das Rote Fort und Fatehpur Sikri. Mogulherrscher wie Akbar, Jahangir und Shah Jahan förderten die Künste und führten zur Entwicklung der Mogulmalerei, die persische und indische Stile kombinierte. Akbars Politik der religiösen Toleranz und seine Bemühungen, Hindus und Muslime in seine Regierung zu integrieren, werden oft als Beispiele für seine aufgeklärte Herrschaft hervorgehoben.

Kolonialzeit und Unabhängigkeitskampf: Die Ankunft europäischer Händler, beginnend mit den Portugiesen im späten 15.Jahrhundert, markierte den Beginn europäischer Kolonialinteressen in Indien. Die Portugiesen gründeten ihre erste Siedlung in Goa, gefolgt von den Holländern, Franzosen und schließlich den Briten. Die britische Ostindien-Kompanie erweiterte schrittweise ihre Kontrolle über indische Gebiete durch eine Kombination aus militärischer Eroberung, Allianzen und politischer Manipulation. Mitte des 18.Jahrhunderts hatten die Briten ihre Dominanz über Bengalen etabliert und damit den Grundstein für die britische Herrschaft in Indien gelegt.

Der indische Aufstand von 1857, auch bekannt als Sepoy-Meuterei, war ein bedeutender Aufstand gegen die britische Herrschaft, der durch verschiedene Missstände ausgelöst wurde, darunter wirtschaftliche Ausbeutung, religiöse Einmischung und Respektlosigkeit gegenüber indischen Bräuchen. Obwohl der Aufstand letztendlich unterdrückt wurde, führte er zur Auflösung der Ostindien-Kompanie und zur Errichtung einer direkten britischen Kronherrschaft in Indien, was den Beginn des britischen Raj (1858-1947) markierte.

Der Kampf für die indische Unabhängigkeit gewann im späten 19. und frühen 20.Jahrhundert mit der Gründung des Indischen Nationalkongresses im Jahr 1885 an Dynamik. Führer wie Bal Gangadhar Tilak, Lala Lajpat Rai und Bipin Chandra Pal plädierten für Selbstverwaltung und versuchten, das nationale Bewusstsein zu wecken. Die Entstehung von Mahatma Gandhi im frühen 20.Jahrhundert brachte dem Freiheitskampf eine neue Dimension und betonte gewaltfreien Widerstand und zivilen Ungehorsam. Gandhis Führung inspirierte Millionen von Indern, sich der Freiheitsbewegung anzuschließen, zu der Schlüsselereignisse wie die Non-Cooperation-Bewegung (1920-1922), der Salzmarsch (1930) und die Quit India-Bewegung (1942) gehörten.

Indien erlangte schließlich am 15. August 1947 die Unabhängigkeit von der britischen Herrschaft, aber die Freude über die Freiheit wurde durch die Teilung des Landes in zwei getrennte Staaten gemildert: Indien und Pakistan. Die Teilung führte zu weit verbreiteter kommunaler Gewalt und der Vertreibung von Millionen von Menschen und hinterließ nachhaltige Auswirkungen auf den Subkontinent.

Indiens politische und administrative Struktur: Nach der Unabhängigkeit übernahm Indien ein demokratisches Regierungssystem und wurde am 26.Januar 1950 mit der Verabschiedung der indischen Verfassung eine Republik. Das indische politische System basiert auf einer föderalen Struktur mit einer parlamentarischen Demokratie. Der Präsident von Indien dient als zeremonielles Staatsoberhaupt, während der Premierminister der Regierungschef ist und Exekutivbefugnisse ausübt.

Indien hat eine Zweikammer-Legislative, bestehend aus dem Lok Sabha (Haus des Volkes) und dem Rajya Sabha (Ständerat). Mitglieder der Lok Sabha werden direkt vom Volk gewählt, während Mitglieder der Rajya Sabha von den gewählten Mitgliedern der gesetzgebenden Versammlungen des Staates gewählt werden. Das Parlament ist für die Gesetzgebung zuständig, wobei die Justiz als unabhängiges Organ zur Auslegung dieser Gesetze dient. Der Oberste Gerichtshof Indiens ist die höchste Justizbehörde, die den Schutz der verfassungsmäßigen Rechte und der Gerechtigkeit für alle Bürger gewährleistet.

Das Land ist in 28 Staaten und 8 Unionsterritorien mit jeweils eigener Regierung unterteilt. Die Staaten genießen eine erhebliche Autonomie in Regierungsfragen mit eigenen gesetzgebenden Versammlungen und Exekutivräten, unterliegen jedoch dem übergeordneten Rahmen der indischen Verfassung. Die Gewaltenteilung zwischen der Zentralregierung und den Staaten ist in der Verfassung festgelegt und fördert ein Kräfteverhältnis.

Kulturelle Vielfalt und Erbe: Indiens kulturelle Vielfalt ist beispiellos und spiegelt seine lange Geschichte und den Zusammenfluss verschiedener Kulturen, Sprachen und Religionen wider. Das Land ist die Heimat von über 2.000 verschiedenen ethnischen Gruppen und mehr als 1.600 gesprochenen Sprachen. Hindi, geschrieben in der Devanagari-Schrift, ist die am weitesten verbreitete Sprache, und Englisch wird häufig für offizielle und administrative Zwecke verwendet. Die indische Verfassung erkennt 22 geplante Sprachen an, darunter Bengali, Telugu, Marathi, Tamil, Urdu, Gujarati, Malayalam, Kannada, Oriya, Punjabi und Assamesisch.

Religion spielt eine zentrale Rolle in der indischen Gesellschaft und beeinflusst das tägliche Leben, Feste und kulturelle Praktiken. Der Hinduismus ist die vorherrschende Religion, gefolgt von Islam, Christentum, Sikhismus, Buddhismus und Jainismus. Jede Religion hat ihre eigenen einzigartigen Feste, Rituale und Traditionen, die zu Indiens reichem Kulturteppich beitragen. Große hinduistische Feste wie Diwali (Lichterfest), Holi (Fest der Farben) und Navratri (Neun-Nächte-

Fest) werden im ganzen Land mit großer Begeisterung gefeiert. Muslimische Feste wie Eid al-Fitr und Eid al-Adha, christliche Weihnachts- und Osterfeiern und Sikh-Feste wie Vaisakhi haben ebenfalls eine bedeutende kulturelle Bedeutung.

Die indische Küche ist so vielfältig wie ihre Kultur, die sich durch die Verwendung einer Vielzahl von Gewürzen, Kräutern und Zutaten auszeichnet. Die kulinarischen Traditionen variieren je nach Region erheblich, von den reichhaltigen und cremigen Gerichten Nordindiens bis zu den würzigen Currys auf Kokosnussbasis des Südens, von den Fischspezialitäten der Küstenregionen bis zu den vegetarischen Köstlichkeiten Gujarats. Der Einfluss der Mogul-Küche zeigt sich in der Beliebtheit von Gerichten wie Biryani, Kebabs und Tandoori-Artikeln. Indisches Straßenessen wie Samosas, Chaat und Dosas ist auch weltweit bekannt.

Das indische Kunsthandwerk spiegelt das reiche kulturelle Erbe des Landes wider. Die klassische indische Musik, unterteilt in nordindische (Hindustani) und südindische (karnatische) Traditionen, hat uralte Wurzeln und gedeiht weiterhin. Traditionelle Tanzformen wie Bharatanatyam, Kathak, Odissi und Kathakali erzählen Geschichten durch ausdrucksstarke Bewegungen, Gesten und Musik. Das indische Kino, im Volksmund als Bollywood bekannt, ist eine der weltweit größten Filmindustrien, produziert Filme in verschiedenen Sprachen und Genres und spielt eine bedeutende Rolle bei der Gestaltung der modernen indischen Kultur.

Wirtschaftswachstum und Entwicklung: Seit seiner Unabhängigkeit hat sich Indien von einer Agrarwirtschaft zu einer schnell wachsenden Mischwirtschaft gewandelt, die sich durch traditionelle Landwirtschaft, moderne Landwirtschaft, Handwerk, verschiedene Industrien und einen bedeutenden Dienstleistungssektor auszeichnet. Die Wirtschaftsreformen der frühen 1990er Jahre, die Liberalisierung, Privatisierung und Globalisierung einführten, markierten einen Wendepunkt und machten Indien zu einer der am schnellsten wachsenden Volkswirtschaften der Welt.

Die Landwirtschaft ist nach wie vor ein wichtiger Bestandteil der indischen Wirtschaft und beschäftigt rund die Hälfte der Arbeitskräfte des Landes. Zu den wichtigsten landwirtschaftlichen Produkten gehören Reis, Weizen, Baumwolle, Zuckerrohr, Tee, Kaffee und verschiedene Gewürze. Indien ist auch der weltweit größte Produzent von Milch und Hülsenfrüchten. Der Beitrag der Landwirtschaft zum BIP ist jedoch zurückgegangen, wobei der Dienstleistungs- und der verarbeitende Sektor eine immer wichtigere Rolle spielen.

Der Dienstleistungssektor leistet den größten Beitrag zum indischen BIP und umfasst Branchen wie Informationstechnologie, Bankwesen, Finanzen, Einzelhandel, Gastgewerbe, Gesundheitswesen und Bildung. Indiens IT- und Softwaredienstleistungsbranche ist weltbekannt und macht das Land zu einem weltweit führenden Unternehmen im Bereich IT-Outsourcing und Softwareentwicklung. Großstädte wie Bangalore, Hyderabad und Pune haben sich zu IT-Drehkreuzen entwickelt, die Talente und Investitionen aus der ganzen Welt anziehen.

Auch das verarbeitende Gewerbe verzeichnete ein deutliches Wachstum, wobei Branchen wie Automobil, Pharma, Textilien und Elektronik die wirtschaftliche Entwicklung vorantreiben. Indiens Pharmaindustrie ist eine der größten der Welt und bekannt für die Herstellung von Generika und Impfstoffen. Die von der Regierung ins Leben gerufene Initiative "Make in India" zielt darauf ab, die heimische Produktion anzukurbeln, Innovationen zu fördern und ausländische Investitionen anzuziehen.

Soziale Fragen und Herausforderungen: Trotz seines Wirtschaftswachstums und seines kulturellen Reichtums steht Indien vor mehreren sozialen und wirtschaftlichen Herausforderungen. Armut ist nach wie vor ein bedeutendes Problem, da Millionen von Menschen unterhalb der Armutsgrenze leben. Obwohl Indien Fortschritte bei der Armutsbekämpfung und der Verbesserung des Lebensstandards gemacht hat, besteht nach wie vor wirtschaftliche Ungleichheit mit einer erheblichen Kluft zwischen städtischen und ländlichen Gebieten.

Bildungs- und Gesundheitssysteme in Indien stehen vor Herausforderungen in Bezug auf Zugänglichkeit, Qualität und Infrastruktur, insbesondere in ländlichen und abgelegenen Gebieten. Während sich die Alphabetisierungsraten verbessert haben, bestehen nach wie vor Unterschiede in der Bildungsqualität und beim Zugang zu höherer Bildung. Die Gesundheitsinfrastruktur wächst zwar, hat aber oft Schwierigkeiten, die Bedürfnisse der großen und vielfältigen Bevölkerung zu befriedigen, wobei Probleme wie Mangelernährung, Müttergesundheit und übertragbare Krankheiten anhaltende Herausforderungen darstellen.

Indiens rasche Urbanisierung hat zu einem erhöhten Druck auf die Städte geführt, was zu Problemen wie Überfüllung, unzureichendem Wohnraum, Verkehrsstaus und angespannten öffentlichen Dienstleistungen geführt hat. Umweltbelange, einschließlich Luft- und Wasserverschmutzung, Entwaldung und Klimawandel, sind kritische Themen, die Indien angehen muss. Die Abhängigkeit des Landes von Kohle zur Energieerzeugung trägt zur Luftverschmutzung und zu Treibhausgasemissionen bei und wirkt sich auf die öffentliche Gesundheit und die Umwelt aus.

Die Ungleichheit der Geschlechter ist ein weiteres dringendes Problem, bei dem Frauen mit Unterschieden in Bildung, Beschäftigung und sozialem Status konfrontiert sind. Obwohl sich die Rechte und die Ermächtigung von Frauen verbessert haben, stellen kulturelle und soziale Normen weiterhin Hindernisse dar. Die Bemühungen zur Bekämpfung von Diskriminierung aufgrund von Kaste, Religion und ethnischer Zugehörigkeit dauern an, wobei die Regierung und verschiedene Organisationen daran arbeiten, soziale Harmonie und Inklusion zu fördern.

Indien ist ein Land von immenser Vielfalt und Potenzial, mit einem reichen kulturellen Erbe, einer dynamischen Wirtschaft und einem lebendigen demokratischen System. Seine Reise von der antiken Zivilisation zur modernen Nation war geprägt von Errungenschaften auf verschiedenen Gebieten, darunter Wissenschaft, Technologie, Kunst und Literatur. Obwohl Indien mit zahlreichen Herausforderungen konfrontiert ist, darunter Armut, Ungleichheit und Umweltprobleme, ist es nach wie vor ein Leuchtturm für kulturellen Pluralismus, Widerstandsfähigkeit und Innovation. Die Zukunft Indiens wird von seiner Fähigkeit geprägt sein, seine Vielfalt zu nutzen, seine sozialen und wirtschaftlichen Herausforderungen anzugehen und seine Traditionen der Toleranz, Einheit und des Fortschritts aufrechtzuerhalten. Während sich Indien weiterentwickelt und wächst, bleibt es ein vielversprechendes Land, das bereit ist, bedeutende Beiträge zur globalen Gemeinschaft zu leisten.

KAPITEL 1:

1.1: BESTE ZEIT FÜR EINEN BESUCH IN INDIEN

Indien bietet mit seiner vielfältigen Geographie, dem reichen kulturellen Erbe und den unterschiedlichen Klimazonen eine breite Palette an Reiseerlebnissen. Von den schneebedeckten Bergen des Himalaya im Norden bis zu den tropischen Stränden im Süden und von den trockenen Wüsten im Westen bis zu den üppigen Wäldern im Nordosten kann die weite Landschaft des Landes das ganze Jahr über erkundet werden. Die beste Reisezeit für Indien hängt jedoch weitgehend von der Region ab, die Sie erkunden möchten, und von den Aktivitäten, die Sie unternehmen möchten. Um Ihnen bei der Planung Ihrer Reise zu helfen, bietet dieser Leitfaden einen detaillierten Einblick in die saisonalen Schwankungen in den verschiedenen Regionen und zeigt die besten Reisezeiten basierend auf Wetter, Festivals und anderen Faktoren auf.

Jahreszeiten in Indien

Indien erlebt drei Hauptjahreszeiten: Sommer, Monsun und Winter. Jede dieser Jahreszeiten bietet einzigartige Erlebnisse, bringt aber auch ihre eigenen Herausforderungen mit sich. Das Verständnis dieser saisonalen Muster ist entscheidend für die Planung Ihres Besuchs.

Sommer (März bis Juni): Der Sommer in Indien ist durch hohe Temperaturen gekennzeichnet, insbesondere in den nördlichen Ebenen, den zentralen Regionen und den westlichen Landesteilen. In diesen Monaten können die Temperaturen in Städten wie Delhi, Jaipur und Varanasi über 40 ° C (104 ° F) steigen. Die Sommersaison bietet jedoch auch die Möglichkeit, die kühleren Bergstationen, die nördlichen Berge und einige südliche Regionen zu erkunden, die relativ angenehm bleiben.

Monsun (Juni bis September): Die Monsunzeit bringt in den meisten Teilen Indiens heftige Regenfälle, mit Ausnahme einiger Regionen wie Rajasthan und Ladakh, die relativ trocken bleiben. Der Südwest-Monsun, der zuerst den südlichen Bundesstaat Kerala trifft, bedeckt nach und nach das ganze Land. Während die Regenfälle Erleichterung von der sengenden Sommerhitze bringen und die Landschaften verjüngen, können sie auch Reiseunterbrechungen aufgrund von Überschwemmungen und Erdrutschen verursachen. Die Monsunzeit ist jedoch eine großartige Zeit für preisbewusste Reisende, da sie für viele Touristenziele als Nebensaison gilt.

Winter (Oktober bis Februar): Der Winter ist die beliebteste Touristensaison in Indien und bietet angenehmes und kühleres Wetter, insbesondere in den nördlichen, zentralen und westlichen Regionen. Dies ist eine ideale Zeit, um historische Stätten, kulturelle Sehenswürdigkeiten, Naturschutzgebiete und Strände zu erkunden. Die Temperaturen im Winter reichen von kühlen 5 ° C (41 ° F) in den nördlichen Ebenen bis zu milden 25 ° C (77 ° F) in den südlichen

Küstenregionen. Der Winter ist auch die Jahreszeit der Festivals und kulturellen Veranstaltungen, was ihn zu einer pulsierenden Zeit für einen Besuch macht.

Beste Reisezeit für verschiedene Regionen in Indien
Angesichts der Größe und Vielfalt Indiens variiert die beste Reisezeit je nach Region:

1. Nordindien

Delhi, Agra und Jaipur (Goldenes Dreieck): Die beste Reisezeit für das Goldene Dreieck, zu dem Delhi, Agra und Jaipur gehören, ist in den Wintermonaten von Oktober bis März. Das Wetter ist kühl und angenehm, was es ideal macht, um historische Stätten wie das Taj Mahal in Agra, das Rote Fort und Qutb Minar in Delhi sowie die Paläste von Jaipur zu erkunden. Der Sommer kann extrem heiß und unangenehm sein, während die Monsunzeit, obwohl weniger heiß, Feuchtigkeit und gelegentlichen Regen bringen kann.

Rajasthan: Bekannt für seine Festungen, Paläste und Wüstenlandschaften, ist Rajasthan am besten zwischen Oktober und März zu besuchen. Städte wie Jaipur, Udaipur, Jodhpur und Jaisalmer erleben in diesen Monaten angenehmes Wetter, was sie ideal für Besichtigungen und Kamelsafaris in der Thar-Wüste macht. Die Sommermonate (April bis Juni) können mit Temperaturen über 45 ° C (113 ° F) sengend sein, während der Monsun etwas Erleichterung bringt, aber auch zu Feuchtigkeit führen kann.

Himalaya-Regionen (Himachal Pradesh, Uttarakhand, Jammu & Kashmir, Ladakh): Die beste Reisezeit für die unteren Himalaya-Regionen wie Shimla, Manali und Mussoorie sind die Sommermonate von April bis Juni, wenn das Wetter mild und die Landschaften üppig sind. Für diejenigen, die sich für Trekking oder die Erkundung der höheren Lagen von Ladakh und Spiti Valley interessieren, ist die beste Zeit von Juni bis September. Diese Regionen sind im Winter aufgrund starker Schneefälle weitgehend unzugänglich. Wenn Sie sich jedoch für Wintersport interessieren oder Schneefall erleben möchten, ist Dezember bis Februar ideal, um Orte wie Gulmarg in Kaschmir und Auli in Uttarakhand zu besuchen.

2. Südindien

Kerala: Kerala, bekannt für seine Backwaters, Bergstationen und Strände, ist am besten in den Wintermonaten von November bis Februar zu besuchen. Das Wetter ist kühl und die Luftfeuchtigkeit ist niedriger, was es für Aktivitäten wie Hausbootfahrten in Alleppey, die Erkundung von Teeplantagen in Munnar und das Entspannen an den Stränden von Kovalam angenehm macht. Die Monsunzeit (Juni bis September) bringt heftige Regenfälle mit sich, aber es ist eine großartige Zeit für ayurvedische Behandlungen und das Genießen der üppig grünen Landschaften. Der Staat feiert Onam, sein wichtigstes Festival, während des Monsuns und verleiht dem Besuch kulturellen Charme.

Tamil Nadu: Tamil Nadu mit seinem reichen kulturellen Erbe und seiner Tempelarchitektur ist am besten zwischen November und März zu besuchen. Städte wie Chennai, Madurai und Thanjavur erleben in dieser Zeit angenehmes Wetter. Die Sommermonate können sehr heiß sein, besonders im Landesinneren. Die Nilgiri-Bergstation von Ooty und die Küstenstadt Pondicherry sind beliebte Sommerfrischeorte.

Karnataka: Karnatakas vielfältige Attraktionen, darunter Bangalore, Mysore, Hampi und Coorg, lassen sich am besten zwischen Oktober und März erkunden. Das Wetter ist ideal für den Besuch historischer Stätten, Kaffeeplantagen und Naturschutzgebiete. Die Monsunzeit bringt starke Regenfälle in Regionen wie Coorg, was es zu einer großartigen Zeit macht, Wasserfälle und üppiges Grün zu erleben, aber nicht ideal für Outdoor-Aktivitäten.

3. Westindien

Goa: Goa, bekannt für seine Strände, sein Nachtleben und sein portugiesisches Erbe, ist am besten von November bis Februar zu besuchen. Das Wetter ist kühl und trocken, was es perfekt für Strandaktivitäten, Wassersport und den Besuch des berühmten Karnevals in Goa macht. Die Monsunzeit von Juni bis September bringt starke Regenfälle mit sich, die die Strandaktivitäten einschränken können, aber auch ein anderes, ruhigeres Erlebnis mit üppigen Landschaften bieten.

Maharashtra (Mumbai, Pune, Ajanta & Ellora Höhlen): Die beste Reisezeit für Maharashtra ist von Oktober bis März. Die Wintermonate bieten angenehmes Wetter, um Mumbais Sehenswürdigkeiten, Punes Kulturstätten und die alten Felshöhlen von Ajanta und Ellora zu erkunden. Die Sommermonate können besonders in Küstengebieten heiß und feucht sein, während die Monsunzeit starke Regenfälle und Feuchtigkeit bringen kann.

4. Ostindien

Westbengalen (Kolkata, Darjeeling, Sunderbans): Die beste Reisezeit für Westbengalen ist von Oktober bis März. Kolkata erlebt milde Winter, was es angenehm macht, die koloniale Architektur, Märkte und kulturellen Stätten der Stadt zu erkunden. Darjeeling mit seinen Teegärten und Blick auf den Himalaya ist auch in diesen Monaten am besten zu besuchen. Die Monsunzeit bringt heftige Regenfälle mit sich, insbesondere in den Sunderbans, die die Zugänglichkeit beeinträchtigen.

Odisha: Odisha, bekannt für seine Tempel, Strände und Naturschutzgebiete, ist am besten zwischen November und Februar zu besuchen. Das Wetter ist kühl, was es ideal macht, um den Sonnentempel in Konark, den Jagannath-Tempel in Puri und den Chilika-See zu erkunden. Die Sommermonate können extrem heiß sein, während die Monsunzeit starke Regenfälle mit sich bringt.

5. Nordostindien

Assam, Meghalaya, Nagaland, Manipur, Arunachal Pradesh, Mizoram, Tripura: Die beste Reisezeit für die nordöstlichen Bundesstaaten Indiens ist von Oktober bis April. Das Wetter in diesen Monaten ist angenehm und ideal, um die natürliche Schönheit, die Tierwelt und die kulturelle Vielfalt der Region zu erkunden. Die Monsunzeit (Juni bis September) bringt heftige Regenfälle mit sich, die zu Überschwemmungen und Erdrutschen führen und die Reisepläne beeinträchtigen können. Die Wintermonate sind auch ideal für den Besuch von Kulturfestivals wie dem Hornbill Festival in Nagaland und dem Sangai Festival in Manipur.

Beste Zeit für besondere Aktivitäten

Wildtiersafaris: Die beste Zeit, um Indiens Wildschutzgebiete und Nationalparks wie Ranthambore, Bandhavgarh, Kanha und Jim Corbett zu besuchen, sind die Wintermonate von Oktober bis März. Das Wetter ist kühl und die Trockenzeit erleichtert die Beobachtung von Wildtieren, wenn Tiere auf der Suche nach Wasser sind. Sommermonate, obwohl heiß, können auch gut für Sichtungen sein, da sich Tiere um Wasserlöcher versammeln.

Trekking: Die beste Zeit für Trekking in den Himalaya-Regionen wie Himachal Pradesh, Uttarakhand und Ladakh sind die Sommermonate von April bis Juni und die Nachmonsunmonate von September bis November. Diese Monate bieten klaren Himmel und angenehmes Wetter, ideal für Trekking. Winterwanderungen sind in einigen Regionen auch möglich, wie der Chadar-Trek in Ladakh, erfordern jedoch eine angemessene Vorbereitung und Ausrüstung.

Strandurlaub: Die beste Zeit für Strandurlaube in Orten wie Goa, Kerala und den Andamanen und Nikobaren ist von November bis März, wenn das Wetter sonnig und das Meer ruhig ist. Monsunmonate werden im Allgemeinen aufgrund rauer See und starker Regenfälle vermieden.

Kulturfestivals: Indien ist bekannt für seine lebendigen Festivals, die im ganzen Land mit großer Begeisterung gefeiert werden. Einige der wichtigsten Festivals sind Diwali (Oktober / November), Holi (März), Durga Puja (September / Oktober) und die Pushkar Camel Fair (November). Die Teilnahme an diesen Festivals bietet ein einzigartiges kulturelles Erlebnis und ist eine großartige Möglichkeit, in indische Traditionen einzutauchen.

Indien bietet eine Vielzahl von Reiseerlebnissen, und die beste Reisezeit hängt von der Region, den Aktivitäten und den persönlichen Vorlieben ab. Während die Wintermonate (Oktober bis März) aufgrund des angenehmen Wetters in der Regel die beliebtesten sind, hat jede Jahreszeit ihren eigenen Charme und bietet einzigartige Erlebnisse. Egal, ob Sie historische Denkmäler erkunden, an Stränden entspannen, in den Bergen wandern oder in kulturelle Festivals eintauchen, Indien hat das ganze Jahr über etwas zu bieten. Planen Sie Ihren Besuch auf der Grundlage des Wetters und der regionalen Unterschiede, um ein unvergessliches und angenehmes Reiseerlebnis zu gewährleisten.

1.2: INDIEN TOP 8 TOURISTISCHE REGIONEN UND ATTRAKTIONEN

Dieser Leitfaden hebt die acht wichtigsten Touristenregionen in ganz Indien hervor und zeigt ihre faszinierendsten Attraktionen. Egal, ob Sie sich für historische Sehenswürdigkeiten, spirituelle Reisen oder Naturwunder interessieren, diese Reiseziele bieten einen tiefen Einblick in Indiens pulsierendes Erbe und atemberaubende Schönheit. Erkunden Sie die architektonischen Wunder Nordindiens, den kulturellen Reichtum Zentralindiens und die ruhigen Landschaften Süd- und Ostindiens, die jeweils unvergessliche Erlebnisse und eine tiefere Wertschätzung dieses unglaublichen Landes versprechen.

1. Delhi

Delhi, die Hauptstadt Indiens, ist eine lebendige und historische Metropole, die nahtlos das Alte mit dem Modernen verbindet. Als eine der ältesten Städte der Welt ist Delhi ein lebendiges Museum des reichen kulturellen und historischen Erbes Indiens und bietet eine einzigartige Mischung aus historischen Denkmälern, geschäftigen Märkten, kulturellen Einrichtungen und moderner Infrastruktur. Es ist eine Stadt, in der jede Ecke eine Geschichte erzählt, von der Pracht der Mogul-Architektur über die Gebäude aus der Kolonialzeit bis hin zu zeitgenössischen Entwicklungen.

Beliebte Attraktionen in Delhi:

a) Rotes Fort (Lal Qila): Das Rote Fort gehört zum UNESCO-Weltkulturerbe und ist eines der bekanntesten Denkmäler Indiens. Diese massive Festung aus rotem Sandstein wurde im 17.Jahrhundert vom Mogulkaiser Shah Jahan erbaut und diente fast 200 Jahre lang als Hauptresidenz der Mogulkaiser. Die beeindruckenden Mauern der Festung, die sich über 2 Kilometer erstrecken, umschließen einen Komplex aus Palästen, Moscheen und Gärten. Die Ton- und Lichtshow am Abend ist eine beliebte Attraktion, die die Geschichte des Forts und der Mogulzeit erzählt.

b) Qutb Minar: Ein weiteres UNESCO-Weltkulturerbe, das Qutb Minar, ist ein hoch aufragendes Minarett, das 73 Meter hoch ist und das höchste gemauerte Minarett der Welt ist. Erbaut im frühen 13.Jahrhundert, ist es ein schönes Beispiel für indo-islamische Architektur. Zum Qutub-Komplex gehören auch die Quwwat-ul-Islam-Moschee, die erste Moschee, die in Indien gebaut wurde, und die Eisensäule, die seit über 1.500 Jahren rostfrei ist.

c) India Gate: Das India Gate ist ein Kriegsdenkmal im Herzen von Neu-Delhi und wurde zu Ehren der im Ersten Weltkrieg gefallenen indischen Soldaten erbaut. Mit einer Höhe von 42 Metern wird es oft mit dem Arc de Triomphe in Paris verglichen. Die ewige Flamme, Amar Jawan Jyoti, unter dem Bogen ehrt die unbekannten Soldaten. Das India Gate ist von üppig grünen Rasenflächen umgeben, was es zu einem beliebten Ort für Picknicks macht, besonders abends.

d) Humayuns Grab: Dieses UNESCO-Weltkulturerbe ist das Grab des Mogulkaisers Humayun und wird aufgrund seines persisch inspirierten Designs oft als Vorläufer des Taj Mahal angesehen. Das Grab wurde Mitte des 16.Jahrhunderts erbaut und ist von wunderschönen Gärten, Brunnen und Wasserkanälen umgeben, die die charakteristische Symmetrie und Größe der Mogul-Architektur veranschaulichen. Besonders auffällig ist die Gestaltung des Char Bagh-Gartens.

e) Lotustempel: Der Lotustempel, auch Bahá'í-Gotteshaus genannt, ist ein modernes architektonisches Wunderwerk, das für sein lotusförmiges Design bekannt ist. Der Tempel besteht aus makellosem weißem Marmor und hat 27 blütenblattartige Strukturen, die die Form eines Lotus bilden, ein Symbol für Frieden und Reinheit. Der Tempel steht Menschen aller Religionen offen und bietet einen ruhigen Raum für Meditation und Gebet. Sein ruhiges Ambiente und seine atemberaubende Architektur machen es zu einer der meistbesuchten Attraktionen von Delhi.

f) Jama Masjid: Eine der größten Moscheen Indiens, die Jama Masjid, wurde im 17.Jahrhundert von Shah Jahan erbaut und bietet Platz für über 25.000 Gläubige gleichzeitig. Die Moschee ist ein architektonisches Meisterwerk mit ihren drei großen Toren, vier Türmen und zwei 40 Meter hohen Minaretten aus rotem Sandstein und weißem Marmor. Von der Spitze des südlichen Minaretts genießen Besucher einen Panoramablick auf Alt-Delhi.

g) Akshardham-Tempel: Der Akshardham-Tempel ist eine relativ neue Ergänzung zu Delhis Attraktionen und einer der größten hinduistischen Tempel der Welt. Der Tempelkomplex, der 2005 eröffnet wurde, ist eine Mischung aus traditionellen und zeitgenössischen Architekturstilen. Der Haupttempel ist mit kunstvoll geschnitzten Statuen geschmückt, und der Komplex umfasst auch musikalische Brunnen, eine Bootsfahrt durch die indische Geschichte und ein Theater im IMAX-Stil, in dem ein Film über das Leben von Swaminarayan gezeigt wird, der Gottheit, der der Tempel gewidmet ist.

h) Chandni Chowk und Raj Ghat: Chandni Chowk ist einer der ältesten und belebtesten Märkte in Alt-Delhi und bietet mit seinen engen Gassen, lebhaften Geschäften und Straßenverkäufern eine Reizüberflutung. Es ist ein großartiger Ort, um Delhis lokale Kultur und Küche zu erleben. In unmittelbarer Nähe befindet sich Raj Ghat, das Mahatma Gandhi gewidmete Denkmal, in dem er nach seiner Ermordung im Jahr 1948 eingeäschert wurde. Die einfache Plattform aus schwarzem Marmor markiert den Ort seiner Einäscherung und ist von einem ruhigen Garten umgeben.

Weitere Highlights

- ***Rashtrapati Bhavan:*** Die offizielle Residenz des indischen Präsidenten, Rashtrapati Bhavan, ist ein architektonisches Wunderwerk. Zu dem weitläufigen Anwesen gehören auch die Mogulgärten, die zu bestimmten Jahreszeiten für die Öffentlichkeit zugänglich sind.
- ***Connaught Place:*** Connaught Place (CP) ist eines der beliebtesten Einkaufs- und Restaurantziele in Delhi und ein geschäftiges Handelszentrum mit Gebäuden im Kolonialstil, High-End-Geschäften, Restaurants und Cafes. Es ist ein großartiger Ort, um Delhis kosmopolitische Atmosphäre zu erleben.

Kulturelle und historische Bedeutung

Delhis Kulturlandschaft ist so vielfältig wie ihre historische. Die Stadt beherbergt das ganze Jahr über zahlreiche Festivals, kulturelle Veranstaltungen und Ausstellungen, die ihr reiches Erbe widerspiegeln. Vom pulsierenden Dilli Haat, einem traditionellen Markt mit Kunsthandwerk und Küchen aus verschiedenen Bundesstaaten Indiens, bis hin zum Nationalmuseum, das Artefakte aus Indiens reicher Geschichte beherbergt, ist Delhi ein kulturelles Zentrum.

Moderne Attraktionen

Delhi ist zwar geschichtsträchtig, aber auch eine moderne Metropole. Die Stadt verfügt über eine erstklassige Infrastruktur, darunter moderne Einkaufszentren, Unterhaltungskomplexe und gehobene Restaurants. Die Delhi Metro ist eine der effizientesten Möglichkeiten, sich in der Stadt fortzubewegen und verbindet den alten und den neuen Teil nahtlos.

Delhis Reiz liegt in seiner einzigartigen Fähigkeit, einen Einblick in die Vergangenheit Indiens zu gewähren und gleichzeitig die Zukunft anzunehmen. Egal, ob Sie die Pracht der Mogul-Architektur erkunden, durch die geschäftigen Märkte navigieren oder die Grünflächen und modernen Annehmlichkeiten genießen, Delhi bietet eine reichhaltige und abwechslungsreiche Erfahrung, die kaum zu übertreffen ist. Es ist eine Stadt, in der Geschichte und Moderne nebeneinander existieren, was sie zu einem Muss für jeden macht, der nach Indien reist.

2. Rajasthan

Rajasthan, oft als "Land der Könige" bezeichnet, ist eines der bekanntesten Reiseziele Indiens, bekannt für seine reiche Geschichte, majestätische Paläste, beeindruckende Festungen und lebendige Kultur. Der Staat ist ein lebendiges Museum, das die Pracht und Opulenz der königlichen Vergangenheit Indiens verkörpert. Jede Stadt in Rajasthan hat ihren eigenen Charme und bietet eine Mischung aus Geschichte, Architektur und Tradition.

Beliebte Attraktionen in Rajasthan

a) Jaipur (Die rosa Stadt): Jaipur, die Hauptstadt, ist berühmt für ihre königlichen Paläste, lebhaften Märkte und historischen Festungen. Das Amber Fort, ein beeindruckendes Beispiel der Rajput-Architektur, ist ein Muss und bietet atemberaubende Ausblicke und komplizierte Schnitzereien. Der Stadtpalast, eine Mischung aus Mogul- und Rajput-Architektur, beherbergt Museen und Innenhöfe, die die königliche Geschichte erzählen. Der Hawa Mahal oder der "Palast der Winde" mit seiner einzigartigen Wabenstruktur ist ein Wahrzeichen von Jaipur.

b) Udaipur (Die Stadt der Seen): Bekannt als das "Venedig des Ostens", ist Udaipur berühmt für seine Seen, Paläste und sein romantisches Ambiente. Der Stadtpalast am Ufer des Pichola-Sees ist mit seinen Innenhöfen, Balkonen und Museen ein architektonisches Wunderwerk. Der Lake Palace, heute ein Luxushotel, liegt auf einer Insel im Pichola-See und bietet vor allem bei Sonnenuntergang eine malerische Aussicht. Der Jag Mandir und Saheliyon Ki Bari sind weitere Attraktionen, die die königliche Vergangenheit der Stadt widerspiegeln.

c) Jodhpur (Die blaue Stadt): Jodhpur wird vom imposanten Mehrangarh Fort dominiert und ist eine Stadt mit blau gestrichenen Häusern und sonnenverwöhnten Landschaften. Das Fort, eines der größten in Indien, bietet einen Panoramablick auf die Stadt und beherbergt ein Museum mit einer Sammlung von Artefakten aus der Geschichte Rajasthans. Der Umaid-Bhawan-Palast, eine Mischung aus indo-sarazenischem und westlichem Art-Deco-Stil, ist eine weitere Hauptattraktion, von der ein Teil als Luxushotel fungiert.

d) Jaisalmer (Die goldene Stadt): Jaisalmer erhebt sich aus dem Herzen der Wüste Thar und ist bekannt für seine goldene Sandsteinarchitektur. Das Jaisalmer Fort, ein UNESCO-Weltkulturerbe, ist eine lebendige Festung mit Geschäften, Hotels und alten Havelis (Villen) innerhalb seiner Mauern. Das Patwon Ki Haveli mit seinen aufwendigen Schnitzereien und Spiegelarbeiten ist ein Beweis für die reiche Handwerkskunst der Stadt. Eine Kamelsafari in den Sam Sanddünen ist ein typisches Wüstenerlebnis.

e) Pushkar: Pushkar ist eine kleine Stadt mit immenser spiritueller Bedeutung und beherbergt den einzigen Brahma-Tempel der Welt. Der Pushkar-See, umgeben von Ghats, gilt als heilig, und die jährliche Pushkar-Kamelmesse ist ein großer Anziehungspunkt für Touristen und Händler gleichermaßen. Die Messe ist ein Spektakel der Rajasthani-Kultur mit Volksaufführungen, Kamelrennen und lebhaften Basaren.

f) Ranthambore Nationalpark: Ranthambore ist eines der führenden Wildreservate Indiens und berühmt für seine Population von bengalischen Tigern. Der Park, einst ein königliches Jagdrevier, ist heute ein Schutzgebiet für vielfältige Flora und Fauna, darunter Leoparden, Hirsche und exotische Vögel. Das Ranthambore Fort im Park verleiht dem Naturerlebnis eine historische Dimension.

g) Bikaner: Bekannt für seine Kamelsafaris, bietet Bikaner einen Einblick in das Wüstenleben von Rajasthan. Das Junagarh Fort, ein architektonisches Wunderwerk, beherbergt ein Museum mit einer reichen Sammlung von Artefakten. Der Karni Mata Tempel oder der "Rattentempel" ist eine weitere einzigartige Attraktion, in der Ratten als heilig gelten und verehrt werden.

Kulturelle Highlights:

Rajasthan ist auch bekannt für seine lebhaften Festivals und traditionellen Künste. Das Jaipur Literature Festival, das weltweit größte kostenlose Literaturfestival, zieht Autoren und Leser aus der ganzen Welt an. Das Wüstenfest in Jaisalmer, das mit Volksmusik, Tanz und Kamelrennen gefeiert wird, bietet einen tiefen Einblick in die rajasthanische Kultur. Kunsthandwerk wie Blockdruck, blaue Keramik und Miniaturmalereien sind beliebte Souvenirs, die das künstlerische Erbe des Staates widerspiegeln.

3. Kerala

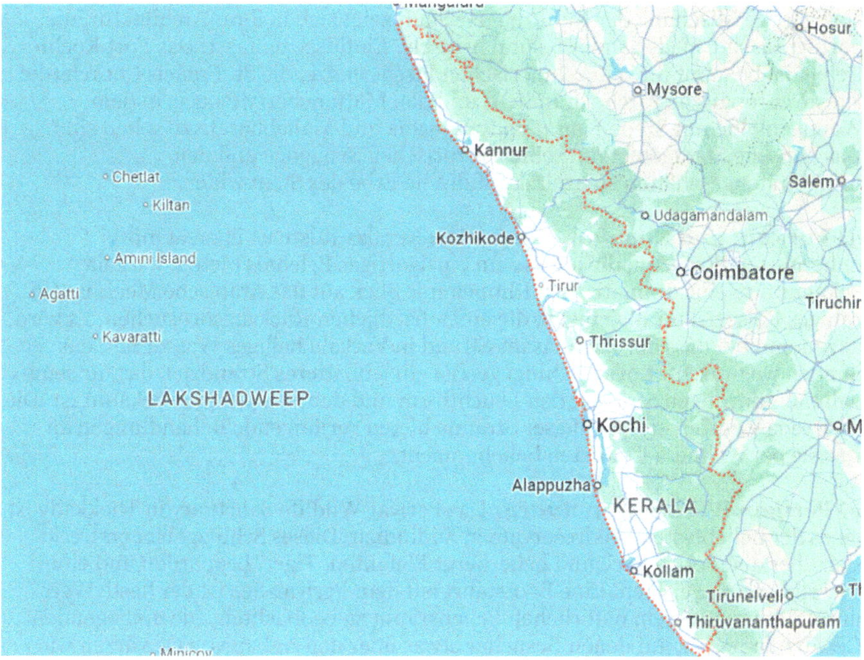

Kerala, bekannt als „Gottes eigenes Land“, ist ein tropisches Paradies im Südwesten Indiens. Dieser Küstenstaat ist bekannt für seine palmengesäumten Strände, ruhigen Backwaters, üppig grünen Bergstationen und reichen kulturellen Traditionen. Kerala bietet eine einzigartige Mischung aus natürlicher Schönheit, Wellnesstourismus und kulturellen Erlebnissen und ist damit ein Top-Reiseziel für Reisende, die Ruhe und Erholung suchen.

Beliebte Attraktionen in Kerala:

a) Backwaters von Alleppey und Kumarakom: Die Backwaters von Kerala sind ein Netzwerk miteinander verbundener Kanäle, Flüsse und Seen, die sich entlang der Küste des Arabischen Meeres erstrecken. Alleppey, oft als "Venedig des Ostens" bezeichnet, ist das Zentrum des Backwater-Tourismus in Kerala. Eine Hausbootfahrt auf diesen ruhigen Gewässern bietet einen intimen Einblick in das ländliche Leben von Kerala mit Blick auf Reisfelder, Kokosnusshaine und traditionelle Dörfer. Kumarakom, ein weiteres beliebtes Rückstauziel, ist bekannt für sein Vogelschutzgebiet und seine Luxusresorts.

b) Munnar (Bergstation): Eingebettet in die Western Ghats ist Munnar eine malerische Bergstation, die für ihre weitläufigen Teeplantagen, nebelbedeckten Hügel und ihr kühles Klima bekannt ist. Der Eravikulam Nationalpark, Heimat des gefährdeten Nilgiri Tahr, bietet malerische Trekkingmöglichkeiten. Der Mattupetty-Staudamm und der Anamudi-Gipfel, der höchste Gipfel Südindiens, sind weitere wichtige Sehenswürdigkeiten. Munnar ist auch berühmt für seine Teemuseen und Plantagen, in denen Besucher mehr über die Geschichte des Teeanbaus in der Region erfahren können.

c) Kochi (Cochin): Kochi, auch bekannt als die "Königin des Arabischen Meeres", ist eine pulsierende Stadt mit einer reichen Kolonialgeschichte. Die einzigartige Mischung der Kulturen der Stadt zeigt sich in ihrer Architektur, die portugiesische, niederländische und britische Einflüsse umfasst. Das Fort Kochi-Gebiet ist bekannt für seine chinesischen Fischernetze, die St. Francis Church (die älteste europäische Kirche in Indien) und den Mattancherry Palace, in dem Wandgemälde mit Szenen aus dem Ramayana und Mahabharata zu sehen sind. Das jüdische Stadtgebiet mit seiner historischen Synagoge und den Antiquitätengeschäften spiegelt das jüdische Erbe der Stadt wider.

d) Varkala und Kovalam (Strände): Keralas Küste ist übersät mit unberührten Stränden, die jeweils ein einzigartiges Erlebnis bieten. Varkala, bekannt für seine dramatischen Klippen mit Blick auf das Arabische Meer, ist ein ruhiges Reiseziel für diejenigen, die einen friedlichen Rückzugsort suchen. Es wird angenommen, dass der Papanasam-Strand in Varkala heiliges Wasser hat, das Sünden wegwäscht. Kovalam hingegen ist ein lebhafteres Strandziel, das für seine halbmondförmigen Strände, den Leuchtturm und den Wassersport bekannt ist. Die Ayurveda-Zentren entlang dieser Strände bieten verjüngende Behandlungen an, was sie bei Wellness-Touristen beliebt macht.

e) Periyar Wildlife Sanctuary: Das Periyar Wildlife Sanctuary in Thekkady ist eines der beliebtesten Wildreservate in Südindien. Dieses Schutzgebiet erstreckt sich über den Periyar-See und beherbergt Elefanten, Tiger, Leoparden und eine Vielzahl von Vogelarten. Eine Bootsfahrt auf dem Periyar-See ist der beste Weg, um Wildtiere in ihrem natürlichen Lebensraum zu beobachten. Die umliegenden Gewürzplantagen, auf denen Besucher etwas über den Anbau von Gewürzen wie Kardamom, Pfeffer und Zimt erfahren können, tragen zum Erlebnis bei.

f) Wayanad: Wayanad im Norden von Kerala ist ein üppig grünes Viertel, das für seine Tierwelt, Wasserfälle und Gewürzplantagen bekannt ist. Die Edakkal-Höhlen mit ihren prähistorischen Schnitzereien sind eine bedeutende archäologische Stätte. Das Wayanad Wildlife Sanctuary ist Teil des Biosphärenreservats Nilgiri und bietet die Möglichkeit, Elefanten, Tiger und verschiedene Vogelarten zu sehen. Die Region ist auch für ihre Wanderwege bekannt, darunter die anspruchsvolle Wanderung zum Chembra Peak.

g) Thrissur (kulturelles Zentrum): Thrissur wird oft als die kulturelle Hauptstadt von Kerala bezeichnet, die für ihre Festivals, Tempel und traditionellen Künste bekannt ist. Das Thrissur Pooram, das im Vadakkunnathan-Tempel stattfindet, ist eines der spektakulärsten Tempelfestivals in Kerala mit großen Elefantenprozessionen, traditioneller Musik und Feuerwerk. Das nahe gelegene Kerala Kalamandalam ist ein renommiertes Zentrum für das Erlernen traditioneller Kerala-Künste wie Kathakali, Mohiniyattam und Koodiyattam.

Kulturelle Highlights:

Kerala ist nicht nur eine natürliche Schönheit; Es ist auch ein kulturelles Zentrum mit einer reichen Tradition der darstellenden Künste und Literatur. Die traditionelle Tanzform Kathakali mit ihren aufwändigen Kostümen und dramatischen Ausdrucksformen ist ein Muss. Keralas Küche mit Schwerpunkt auf Kokosnuss, Reis und Meeresfrüchten bietet ein einzigartiges kulinarisches Erlebnis. Der Staat ist auch berühmt für seine ayurvedischen Behandlungen, die tief in alten indischen Heilpraktiken verwurzelt sind. Die Monsunzeit, insbesondere während des Festivals von Onam, ist eine ausgezeichnete Zeit, um Keralas kulturellen Reichtum zu erleben.

4. Goa

Goa, an der Westküste Indiens gelegen, ist ein Synonym für unberührte Strände, pulsierendes Nachtleben und eine reiche Mischung aus indischer und portugiesischer Kultur. Goa wird oft als "Perle des Orients" bezeichnet und ist ein Top-Reiseziel für inländische und internationale Touristen. Es bietet eine perfekte Mischung aus Entspannung, Abenteuer und kultureller Erkundung und ist damit ein vielseitiges Reiseziel für alle Arten von Reisenden.

Beliebte Attraktionen in Goa:

a) Strände von Nord- und Süd-Goa: Goa ist in zwei Hauptregionen unterteilt: Nord-Goa und Süd-Goa, die jeweils ein besonderes Erlebnis bieten. Nordgoa ist bekannt für seine belebten Strände wie Baga, Calangute und Anjuna, die für Wassersport, Strandpartys und lebhafte Hütten beliebt sind. Anjuna Beach, berühmt für seinen Flohmarkt und seine Trance-Partys, hat eine einzigartige Hippie-Atmosphäre. Süd-Goa hingegen ist bekannt für seine ruhigen und weniger überfüllten Strände wie Palolem, Agonda und Colva, ideal für diejenigen, die eine ruhige Flucht suchen.

b) Historische Kirchen und altes Goa: Goas Kolonialgeschichte spiegelt sich am besten in seinen Kirchen wider, von denen viele zum UNESCO-Weltkulturerbe gehören. Die Basilika von Bom Jesus, in der sich die Überreste des heiligen Franz Xaver befinden, ist eine der berühmtesten Kirchen in Goa und ein Wallfahrtsort für Christen weltweit. Die Kathedrale mit ihrer beeindruckenden Architektur und Geschichte ist ein weiteres Muss. Bedeutsam sind auch die Kirche St. Cajetan, inspiriert vom Petersdom in Rom, und die Kapelle St. Katharina. Das Gebiet von Alt-Goa, einst die Hauptstadt von Portugiesisch-Indien, ist eine Fundgrube an historischen Denkmälern und Kirchen.

c) Fort Aguada und Chapora Fort: Goa beherbergt mehrere Festungen, die einen atemberaubenden Blick auf das Arabische Meer und Einblicke in seine koloniale Vergangenheit bieten. Fort Aguada, im 17.Jahrhundert von den Portugiesen erbaut, ist eine der am besten erhaltenen Festungen in Goa. Es beherbergt auch einen Leuchtturm, der einen Panoramablick auf die Umgebung bietet. Chapora Fort, berühmt geworden durch Bollywood-Filme, ist ein weiterer beliebter Ort, der für seine atemberaubende Aussicht auf den Vagator Beach und den Chapora River bekannt ist.

d) Dudhsagar-Wasserfälle: Die Dudhsagar-Wasserfälle liegen an der Grenze zwischen Goa und Karnataka und sind einer der höchsten Wasserfälle Indiens. Der Wasserfall, der aus einer Höhe von über 300 Metern herabstürzt, ist besonders während der Monsunzeit ein spektakulärer Anblick. Die Wanderung nach Dudhsagar durch das Bhagwan Mahavir Wildlife Sanctuary ist ein abenteuerliches Erlebnis, das die Möglichkeit bietet, Wildtiere zu beobachten und die natürliche Schönheit der Western Ghats zu genießen.

e) Gewürzplantagen: Goas Gewürzplantagen, die sich in den üppigen Innenräumen des Staates befinden, bieten ein einzigartiges Erlebnis für Naturliebhaber und kulinarische Enthusiasten. Führungen durch diese Plantagen, wie die Sahakari-Gewürzfarm und die Savoi-Plantagen, ermöglichen es den Besuchern, mehr über den Anbau von Gewürzen wie Pfeffer, Kardamom, Zimt und Muskatnuss zu erfahren. Die Touren beinhalten oft traditionelle goanische Gerichte, die mit frischen Gewürzen von der Plantage zubereitet werden.

f) Nachtleben und Casinos: Goa ist berühmt für sein pulsierendes Nachtleben mit zahlreichen Clubs, Bars und Strandhütten, die lebhafte Musik, Tanz und Unterhaltung bieten. Gebiete wie Baga, Calangute und Anjuna sind bekannt für ihre Partyszenen, mit beliebten Clubs wie Titos, Mambos und Curlies, die große Menschenmengen anziehen. Goa beherbergt auch mehrere schwimmende Casinos auf dem Mandovi River, die eine einzigartige Mischung aus Spielen und Unterhaltung bieten.

g) Naturschutzgebiete: Goa bietet neben seinen Stränden und dem Nachtleben auch eine reiche Artenvielfalt. Das Bhagwan Mahavir Wildlife Sanctuary in den Western Ghats beherbergt eine Vielzahl von Wildtieren, darunter Leoparden, Hirsche und über 200 Vogelarten. Das Salim Ali Bird Sanctuary auf der Insel Chorao im Mandovi River ist ein Paradies für Vogelbeobachter und bietet die Möglichkeit, seltene und Zugvögel zu beobachten.

Kulturelle Highlights:

Goas Kultur ist eine einzigartige Mischung aus indischen und portugiesischen Einflüssen, die sich in Architektur, Küche und Festivals zeigt. Der Karneval in Goa, der im Februar mit Paraden, Musik und Tanz gefeiert wird, ist ein wichtiges kulturelles Ereignis. Das Shigmo-Festival, ein traditionelles goanisches Festival, das mit Volkstänzen und Prozessionen gefeiert wird, zeigt das reiche kulturelle Erbe des Staates. Die goanische Küche mit ihren Fischgerichten wie Garnelen-Balchao, Fisch-Curry-Reis und Bebinca (ein traditionelles goanisches Dessert) ist ein kulinarischer Genuss. Die entspannte und einladende Natur der Goaner trägt zum Charme dieses wunderschönen Staates bei.

5. Uttar Pradesh

Uttar Pradesh, im Norden Indiens gelegen, ist ein Staat voller Geschichte, Spiritualität und Kultur. Es beherbergt einige der bekanntesten Wahrzeichen Indiens, darunter das Taj Mahal, und ist ein wichtiges Zentrum für Hinduismus, Buddhismus und Islam. Die vielfältigen Attraktionen des Staates reichen von alten Tempeln und großen Festungen bis hin zu pulsierenden Städten und ruhigen Flüssen, was ihn zu einem Muss für Reisende macht, die Indiens reiches Erbe erkunden möchten.

Beliebte Attraktionen in Uttar Pradesh:
a) Agra und das Taj Mahal: Agra ist ein Synonym für das Taj Mahal, eines der sieben Weltwunder und UNESCO-Weltkulturerbe. Dieses prächtige Mausoleum aus weißem Marmor, das Kaiser Shah Jahan zum Gedenken an seine Frau Mumtaz Mahal errichtete, ist ein Symbol für Liebe und architektonische Brillanz. Die

komplizierte Intarsienarbeit, Symmetrie und die umliegenden Mogulgärten machen es zu einem Meisterwerk. Agra beherbergt auch andere historische Denkmäler wie das Agra Fort, Eine massive Festung aus rotem Sandstein, die als Residenz der Mogulkaiser diente, und das Grab von Itimad-ud-Daulah, das oft als "Baby Taj" bezeichnet wird."

b) Varanasi (Kashi): Varanasi, auch bekannt als Kashi, ist eine der ältesten ununterbrochen bewohnten Städte der Welt und ein wichtiger Wallfahrtsort für Hindus. Varanasi liegt am Ufer des Ganges und gilt als spirituelle Hauptstadt Indiens. Die Ghats der Stadt (Stufen, die zum Fluss führen) sind die Brennpunkte des täglichen Lebens und der religiösen Rituale. Das Dashashwamedh Ghat, in dem abends Ganga Aarti aufgeführt wird, ist ein faszinierendes Erlebnis, bei dem Gesänge, Lampen und Rituale eine göttliche Atmosphäre schaffen. Der Kashi Vishwanath Tempel, der Lord Shiva gewidmet ist, ist einer der am meisten verehrten Tempel in Indien. Varanasi ist auch ein Zentrum für Lernen, Musik und Kunst mit einer reichen Tradition klassischer Musik und Tanz.

c) Lucknow: Lucknow, die Hauptstadt von Uttar Pradesh, ist bekannt für ihr reiches kulturelles Erbe, ihre Mogul-Architektur und ihre kulinarischen Köstlichkeiten. Das berühmteste Wahrzeichen der Stadt ist die Bara Imambara, ein imposantes Bauwerk, das von Nawab Asaf-ud-Daula erbaut wurde. Der Komplex umfasst das Bhulbhulaiya (ein Labyrinth) und die Asafi-Moschee. Das Rumi Darwaza, oft als "Türkisches Tor" bezeichnet, ist ein weiteres Wahrzeichen der Stadt. Lucknow ist auch bekannt für seine exquisite Chikan-Stickerei, eine traditionelle Kunstform, die Kleidungsstücke und Textilien schmückt. Die kulinarische Szene der Stadt mit ihren berühmten Kebabs, Biryanis und Süßigkeiten ist ein gastronomischer Genuss für Feinschmecker.

d) Allahabad (Prayagraj): Allahabad, offiziell bekannt als Prayagraj, ist eine Stadt von großer religiöser Bedeutung, die am Zusammenfluss von drei Flüssen liegt: dem Ganges, dem Yamuna und dem mythischen Saraswati. Dieser Zusammenfluss, bekannt als Triveni Sangam, ist ein wichtiger Wallfahrtsort, insbesondere während der Kumbh Mela, der größten religiösen Versammlung der Welt, die alle 12 Jahre stattfindet. Das Allahabad Fort, das von Kaiser Akbar erbaut wurde, und das Anand Bhavan, das Stammhaus der Familie Nehru-Gandhi, sind weitere bedeutende Sehenswürdigkeiten.

e) Fatehpur Sikri: Fatehpur Sikri, in der Nähe von Agra gelegen, ist ein UNESCO-Weltkulturerbe und ein faszinierendes Beispiel der Mogul-Architektur. Diese verlassene Stadt wurde im 16.Jahrhundert von Kaiser Akbar erbaut und diente für kurze Zeit als Hauptstadt des Mogulreiches. Die Stadt ist bekannt für ihre großartigen Gebäude, darunter das Buland Darwaza (das höchste Tor der Welt), die Jama Masjid, das Grab von Salim Chishti und das Panch Mahal. Die Architektur aus rotem Sandstein und die Mischung aus islamischem, hinduistischem und jainischem Stil machen Fatehpur Sikri zu einer einzigartigen historischen Stätte.

f) Mathura und Vrindavan: Mathura und Vrindavan sind zwei der heiligsten Städte für Hindus, die eng mit dem Leben von Lord Krishna verbunden sind. Es wird angenommen, dass Mathura der Geburtsort von Krishna ist, und der Krishna Janmabhoomi Tempel ist ein wichtiger Wallfahrtsort. Vrindavan, wo Krishna seine Kindheit verbrachte, ist bekannt für seine zahlreichen Tempel, darunter der Banke Bihari Tempel, der ISKCON Tempel und der Radha Raman Tempel. Das Holi-

Festival, das in diesen Städten mit großer Leidenschaft gefeiert wird, ist eine Hauptattraktion für Touristen, die kommen, um die farbenfrohen und fröhlichen Feste mitzuerleben.

g) Ayodhya: Ayodhya, am Ufer des Flusses Sarayu gelegen, ist eine der sieben heiligsten Städte des Hinduismus. Es wird angenommen, dass es der Geburtsort von Lord Rama ist, und die Stätte Ram Janmabhoomi ist ein wichtiges Pilgerziel. Die Stadt ist übersät mit Tempeln, darunter der Hanuman Garhi, Kanak Bhawan und der Nageshwarnath-Tempel. Ayodhyas spirituelles Ambiente und seine historische Bedeutung ziehen Pilger und Touristen gleichermaßen an.

Kulturelle Highlights:
Uttar Pradesh ist ein kulturelles und spirituelles Kernland Indiens mit einer reichen Tradition an Musik, Tanz und Festivals. Der Staat ist der Geburtsort der klassischen Hindustani-Musik, wobei Varanasi und Lucknow wichtige Zentren für diese Kunstform sind. Die Kathak-Tanzform, die sich durch komplizierte Beinarbeit und Geschichtenerzählen auszeichnet, hat ihre Wurzeln in Uttar Pradesh. Die Feste des Staates, wie Diwali, Holi und die Kumbh Mela, werden mit großer Begeisterung gefeiert und ziehen Besucher aus der ganzen Welt an. Auch die Küche von Uttar Pradesh mit ihren reichen Aromen und vielfältigen Gerichten ist ein Highlight und bietet eine kulinarische Reise durch die Geschichte und Kultur des Bundesstaates.

6. Maharashtra

Maharashtra, an der Westküste Indiens gelegen, ist ein Bundesstaat mit vielfältigen Landschaften, reicher Geschichte und lebendiger Kultur. Von der geschäftigen Metropole Mumbai bis zu den ruhigen Bergstationen der Western Ghats und von den alten Höhlen von Ajanta und Ellora bis zu den wunderschönen Stränden von Konkan bietet Maharashtra eine breite Palette von Erlebnissen für

Reisende. Der Staat ist auch bekannt für seine Festivals, traditionelle Künste und köstliche Küche.

Beliebte Attraktionen in Maharashtra:
a) Mumbai (Die Stadt der Träume): Mumbai, die Hauptstadt von Maharashtra, ist eine dynamische Stadt, die niemals schläft. Es ist die Finanzhauptstadt Indiens und Heimat von Bollywood, der weltweit größten Filmindustrie. Zu den Wahrzeichen der Stadt gehören das Gateway of India, ein monumentaler Bogen mit Blick auf das Arabische Meer, und der Chhatrapati Shivaji Maharaj Terminus, ein UNESCO-Weltkulturerbe, das für seine viktorianisch-gotische Architektur bekannt ist. Marine Drive, auch bekannt als die Halskette der Königin, bietet einen atemberaubenden Blick auf die Küste, besonders bei Sonnenuntergang. Mumbais lebhafte Straßenmärkte wie der Colaba Causeway und der Crawford Market sind ein Einkaufsparadies. Die Stadt ist auch berühmt für ihr Straßenessen, darunter Vada Pav, Pav bhaji und Bhel Puri.

b) Höhlen von Ajanta und Ellora: Die Höhlen von Ajanta und Ellora in der Nähe von Aurangabad gehören zum UNESCO-Weltkulturerbe und gehören zu den bedeutendsten Beispielen antiker Felsarchitektur in Indien. Die Ajanta-Höhlen aus dem 2. Jahrhundert v. Chr. sind bekannt für ihre exquisiten buddhistischen Fresken und Skulpturen. Die Höhlen zeigen Szenen aus dem Leben des Buddha und sind ein Beweis für die künstlerischen und spirituellen Errungenschaften des alten Indiens. Die Ellora-Höhlen, ein Komplex aus hinduistischen, buddhistischen und jainischen Tempeln und Klöstern, sind bekannt für ihre komplizierten Schnitzereien und massiven Felsmonumente, darunter der Kailasa-Tempel, der als eines der größten monolithischen Bauwerke der Welt gilt.

c) Pune: Pune, oft als Kulturhauptstadt von Maharashtra bezeichnet, ist eine Stadt voller Geschichte und Tradition. Die Stadt ist bekannt für ihre Bildungseinrichtungen, die lebendige Kunstszene und die historischen Sehenswürdigkeiten. Der Aga Khan Palast, ein bedeutender Ort im indischen Freiheitskampf, ist der Ort, an dem Mahatma Gandhi und seine Frau Kasturba während der Quit India-Bewegung inhaftiert waren. Die Shaniwar Wada, eine historische Festung, die einst der Sitz der Peshwas war, ist eine weitere große Attraktion. Pune ist auch ein Tor zu den Bergstationen der Western Ghats, wie Lonavala und Khandala, die für ihre landschaftliche Schönheit und ihr angenehmes Klima bekannt sind.

d) Mahabaleshwar (Bergstation): Mahabaleshwar, in den Western Ghats gelegen, ist eine der beliebtesten Bergstationen in Maharashtra. Mahabaleshwar ist bekannt für seine üppig grünen Landschaften, Erdbeerfarmen und Aussichtspunkte und ein perfekter Rückzugsort für Naturliebhaber. Der Venna-See, auf dem Besucher Boot fahren können, und das Pratapgad Fort, eine historische Stätte, die mit dem Maratha-König Shivaji in Verbindung gebracht wird, sind Hauptattraktionen. Die Aussichtspunkte Arthur's Seat, Wilson Point und Elephant's Head Point bieten atemberaubende Ausblicke auf die umliegenden Täler und Wälder.

e) Konkan-Küste: Die Konkan-Küste, die sich entlang des Arabischen Meeres erstreckt, ist bekannt für ihre unberührten Strände, malerischen Dörfer und historischen Festungen. Alibaug, ein beliebter Wochenendausflug von Mumbai, ist bekannt für seine Sandstrände, Kokosnusshaine und das Kolaba Fort. Ganpatipule mit seinen ruhigen Stränden und dem berühmten Ganpati-Tempel ist ein weiteres wichtiges Reiseziel. Die Strände von Ratnagiri, Tarkarli und Sindhudurg sind bekannt für ihre natürliche Schönheit und ihre Wassersportaktivitäten. Die Konkan-Küste ist auch berühmt für ihre Meeresfrüchte, insbesondere die malvanische Küche, die ein Muss für Feinschmecker ist.

f) Nashik (Weinhauptstadt Indiens): Nashik, im nördlichen Teil von Maharashtra gelegen, ist eine antike Stadt, die für ihre religiöse Bedeutung und als Weinhauptstadt Indiens bekannt ist. Die Stadt ist ein wichtiger Wallfahrtsort, insbesondere während der Kumbh Mela, die alle 12 Jahre am Ufer des Flusses Godavari stattfindet. Der Trimbakeshwar-Tempel, der Lord Shiva gewidmet ist, ist einer der 12 Jyotirlingas in Indien und eine Hauptattraktion. Nashik ist auch bekannt für seine Weinberge und Weingüter wie Sula Vineyards, wo Besucher Weintouren und Verkostungen genießen können. Die umliegende Region Nashik ist auch für ihre landschaftliche Schönheit und Trekkingmöglichkeiten bekannt, insbesondere im Sahyadri-Gebirge.

g) Aurangabad: Aurangabad, benannt nach dem Mogulkaiser Aurangzeb, ist eine Stadt, die für ihre historische und kulturelle Bedeutung bekannt ist. Das Bibi Ka Maqbara, oft als "Taj des Dekkan" bezeichnet, ist ein Mausoleum, das zum Gedenken an Aurangzebs Frau erbaut wurde und ein markantes Wahrzeichen der Stadt ist. Aurangabad ist auch ein Tor zu den Höhlen Ajanta und Ellora sowie zum Fort Daulatabad, einer beeindruckenden Bergfestung mit einer reichen Geschichte. Die Stadt ist bekannt für ihre traditionellen Himroo- und Paithani-Textilien, die beliebte Souvenirs für Besucher sind.

Kulturelle Highlights:
Maharashtra ist ein Staat mit einem reichen kulturellen Erbe, das sich in seinen Festen, Künsten und Traditionen widerspiegelt. Das Ganesh Chaturthi Festival, das mit großer Leidenschaft gefeiert wird, ist das wichtigste Festival des Bundesstaates, insbesondere in Mumbai und Pune. Der Staat ist auch bekannt für seine traditionellen Tanzformen wie Lavani und Tamasha, die lebendige Ausdrucksformen der maharashtrianischen Kultur sind. Die Marathi-Theaterszene floriert mit Theaterstücken und Aufführungen, die die sozialen und kulturellen Themen der Region widerspiegeln. Maharashtras Küche mit ihren vielfältigen Geschmacksrichtungen, die von würzigen Kolhapuri-Gerichten bis hin zum süßen Puran Poli reichen, bietet eine kulinarische Reise durch die reiche Geschichte und Tradition des Staates.

7. Tamil Nadu

Tamil Nadu, im Süden Indiens gelegen, ist ein Staat mit einem reichen kulturellen Erbe, alten Tempeln und malerischen Landschaften. Der Staat ist bekannt für seine Architektur im dravidischen Stil, klassische Musik und Tanz sowie eine lebendige Tradition des Kunsthandwerks. Tamil Nadu bietet eine einzigartige Mischung aus Spiritualität, Geschichte und natürlicher Schönheit und ist damit ein Top-Reiseziel für Reisende, die das kulturelle Kernland Südindiens erkunden möchten.

Beliebte Attraktionen in Tamil Nadu:

a) Chennai (Madras): Chennai, die Hauptstadt von Tamil Nadu, ist eine pulsierende Metropole mit einer reichen Geschichte und einem reichen kulturellen Erbe. Die Stadt ist bekannt für ihre klassische Musik, ihren Tanz und ihre Tempel. Der Kapaleeshwarar-Tempel in Mylapore, der Lord Shiva gewidmet ist, ist einer der berühmtesten Tempel in Chennai, der für seine dravidische Architektur und seine lebhaften Festivals bekannt ist. Der Marina Beach, einer der längsten Stadtstrände der Welt, ist ein beliebter Ort für Einheimische und Touristen gleichermaßen. Fort St. George, eine historische Festung, die von den Briten erbaut wurde, beherbergt ein Museum, das Artefakte aus der Kolonialzeit zeigt. Chennai ist auch ein wichtiges Zentrum für klassische karnatische Musik, mit der jährlichen Dezember-Musiksaison, die Musiker und Enthusiasten aus der ganzen Welt anzieht.

b) Madurai (Das Athen des Ostens): Madurai ist eine der ältesten Städte Indiens und ein wichtiges kulturelles und religiöses Zentrum. Die Stadt ist am bekanntesten für den Meenakshi Amman Tempel, einen prächtigen Tempelkomplex, der der Göttin Meenakshi und Lord Shiva gewidmet ist. Der Tempel ist ein architektonisches Wunderwerk mit seinen hoch aufragenden Gopurams (Tortürmen), die mit aufwendigen Schnitzereien und Skulpturen geschmückt sind. Das jährliche Meenakshi Thirukalyanam Festival, das die göttliche Hochzeit von Meenakshi und Shiva feiert, ist ein großartiges Ereignis, das Tausende von Anhängern anzieht. Madurai ist auch bekannt für seine lebhaften Straßenmärkte, auf denen Besucher traditionelle Textilien, Kunsthandwerk und Souvenirs kaufen können.

c) Mahabalipuram (Mamallapuram): Mahabalipuram, ein UNESCO-Weltkulturerbe, ist berühmt für seine alten Felsentempel und Skulpturen. Der Shore Temple am Ufer des Golfs von Bengalen ist ein beeindruckendes Beispiel dravidischer Architektur und einer der frühesten Steintempel in Südindien. Die Pancha Rathas, eine Gruppe von fünf monolithischen Tempeln, sind eine weitere Hauptattraktion, die jeweils aus einem einzigen Stück Fels gehauen wurden. Der Abstieg des Ganges, auch bekannt als Arjunas Buße, ist ein massives Felsrelief, das Szenen aus der hinduistischen Mythologie darstellt. Mahabalipuram ist auch bekannt für sein jährliches klassisches Tanzfestival, das traditionelle indische Tanzformen vor dem Hintergrund dieser antiken Monumente zeigt.

d) Ooty (Udhagamandalam): Ooty, in den Nilgiri Hills gelegen, ist eine der beliebtesten Bergstationen in Indien. Bekannt für sein kühles Klima, üppige Teegärten und malerische Landschaften, ist Ooty ein perfekter Zufluchtsort für Naturliebhaber. Die Nilgiri-Bergbahn, ein UNESCO-Weltkulturerbe, bietet eine malerische Zugfahrt durch die Hügel mit atemberaubenden Ausblicken auf die umliegenden Täler und Wälder. Der Botanische Garten von Ooty mit seiner vielfältigen Sammlung von Pflanzen und Blumen ist eine Hauptattraktion. Der Ooty-See, auf dem Besucher bootfahren können, und der Doddabetta-Gipfel, der höchste Punkt der Nilgiris, sind weitere beliebte Orte in der Region.

e) Kanyakumari: Kanyakumari, an der südlichsten Spitze Indiens gelegen, ist ein einzigartiges Reiseziel, an dem sich das Arabische Meer, der Golf von Bengalen und der Indische Ozean treffen. Die Stadt ist bekannt für ihre atemberaubenden Sonnenauf- und -untergänge, insbesondere während des Chaitra Purnima Festivals, wenn Sonne und Mond gleichzeitig aufgehen. Das Vivekananda Rock Memorial, das auf einer Felseninsel vor der Küste erbaut wurde, ist ein wichtiger Wallfahrtsort, der Swami Vivekananda gewidmet ist, der hier 1892 meditierte. Die Thiruvalluvar-Statue, eine hoch aufragende Statue des alten tamilischen Dichters und Philosophen Thiruvalluvar, ist ein weiteres Wahrzeichen in Kanyakumari. Bedeutsam sind auch die Tempel der Stadt, wie der Kumari Amman Tempel, der der jungfräulichen Göttin Kanyakumari gewidmet ist.

f) Tanjore (Thanjavur): Tanjore, auch bekannt als Thanjavur, ist eine Stadt mit einem reichen kulturellen und künstlerischen Erbe. Der Brihadeeswarar-Tempel, ein UNESCO-Weltkulturerbe, ist einer der wichtigsten Tempel in Südindien, bekannt für seine großartige Architektur und den hoch aufragenden Gopuram. Erbaut vom Chola-König Raja Raja Chola I., ist der Tempel ein Meisterwerk dravidischer Architektur und Lord Shiva gewidmet. Tanjore ist auch bekannt für seine traditionellen Tanjore-Gemälde, einen klassischen südindischen Malstil, der sich durch satte Farben und Blattgoldarbeiten auszeichnet. Die Saraswathi Mahal Bibliothek, eine der ältesten Bibliotheken Asiens, beherbergt eine umfangreiche Sammlung antiker Manuskripte, Bücher und Gemälde.

Kulturelle Highlights:
Tamil Nadu ist ein Staat, in dem Kultur und Tradition tief im täglichen Leben verwurzelt sind. Der Staat ist bekannt für seine klassische Tanzform Bharatanatyam, die ihren Ursprung in den Tempeln von Tamil Nadu hat und sich durch Anmut, Präzision und ausdrucksstarke Gesten auszeichnet. Die klassische Musik des Staates, bekannt als karnatische Musik, ist ein weiterer wichtiger kultureller Schatz mit einer reichen Tradition von Kompositionen und Aufführungen. Tamil Nadus Feste wie Pongal, Navaratri und das tamilische Neujahr werden mit großer Begeisterung gefeiert und zeigen die lebendige Kultur des Staates. Die Küche von Tamil Nadu mit Schwerpunkt auf Reis, Linsen und einer Vielzahl von Gewürzen ist ebenfalls ein Highlight und bietet eine köstliche Mischung aus Aromen und Texturen.

8. Westbengalen

Westbengalen, im Osten Indiens gelegen, ist ein Staat, der für sein reiches kulturelles Erbe, seine künstlerischen Traditionen und seine vielfältigen Landschaften bekannt ist. Die Hauptstadt des Bundesstaates, Kolkata, wird oft als Kulturhauptstadt Indiens bezeichnet, mit ihrer lebendigen Kunstszene, historischen Sehenswürdigkeiten und literarischen Traditionen. Westbengalen ist auch für seine landschaftliche Schönheit bekannt, von den Teegärten von Darjeeling bis zu den Mangrovenwäldern der Sundarbans, was es zu einem vielfältigen und faszinierenden Reiseziel für Reisende macht.

Beliebte Attraktionen in Westbengalen:

a) Kolkata (Die Stadt der Freude): Kolkata, die Hauptstadt von Westbengalen, ist eine Stadt voller Geschichte, Kultur und intellektueller Aktivitäten. Die Architektur der Stadt aus der Kolonialzeit, wie das Victoria Memorial, eine großartige Marmorstruktur, die Königin Victoria gewidmet ist, und die Howrah Bridge, ein Wunder der Ingenieurskunst, sind Wahrzeichen. Das Indische Museum, eines der ältesten Museen der Welt, beherbergt eine umfangreiche Sammlung von Artefakten, darunter antike Skulpturen, Gemälde und Fossilien. Kalkutta ist auch für sein literarisches Erbe bekannt, mit bemerkenswerten Sehenswürdigkeiten wie dem Jorasanko Thakur Bari, dem Stammsitz von Rabindranath Tagore, und der College Street, die als "Boi Para" oder "Buchmarkt" bekannt ist." Die Kulturszene der Stadt ist lebendig, mit regelmäßigen Aufführungen klassischer Musik, Tanz und Theater. Das Durga Puja Festival, das mit Pracht und Kreativität gefeiert wird, ist der Höhepunkt des Kulturkalenders der Stadt.

b) Darjeeling (Die Königin der Hügel): Darjeeling, im Kleinen Himalaya gelegen, ist eine malerische Bergstation, die für ihre atemberaubende Aussicht, Teegärten und ihren kolonialen Charme bekannt ist. Die Darjeeling Himalayan Railway, ein UNESCO-Weltkulturerbe, bietet eine malerische Spielzeugeisenbahnfahrt durch die Hügel mit atemberaubender Aussicht auf die umliegenden Berge und Täler. Der Tigerhügel, bekannt für seinen Panoramablick auf den Berg Kanchenjunga, ist ein beliebter Ort, um den Sonnenaufgang zu beobachten. Darjeeling ist auch berühmt für seinen Tee, mit zahlreichen Teeplantagen, die Touren und Verkostungen anbieten. Der Padmaja Naidu Himalayan Zoological Park, bekannt für seine Bemühungen zum Schutz gefährdeter Arten wie des Roten Pandas und des Schneeleoparden, ist eine weitere Hauptattraktion.

c) Sundarbans: Die Sundarbans, ein UNESCO-Weltkulturerbe, sind der größte Mangrovenwald der Welt und Heimat des königlichen bengalischen Tigers. Dieses einzigartige Ökosystem im Delta der Flüsse Ganges, Brahmaputra und Meghna ist ein Paradies für Naturliebhaber und Naturliebhaber. Die Sundarbans sind bekannt für ihre reiche Artenvielfalt, darunter Arten wie das Salzwasserkrokodil, die indische Python und das gefleckte Reh. Das einzigartige Netzwerk der Region aus Flüssen, Flussmündungen und Inseln macht sie zu einem idealen Ziel für Bootssafaris und Wildtiertouren. Die Sundarbans beherbergen auch mehrere traditionelle Fischergemeinden, und ein Besuch in der Region bietet Einblicke in ihre Lebensweise und die Herausforderungen, denen sie in dieser einzigartigen Umgebung gegenüberstehen.

d) Shantiniketan: Shantiniketan, in der Nähe von Bolpur in Westbengalen gelegen, ist ein Ort von großer kultureller und pädagogischer Bedeutung. Shantiniketan wurde vom Nobelpreisträger Rabindranath Tagore gegründet und beherbergt die Visva-Bharati-Universität, ein Lernzentrum, das einen ganzheitlichen Ansatz für Bildung und Kunst betont. Der Campus der Universität ist bekannt für seine Klassenzimmer unter freiem Himmel, das künstlerische Ambiente und die Verbindung mit Tagores literarischem und künstlerischem Erbe. Die Poush Mela, eine jährliche Messe, die im Dezember stattfindet, ist ein wichtiges kulturelles Ereignis in Shantiniketan mit Volksmusik, Tanz und Kunsthandwerk. Shantiniketan ist auch für seinen einzigartigen Kunst- und Handwerksstil bekannt, insbesondere für die Batik- und Kantha-Stickerei.

e) Sundarbans: Die Sundarbans, ein UNESCO-Weltkulturerbe, sind der größte Mangrovenwald der Welt und Heimat des königlichen bengalischen Tigers. Dieses einzigartige Ökosystem im Delta der Flüsse Ganges, Brahmaputra und Meghna ist ein Paradies für Naturliebhaber und Naturliebhaber. Die Sundarbans sind bekannt für ihre reiche Artenvielfalt, darunter Arten wie das Salzwasserkrokodil, die indische Python und das gefleckte Reh. Das einzigartige Netzwerk der Region aus Flüssen, Flussmündungen und Inseln macht sie zu einem idealen Ziel für Bootssafaris und Wildtiertouren. Die Sundarbans beherbergen auch mehrere traditionelle Fischergemeinden, und ein Besuch in der Region bietet Einblicke in ihre Lebensweise und die Herausforderungen, denen sie in dieser einzigartigen Umgebung gegenüberstehen.

f) Kalimpong: Kalimpong, eine weitere charmante Bergstation in Westbengalen, ist bekannt für seine ruhige Umgebung, koloniale Architektur und wunderschöne Landschaften. Die Stadt beherbergt mehrere Klöster, darunter das Kloster Tharpa Choling und Zang Dhok Palri Phodang, die wichtige Zentren des buddhistischen Lernens sind. Der Hügel Deolo mit Panoramablick auf die umliegenden Täler und Berge ist ein beliebter Ort für Picknicks und Spaziergänge in der Natur. Kalimpong ist auch für seinen Gartenbau bekannt, mit zahlreichen Baumschulen, die sich auf exotische Blumen, Kakteen und Orchideen spezialisiert haben. Die lebhaften Märkte der Stadt, auf denen traditionelles Kunsthandwerk, tibetischer Schmuck und lokale Produkte verkauft werden, sind einen Besuch wert.

Kulturelle Highlights:

Westbengalen ist ein Staat mit einem tief verwurzelten kulturellen Erbe, insbesondere in den Bereichen Literatur, Musik und Kunst. Der Staat ist der Geburtsort der bengalischen Renaissance, einer kulturellen Bewegung, die im 19. und 20.Jahrhundert bedeutende soziale, literarische und künstlerische Veränderungen mit sich brachte. Rabindranath Tagore, einer der größten Dichter und Schriftsteller Indiens, stammt aus Westbengalen, und seine Werke beeinflussen weiterhin die Kulturlandschaft des Staates. Die staatlichen Feste wie Durga Puja, Kali Puja und Poila Baisakh (bengalisches Neujahr) werden mit großer Begeisterung und Kreativität gefeiert. Die Küche von Westbengalen, die für ihre Verwendung von Senf, Fisch und Süßigkeiten wie Rasgulla und Sandesh bekannt ist, bietet ein einzigartiges kulinarisches Erlebnis. Das traditionelle Kunsthandwerk des Staates, einschließlich des Webens von Baluchari-Saris, Terrakotta-Skulpturen und Patachitra-Gemälden, spiegelt sein reiches kulturelles Erbe wider.

Diese Tour bietet eine umfassende Reise durch einige der faszinierendsten Bundesstaaten Indiens, von denen jeder eine einzigartige Mischung aus Geschichte, Kultur und natürlicher Schönheit bietet. Egal, ob Sie alte Tempel erkunden, malerische Landschaften genießen oder in die lokalen Traditionen und Feste eintauchen möchten, diese Staaten haben für jeden Reisenden etwas zu bieten.

KAPITEL 2:

2.1: INDIEN REISEBUDGET UND GELDSPARTIPPS

Indien bietet eine Reihe von Erlebnissen für den Geschmack und das Budget jedes Reisenden. Die Planung einer Reise nach Indien erfordert jedoch eine sorgfältige Abwägung der Kosten und kluge Budgetierungsstrategien. In diesem Leitfaden erfahren Sie, wie Sie eine erschwingliche und dennoch bereichernde Reise durch Indien planen, die alles von Flügen und Unterkünften über Essen, Transport und Aktivitäten bis hin zu praktischen Tipps zum Geldsparen abdeckt.

1. Visum und Reiseversicherung

Visum:

Die meisten Reisenden nach Indien benötigen ein Visum, das online über das E-Visa-System der indischen Regierung erhältlich ist. Die Kosten für ein Touristen-E-Visum variieren je nach Nationalität und Aufenthaltsdauer. Für die meisten Europäer kostet ein 30-tägiges E-Visum etwa 25 bis 40 €.

Reiseversicherung:

Eine Reiseversicherung ist für jede internationale Reise von entscheidender Bedeutung und deckt unvorhergesehene Krankheitskosten, Reiserücktritte oder verlorenes Gepäck ab. Für eine einmonatige Reise nach Indien kann eine umfassende Reiseversicherung zwischen 40 und 80 € kosten.

Geschätzte Kosten:

Visum: 25 €-40€
Reiseversicherung: €40-€80
Gesamt: €65-€120

2. Flüge nach Indien

Die Kosten für Flüge nach Indien variieren erheblich je nach Buchungszeitpunkt, Saison und Abflugort. Ein Hin- und Rückflug von europäischen Großstädten wie London, Paris oder Berlin nach Delhi, Mumbai oder Bangalore kann zwischen 400 und 800 € liegen. Billigfluggesellschaften bieten möglicherweise günstigere Tarife an, aber es ist wichtig, Gepäckkosten und Zwischenstopps zu berücksichtigen.

Tipps zum Geldsparen:

- Buchen Sie Flüge mehrere Monate im Voraus, um sich die besten Angebote zu sichern.
- Verwenden Sie Flugvergleichstools wie Skyscanner oder Google Flights, um Preise zu verfolgen und Warnungen festzulegen.
- Erwägen Sie, zu weniger beliebten Flughäfen in Indien zu fliegen, die möglicherweise günstigere Tarife anbieten.

Geschätzte Kosten:

Flüge: €400-€800

3. Unterk

Die Unterkünfte in Indien reichen von günstigen Hostels bis hin zu Luxushotels und bieten für jeden Reisetyp etwas. Hier ist eine Aufschlüsselung der Kosten basierend auf verschiedenen Unterkunftsmöglichkeiten:

Günstige Unterkunft:

- Hostels und Pensionen sind am günstigsten, mit Schlafsälen, die etwa € 5- € 10 pro Nacht kosten.
- Günstige Hotels oder Privatzimmer in Pensionen können zwischen 10 und 20 € pro Nacht kosten.

Mittelklasse-Unterkunft:

- 3-Sterne-Hotels oder Boutique-Pensionen berechnen in der Regel zwischen € 20- € 50 pro Nacht.
- Diese Unterkünfte bieten oft mehr Komfort, einschließlich Klimaanlage, eigenem Bad und manchmal Frühstück.

Luxusunterkunft:

4-Sterne- und 5-Sterne-Hotels oder Luxusresorts können je nach Lage und Ausstattung zwischen € 50- € 150 oder mehr pro Nacht kosten.

Tipps zum Geldsparen:

- Buchen Sie Unterkünfte über Plattformen wie Booking.com oder Airbnb für Rabatte und Angebote.
- Erwägen Sie, in Pensionen oder Hostels zu übernachten, insbesondere in touristischen Gebieten, in denen diese Möglichkeiten reichlich vorhanden sind.
- Reisen Sie in der Nebensaison (April bis September), um von günstigeren Tarifen zu profitieren.

Geschätzte Kosten (30 Tage):

- Budget: 150 € bis 300 €
- Mittelklasse: 600 €-1500 €
- Luxus: €1500-€4500

4. Transport innerhalb Indiens

Indien verfügt über ein ausgedehntes und erschwingliches Verkehrsnetz, einschließlich Zügen, Bussen, Flügen und Taxis.

Zug:

Das indische Eisenbahnnetz ist riesig und bietet verschiedene Klassen, von der Schlafklasse (Budget) bis zur 1. Klasse AC (Luxus). Eine Zugfahrt in der Schlafklasse von Delhi nach Varanasi (12 Stunden) kostet etwa 5 bis 10 €, während die 1. Klasse AC 30 bis 50 € kostet.

Bus:

Staatliche und private Busse stehen für Intercity-Reisen zur Verfügung. Eine Busfahrt von Delhi nach Jaipur (5-6 Stunden) kostet zwischen 4 und 8 €.

Inlandsflug:

Billigfluggesellschaften wie IndiGo, SpiceJet und AirAsia India bieten günstige Inlandsflüge an. Ein One-Way-Ticket von Delhi nach Mumbai kann zwischen 40 und 100 € liegen, je nachdem, wann Sie buchen.

Nahverkehr:
Autorikschas, Fahrradrikschas und Taxis sind in Städten üblich. Eine kurze Auto-Rikscha-Fahrt könnte € 0,50- € 2 kosten, während eine Taxifahrt durch die Stadt € 5- € 10 kosten könnte.

Tipps zum Geldsparen:
- Buchen Sie Bahntickets im Voraus, insbesondere für lange Reisen und in der Hauptreisezeit.
- Verwenden Sie Apps wie Ola oder Uber für preiswerte Taxidienste.
- Erwägen Sie Schlafbusse oder Züge für Übernachtungen, um bei der Unterkunft zu sparen.

Geschätzte Kosten (30 Tage):
- Budget: 100 bis 200 €
- Mittelklasse: 200 €-400€
- Luxus: 400 €-800 €

5. Essen und Trinken
Indien ist ein Paradies für Feinschmecker und bietet alles von Street Food bis hin zu gehobener Küche. Die Kosten für Lebensmittel können stark variieren, je nachdem, wo und was Sie essen.

Straßenessen:
Beliebte Straßengerichte wie Samosas, Chaat oder Dosas können nur 0,50 €-2 € kosten.

Lokale Restaurants:
Essen in lokalen Dhabas oder kleinen Restaurants ist sehr erschwinglich, eine Mahlzeit kostet zwischen 2 und 5 €.

Mittelklasse-Restaurants:
Das Essen in einem Mittelklasserestaurant kostet etwa € 5- € 15 pro Person, einschließlich Getränke.

Luxuriöses Essen:
High-End-Restaurants in Städten wie Mumbai, Delhi oder Bangalore können 20 bis 50 € oder mehr pro Mahlzeit kosten.

Tipps zum Geldsparen:
- Halten Sie sich an lokale Restaurants und Straßenessen für authentische und billige Mahlzeiten.
- Trinken Sie abgefülltes oder gefiltertes Wasser, um Gesundheitsprobleme und unnötige medizinische Kosten zu vermeiden.
- Vermeiden Sie es, an touristischen Hotspots zu essen, an denen die Preise oft überhöht sind.

Geschätzte Kosten (30 Tage):
- Budget: 60 € bis 150 €

- Mittelklasse: 150 €-450€
- Luxus: 450 €-900 €

6. Aktivitäten und Sehenswürdigkeiten
Indien ist voller historischer Denkmäler, Tempel, Museen und Naturwunder. Eintrittsgelder und Aktivitätskosten variieren, wobei viele Orte Studenten oder ausländischen Touristen Ermäßigungen anbieten.

Kulturelle und historische Stätten:
Die Eintrittspreise für UNESCO-Welterbestätten wie das Taj Mahal, Jaipurs Amber Fort oder Delhis Qutb Minar liegen zwischen 2 und 12 €.

Führung:
Die Anmietung eines lokalen Führers für eine Halbtagestour könnte etwa 10 bis 20 € kosten.

Abenteueraktivitäten:
Indien bietet verschiedene Abenteueraktivitäten wie Trekking im Himalaya, Kamelsafaris in Rajasthan oder Tauchen auf den Andamanen. Die Preise sind sehr unterschiedlich, mit Wanderungen von 100 bis 300 €, Kamelsafaris von 30 bis 100 € und Tauchen von 50 bis 100 € pro Tauchgang.

Yoga und Wellness Retreats:
Ein einwöchiger Yoga-Retreat kostet je nach Standort und Ausstattung zwischen 100 und 300 €.

Tipps zum Geldsparen:
- Entscheiden Sie sich für selbst geführte Touren oder kostenlose Wanderungen in Städten wie Delhi, Mumbai und Jaipur.
- Nutzen Sie staatliche Websites oder lokale Tourismusbüros, um Touren und Aktivitäten zu günstigen Preisen zu buchen.
- Reisen Sie mit einem Studentenausweis oder einer Internationalen Jugendreisekarte (IYTC), um Ermäßigungen auf die Eintrittsgebühren zu erhalten.

Geschätzte Kosten (30 Tage):
- Budget: 50 € bis 150 €
- Mittelklasse: 150 €-300 €
- Luxus: 300 €-700 €

7. Einkaufen und Souvenirs
Einkaufen in Indien ist eine Freude, mit unzähligen Märkten, die Textilien, Kunsthandwerk, Schmuck, Gewürze und mehr anbieten. Die Preise können variieren und Feilschen ist gängige Praxis.

Märkte und Basare:
Auf lokalen Märkten finden Sie alles von Seidenschals bis hin zu handgefertigter Keramik zu Preisen zwischen 1 und 20 €, je nach Artikel.

Festpreisgeschäfte:

Für diejenigen, die sich mit Feilschen unwohl fühlen, bieten staatlich geführte Kaufhäuser und Festpreisgeschäfte faire Preise. Ein Pashmina-Schal kostet etwa € 50- € 150.

Luxus Einkaufen:
Indien hat auch eine wachsende Anzahl von Luxus-Einkaufszentren und Boutiquen, in denen die Preise für Designerartikel mit denen in Europa vergleichbar sein können.

Tipps zum Geldsparen:
- Feilschen Sie immer auf Märkten, beginnend mit der Hälfte des geforderten Preises.
- Kaufen Sie direkt bei Handwerkern oder Genossenschaftsgeschäften für authentische und preiswerte Waren.
- Beschränken Sie den Souvenireinkauf, um eine Überlastung Ihres Gepäcks und zusätzliche Gepäckgebühren zu vermeiden.

Geschätzte Kosten:
- Budget: 20 € bis 50€
- Mittelklasse: 50 €-150 €
- Luxus: 150 €-500 €

8. Sonstige Ausgaben
Auf Reisen fallen verschiedene kleine Ausgaben an, wie z. B. Wäsche, Trinkgelder, Internetzugang und Toilettenartikel.

Wäsche:
Viele günstige Hotels und Pensionen bieten einen Wäscheservice für 1 bis 2 € pro Kilogramm an, während Luxushotels möglicherweise 5 bis 10 € verlangen.
Tipp:

Trinkgeld ist in Indien üblich, in Restaurants werden 5-10% der Rechnung erwartet. Für Träger, Fahrer und Führer sind € 0,50- € 2 pro Service typisch.

Internet und SIM-Karten:
Eine lokale SIM-Karte mit 1,5 GB täglichem Datenvolumen und unbegrenzten Anrufen kostet etwa € 5- € 10 für einen Monat.

Tipps zum Geldsparen:
- Nutzen Sie kostenloses WLAN in Hotels, Cafes und öffentlichen Orten, um die Datenkosten zu senken.
- Tragen Sie einige kleine Stückelungen für Trinkgeld und kleinere Einkäufe.
- Packen Sie wichtige Toilettenartikel ein, um zu vermeiden, dass Sie sie zu Touristenpreisen kaufen.

Geschätzte Kosten (30 Tage):
- Budget: 20 € bis 50€
- Mittelklasse: 50 €-100 €
- Luxus: 100 €-200 €
- Geschätztes Gesamtbudget für eine 30-tägige Reise nach Indien
- Preisgünstiger Reisender (Rucksacktourist): 815 €-1750 €

- Mittelklasse-Reisender: 1655 €-4020 €
- Luxusreisender: €3650-€8720

Indien bietet eine Reihe von Erlebnissen, die für jedes Budget geeignet sind. Durch sorgfältige Planung können Sie ein reichhaltiges und vielfältiges Reiseerlebnis genießen, ohne zu viel Geld auszugeben. Von Unterkunft und Transport bis hin zu Verpflegung und Aktivitäten gibt es viele Möglichkeiten, Geld zu sparen und gleichzeitig das Beste aus Ihrer Reise zu machen. Egal, ob Sie mit kleinem Budget reisen oder Luxus suchen, Indien hat für jeden Reisenden etwas zu bieten.

2.2: INDIEN VISABESTIMMUNGEN UND EINREISEBESTIMMUNGEN

Das Verständnis der Visa- und Einreisebestimmungen ist unerlässlich. Die Navigation durch die verschiedenen Visumarten, Antragsverfahren und spezifischen Einreisebedingungen kann komplex sein, aber mit der richtigen Anleitung können Sie eine reibungslose und problemlose Reise gewährleisten. Dieser Leitfaden bietet einen umfassenden Überblick über die Visa- und Einreisebestimmungen für Indien, um Sie bei der Vorbereitung auf Ihren Besuch zu unterstützen.

1. Arten von indischen Visa

Indien bietet verschiedene Arten von Visa an, die auf dem Zweck Ihres Besuchs basieren. Nachfolgend sind die Hauptkategorien aufgeführt:

- Touristenvisum: Ausgestellt für diejenigen, die Indien für Freizeit, Besichtigungen oder Besuche bei Freunden und Verwandten besuchen. Touristenvisa sind in der Regel sechs Monate, ein Jahr oder fünf Jahre gültig, abhängig von der Staatsangehörigkeit des Antragstellers.

- Geschäftsvisum: Für Personen, die aus geschäftlichen Gründen nach Indien reisen, einschließlich der Teilnahme an Meetings, der Gründung von Geschäftsunternehmen oder der Teilnahme an Fachausstellungen. Geschäftsvisa können je nach Bedarf des Antragstellers für sechs Monate, ein Jahr oder länger ausgestellt werden.

- Studentenvisum: Ausgestellt für Ausländer, die in Indien studieren möchten. Die Dauer des Visums entspricht der Dauer des Kurses oder Programms, in dem der Student eingeschrieben ist.

- Medizinisches Visum: Für diejenigen, die eine medizinische Behandlung in Indien suchen. Das Visum wird in der Regel für die Dauer der Behandlung erteilt, wobei Verlängerungen je nach medizinischem Bedarf möglich sind.

- Arbeitsvisum: Ausgestellt für Ausländer, die bei einem indischen Unternehmen beschäftigt sind oder an Projekten in Indien arbeiten. Die Dauer des Visums richtet sich in der Regel nach dem Arbeitsvertrag.

- Forschungsvisum: Für Wissenschaftler und Forscher, die in Indien forschen oder an akademischen Aktivitäten teilnehmen.

- Konferenzvisum: Wird für Teilnehmer von Konferenzen, Seminaren oder Workshops in Indien ausgestellt.

- Einreisevisum (X): Für Personen, die keiner der oben genannten Kategorien angehören, aber aus bestimmten Gründen nach Indien reisen müssen, z. B. um Familienmitglieder mit Langzeitvisa zu begleiten.

2. Visumantragsprozess

Das Visumantragsverfahren für Indien kann online oder persönlich bei einem indischen Konsulat oder einer indischen Botschaft abgeschlossen werden. Die Schritte zur Erlangung eines indischen Visums umfassen:

1. **Schritt 1:** Bestimmen Sie die Art des Visums: Der erste Schritt besteht darin, die Art des Visums zu identifizieren, die Ihrem Besuchszweck entspricht. Achten Sie darauf, die richtige Kategorie zu wählen, um Komplikationen zu vermeiden.

2. **Schritt 2:** Füllen Sie das Online-Visumantragsformular aus: Die indische Regierung stellt eine Online-Plattform für Visumanträge zur Verfügung. Sie können auf das Formular auf der offiziellen indischen Visumantragswebsite zugreifen. Füllen Sie alle erforderlichen Angaben genau aus, da Fehler zu Verzögerungen oder Ablehnungen führen können.

3. **Schritt 3:** Erforderliche Dokumente hochladen: Je nach Visumart müssen Sie gescannte Kopien bestimmter Dokumente hochladen. Häufig benötigte Dokumente umfassen:

- Passfoto (gemäß den angegebenen Abmessungen)
- Kopie der Hauptseite Ihres Reisepasses
- Einladungsschreiben (für Geschäfts- und Konferenzvisa)
- Nachweis der finanziellen Stabilität (für Touristen- und Studentenvisa)
- Zulassungsbescheid einer indischen Institution (für Studentenvisa)
- Medizinische Dokumente (für medizinische Visa)
- Arbeitsvertrag (für Arbeitsvisa)

Schritt 4: Bezahlen Sie die Visagebühr: Die Visagebühr variiert je nach Art des Visums, Nationalität und Aufenthaltsdauer. Die Gebühr ist in der Regel nicht erstattungsfähig und muss online mit einer Kredit- / Debitkarte oder über andere verfügbare Zahlungsmethoden bezahlt werden.

Schritt 5: Vereinbaren Sie einen Termin: Bei einigen Visumkategorien müssen Sie einen Termin beim nächstgelegenen indischen Konsulat oder Visumantragszentrum vereinbaren. Während des Termins müssen Sie möglicherweise biometrische Daten (Fingerabdrücke und Fotos) angeben.

Schritt 6: Reichen Sie Ihre Bewerbung ein: Nachdem Sie alle erforderlichen Schritte abgeschlossen haben, reichen Sie Ihre Bewerbung online oder persönlich ein. Wenn Sie sich online bewerben, erhalten Sie per E-Mail ein elektronisches Visum (E-Visum), das Sie ausdrucken und auf Reisen mitnehmen sollten.

Schritt 7: Warten Sie auf die Bearbeitung: Die Bearbeitungszeiten für Visa variieren je nach Visumart und Nationalität des Antragstellers. Touristen- und Geschäfts-E-Visa werden in der Regel innerhalb von 3-5 Werktagen bearbeitet, während andere Visa länger dauern können.

3. e-Visum für Indien

Indien hat das E-Visum-System eingeführt, um das Visumantragsverfahren für Reisende zu vereinfachen. Das E-Visum steht Bürgern aus über 160 Ländern zur Verfügung und deckt mehrere Kategorien ab:

- e-Touristenvisum: Für Urlaubsreisen, Besichtigungen und Besuche bei Familie oder Freunden. Gültig für 30 Tage, ein Jahr oder fünf Jahre.

- e-Business-Visum: Für geschäftliche Aktivitäten wie Meetings, Konferenzen und Handel. Gültig für ein Jahr mit mehreren Einreisen.

- e-Medizinisches Visum: Für medizinische Behandlungen in Indien. Gültig für 60 Tage mit dreifacher Einreise.

- e-Medical Attendant Visum: Für Personen, die Patienten mit einem medizinischen Visum begleiten. Gleiche Gültigkeit wie das E-Medical Visum.

- e-Konferenzvisum: Für die Teilnahme an Konferenzen, Seminaren und Workshops. Gültig für 30 Tage mit einmaliger Einreise.

Befolgen Sie diese Schritte, um ein E-Visum zu beantragen:

- Besuchen Sie die offizielle E-Visum-Website: https://indianvisaonline.gov.in
- Füllen Sie das Online-Bewerbungsformular aus.
- Laden Sie die erforderlichen Dokumente und Fotos hoch.
- Bezahlen Sie die Gebühr für das E-Visum online.
- Erhalten Sie das E-Visum per E-Mail.
- Drucken Sie das E-Visum aus und nehmen Sie es während Ihrer Reise mit.

4. Einreisebestimmungen

Zusätzlich zum Erhalt des richtigen Visums müssen Reisende bestimmte Einreisebestimmungen erfüllen, um nach Indien einreisen zu dürfen. Dazu gehören::

- Gültiger Reisepass: Ihr Reisepass muss mindestens sechs Monate ab dem Datum der Ankunft in Indien gültig sein. Es sollte auch mindestens zwei leere Seiten für Einwanderungsstempel haben.

- Visum: Stellen Sie sicher, dass Sie über das für Ihren Besuchszweck geeignete Visum verfügen. Führen Sie gegebenenfalls eine gedruckte Kopie Ihres E-Visums mit sich.

- Rückflug- / Weiterreiseticket: Einwanderungsbehörden können einen Nachweis über die Weiter- oder Rückreise verlangen, insbesondere für Touristen und Geschäftsreisende.

- Ausreichende Mittel: Möglicherweise müssen Sie ausreichende Mittel nachweisen, um Ihre Ausgaben während Ihres Aufenthalts in Indien zu decken.

- COVID-19-Anforderungen: Aufgrund der anhaltenden globalen Pandemie hat Indien spezifische COVID-19-Einreisebestimmungen eingeführt. Reisende müssen möglicherweise ein negatives RT-PCR-Testergebnis vorlegen, das innerhalb eines bestimmten Zeitraums vor der Abreise erbracht wurde, einen Impfnachweis vorlegen oder sich bei der Ankunft einer Quarantäne unterziehen. Diese Anforderungen können sich ändern, Daher ist es wichtig, vor der Reise die neuesten Aktualisierungen der indischen Behörden zu überprüfen.

- Zollbestimmungen: Indien hat strenge Zollbestimmungen. Reisende müssen bestimmte Gegenstände deklarieren, z. B. große Mengen an Bargeld, Elektronik und Wertgegenständen. Verbotene Gegenstände sind Betäubungsmittel, Schusswaffen und bestimmte tierische Produkte. Zollfreigrenzen gelten für bestimmte Waren, und eine Überschreitung dieser Grenzwerte kann zu Steuern oder Beschlagnahmungen führen.

- Gesundheitsanforderungen: Einige Reisende müssen möglicherweise einen Nachweis über eine Gelbfieberimpfung vorlegen, wenn sie aus Ländern mit einem Risiko der Gelbfieberübertragung einreisen.

5. Wichtige Überlegungen

- Visumverlängerungen: Touristenvisa und E-Visa können im Allgemeinen nicht verlängert werden. Wenn Sie länger in Indien bleiben müssen, müssen Sie ein neues Visum von außerhalb des Landes beantragen. Andere Visakategorien, wie z. B. Arbeits- und Studentenvisa, können unter bestimmten Bedingungen Verlängerungen zulassen.

- Überschreitung Ihres Visums: Die Überschreitung Ihres Visums ist in Indien eine schwerwiegende Straftat und kann zu Geldstrafen, Abschiebung oder zukünftigen Einreiseverboten führen. Stellen Sie sicher, dass Sie das Land verlassen, bevor Ihr Visum abläuft.

- Sperrgebiete: Einige Regionen in Indien, insbesondere Grenzgebiete und bestimmte Stammesgebiete, erfordern Sondergenehmigungen für ausländische Reisende. Beispiele sind die Andamanen und Nikobaren, Arunachal Pradesh und Teile von Jammu und Kaschmir. Diese Genehmigungen können über indische Botschaften oder lokale Behörden in Indien eingeholt werden.

- Visum bei der Ankunft: Indien bietet für die meisten Nationalitäten keinen Visa-on-Arrival-Service an. Stellen Sie sicher, dass Sie vor Reiseantritt das richtige Visum erhalten.

- Doppelte Staatsangehörigkeit: Indien erkennt die doppelte Staatsangehörigkeit nicht an. Wenn Sie die indische Staatsbürgerschaft und eine andere Staatsangehörigkeit besitzen, müssen Sie möglicherweise

Ihren indischen Pass abgeben, um rechtliche Komplikationen zu vermeiden.

6. Offizielle Ressourcen und Links
Die genauesten und aktuellsten Informationen zu indischen Visa- und Einreisebestimmungen finden Sie in den folgenden offiziellen Quellen:

Website für die Beantragung eines indischen Visums:
https://indianvisaonline.gov.in
e-Visum Webseite: https://indianvisaonline.gov.in/evisa/tvoa.html
Außenministerium (Indien): https://mea.gov.in
Einwanderungsbehörde (Indien): https://boi.gov.in

Das Verständnis der Visa- und Einreisebestimmungen für Indien ist für ein reibungsloses Reiseerlebnis unerlässlich. Durch die Wahl der richtigen Visumkategorie, das sorgfältige Ausfüllen des Antragsverfahrens und die Einhaltung der Einreisebestimmungen können Sie Ihre Reise nach Indien ohne rechtliche oder logistische Hürden genießen. Informieren Sie sich vor Ihrer Abreise immer über Aktualisierungen und Änderungen der Visabestimmungen, da sich die Vorschriften im Laufe der Zeit ändern können.

KAPITEL 3:

3.1: INDIEN TOP-MUSEEN UND GALERIEN

Indiens reiches kulturelles Erbe und seine vielfältige Geschichte werden durch seine große Auswahl an Museen und Galerien wunderschön präsentiert. Von antiken Artefakten und exquisiten Skulpturen bis hin zu zeitgenössischer Kunst und historischen Relikten bieten diese Institutionen einen tiefen Einblick in die künstlerische, historische und kulturelle Entwicklung des Landes. Egal, ob Sie sich für königliche Sammlungen, Kolonialgeschichte oder moderne künstlerische Ausdrucksformen interessieren, Indiens Top-Museen und Galerien bieten eine einzigartige Gelegenheit, seine facettenreiche Identität zu erkunden.

1. Nationalmuseum, Neu-Delhi

Das 1949 gegründete Nationalmuseum in Neu-Delhi ist eines der größten Museen Indiens und beherbergt eine umfangreiche Sammlung, die 5.000 Jahre indischer Geschichte umfasst. Seine riesigen Galerien sind verschiedenen Epochen gewidmet, einschließlich alter Zivilisationen wie der Industal-Zivilisation, und zeigen Mogul-Miniaturen, Chola-Bronzen und Jain-Artefakte. Das Museum hat auch eine reiche Sammlung von Textilien, Waffen, Stammeskunst und Musikinstrumenten aus verschiedenen Teilen des Landes.

Dinge zu tun: Beginnen Sie Ihren Besuch mit der Erkundung der Harappan Gallery, in der Artefakte aus einer der ältesten Zivilisationen der Welt ausgestellt sind. Die buddhistische Kunstabteilung zeigt Relikte und Skulpturen aus ganz Asien, darunter eine beeindruckende Buddha-Statue aus dem 1. Jahrhundert. Das Museum bietet auch Audioguides, Wechselausstellungen und eine detaillierte Waffen- und Rüstungsabteilung. Sie können an Bildungsprogrammen teilnehmen oder Filmvorführungen zur indischen Geschichte und Kultur genießen.

Webseite: www.nationalmuseumindia.gov.in

Öffnungszeiten: 10:00 AM - 6:00 PM (montags geschlossen)
Eintritt: 5 € (□450 für Ausländer)

2. Indisches Museum, Kalkutta

Das Indische Museum in Kalkutta wurde 1814 gegründet und ist das älteste und eines der bedeutendsten Museen in Indien. Es beherbergt eine umfangreiche Sammlung seltener Artefakte, darunter Fossilien, Mumien, Mogul-Gemälde und antike Skulpturen. Es verfügt auch über sechs Abschnitte, die Bereiche wie Kunst, Archäologie, Anthropologie, Geologie, Zoologie und Botanik abdecken.

Dinge zu tun: Die archäologische Abteilung ist ein Muss mit ihrer beeindruckenden Sammlung buddhistischer Stupa-Geländer und Statuen von Sanchi und Bharhut. Die Anthropologiegalerie zeigt eine ägyptische Mumie und eine Reihe seltener Münzen aus der maurischen Zeit. Kunstliebhaber sollten die Kunstgalerie besuchen, in der Gemälde aus verschiedenen Epochen ausgestellt sind, darunter Mogul- und Rajput-Miniaturmalereien. Es gibt häufige Workshops, Vorträge und Ausstellungen, was es zu einem dynamischen Bildungszentrum macht.

Webseite: www.indianmuseumkolkata.org

Öffnungszeiten: 10:00 AM - 5:00 PM (montags geschlossen)
Eintrittspreis: 4 € (□350 für Ausländer)

3. Chhatrapati Shivaji Maharaj Vastu Sangrahalaya, Mumbai, Indien

Früher als Prince of Wales Museum bekannt, befindet sich dieses Museum in Süd-Mumbai und gilt als einer der wichtigsten Kulturräume des Landes. Es wurde 1922 für die Öffentlichkeit zugänglich gemacht und beherbergt über 50.000 Exponate der alten indischen Geschichte, Artefakte und Relikte aus fremden Ländern. Das Museum ist ein architektonisches Juwel, das im indo-sarazenischen Stil erbaut wurde.

Dinge zu tun: Schlendern Sie durch die Galerien des Museums und entdecken Sie Artefakte aus der Maratha-, Mogul- und britischen Zeit. Es gibt auch eine bedeutende Sammlung europäischer Gemälde, chinesisches und japanisches Porzellan und tibetische Thangkas. Besuchen Sie die naturkundliche Abteilung, um seltene Exemplare der Flora und Fauna zu sehen. Regelmäßig werden Sonderausstellungen und Kulturprogramme organisiert, die den Besuchern ein eindringliches Erlebnis bieten. Es gibt auch Workshops und Bildungsprogramme für Kinder und Erwachsene.

Webseite: *www.csmvs.in*

Öffnungszeiten: 10:15 - 6:00 Uhr (montags geschlossen)
Eintritt: 7 € (□600 für Ausländer)

4. Dr. Bhau Daji Lad Museum, Mumbai, Indien

Das Dr. Bhau Daji Lad Museum, das älteste Museum in Mumbai, wurde 1872 gegründet. Es ist ein Juwel für diejenigen, die sich für die Geschichte und Kultur der Stadt interessieren. Das Museum konzentriert sich hauptsächlich auf die industrielle und dekorative Kunst des 19.Jahrhunderts und zeigt Mumbais Transformation von einer Inselgruppe zu einer geschäftigen Metropole.

Dinge zu tun: Erkunden Sie die umfangreiche Sammlung des Museums an Töpferwaren, Metallarbeiten und Karten, die Mumbais koloniale Vergangenheit hervorheben. Das Museum verfügt auch über eine beeindruckende Sammlung von Fotografien, Kostümen und Textilien. Das nahe gelegene Kunstviertel Kala Ghoda trägt zum künstlerischen Flair Ihres Besuchs bei. Wechselausstellungen und Künstlerresidenzen finden hier regelmäßig statt, zusammen mit kulturellen Darbietungen und Vorträgen, was es zu einem lebendigen Ort des Lernens und der Interaktion macht.

Webseite: *www.bdlmuseum.org*

Öffnungszeiten: 10:00 AM - 5:30 PM (mittwochs geschlossen)
Eintrittspreis: 3 € (□250 für Ausländer)

5. Regierungsmuseum, Chennai

Auch als Madras Museum bekannt, ist dies eines der ältesten Museen in Indien, das 1851 gegründet wurde. Es verfügt über umfangreiche Sammlungen zu Archäologie, Numismatik, Zoologie, Naturgeschichte und indischer Kunst. Die Bronzegalerie des Museums ist besonders berühmt für ihre Sammlung von Chola-Bronzen.

Dinge zu tun: Das Museum ist ein Muss für Liebhaber indischer Kunst und Geschichte. Sie können südindische Musikinstrumente, traditionelle Textilien und Gemälde erkunden. Der Bereich des Kindermuseums wird jüngere Besucher unterhalten, und die Bronzegalerie enthält bemerkenswerte hinduistische Statuen aus der Chola-Zeit. Regelmäßig finden spezielle Vorträge, Kunstworkshops und Führungen für Touristen und Einheimische statt.

Webseite: www.chennaimuseum.org

Öffnungszeiten: 9:30 AM - 5:00 PM (freitags geschlossen)
Eintrittspreis: 6 € (□500 für Ausländer)

6. Salar Jung Museum, Hyderabad, Indien

Das Salar Jung Museum in Hyderabad gehört zu den berühmtesten Kunstmuseen Indiens und ist bekannt für seine vielseitigen Sammlungen von Kunst, Artefakten und Antiquitäten. Es wurde 1951 gegründet und basiert auf der Privatsammlung von Mir Yousuf Ali Khan, auch bekannt als Salar Jung III. Es enthält Schätze aus der ganzen Welt, darunter Persien, Japan, China, Europa und Indien.

Dinge zu tun: Zu den Highlights zählen die verschleierte Rebecca-Skulptur, eine seltene Uhrensammlung und eine große Galerie mit Jade-Artefakten. Sie können auch europäische Ölgemälde, persische Teppiche, japanische Töpferwaren und indische Miniaturen bewundern. Es werden Führungen angeboten und das Museum organisiert regelmäßig Ausstellungen und Workshops zu Kunst und Kultur.

Webseite: www.salarjungmuseum.in

Öffnungszeiten: 10:00 AM - 5:00 PM (freitags geschlossen)
Eintrittspreis: 3 € (□250 für Ausländer)

7. Victoria Memorial Hall, Kalkutta, Indien

Die Victoria Memorial Hall, eines der Wahrzeichen von Kalkutta, ist nicht nur ein architektonisches Wunderwerk, sondern auch ein Museum, das der britischen Kolonialzeit in Indien gewidmet ist. Dieses zwischen 1906 und 1921 erbaute Gebäude aus weißem Marmor beherbergt Exponate aus der britischen Raj-Zeit und andere historische Schätze.

Dinge zu tun: Spazieren Sie durch die Galerien mit Gemälden, Manuskripten, seltenen Büchern, Skulpturen und historischen Dokumenten. Das Museum verfügt auch über eine bedeutende Sammlung von Waffen, die während der Kolonialzeit verwendet wurden, sowie Gemälde britischer Künstler, die die Kolonial- und Postkolonialzeit darstellen. Die üppigen Gärten rund um das Denkmal laden zu einem gemütlichen Spaziergang ein.

Webseite: www.victoriamemorial-cal.org

Öffnungszeiten: 10:00 AM - 6:00 PM (montags geschlossen)
Eintritt: 5 € (□400 für Ausländer)

8. Jawahar Kala Kendra, Jaipur, Indien

Jawahar Kala Kendra (JKK) in Jaipur ist ein ikonisches Multikunstzentrum, das 1993 gegründet wurde und vom renommierten Architekten Charles Correa entworfen wurde. Dieses kulturelle Zentrum widmet sich der Förderung traditioneller und zeitgenössischer Kunst und konzentriert sich auf das lebendige Erbe von Rajasthan. Die Architektur des Zentrums spiegelt die Stadtplanung von Jaipur wider und verbindet zeitgenössische Stile mit lokaler Ästhetik.

Dinge zu tun: JKK veranstaltet eine Reihe von Veranstaltungen, darunter Theateraufführungen, Kunstausstellungen und Filmvorführungen. Besucher können die zahlreichen Galerien erkunden, in denen zeitgenössische und traditionelle rajasthanische Kunstwerke, Skulpturen und Installationen ausgestellt sind. Das Zentrum organisiert auch Kunstworkshops, Kulturerbe-Festivals und kulturelle Darbietungen. Wenn Sie während des Jaipur Art Summit oder des Jaipur Literature Festivals zu Besuch sind, werden Sie eine lebhafte Atmosphäre voller Kreativität erleben. Das hauseigene Amphitheater ist ein weiteres Highlight, in dem Sie eine Vielzahl von Aufführungen erleben können.

Webseite: https://jkk.artandculture.rajasthan.gov.in/

Öffnungszeiten: 10:00 - 7:00 Uhr (täglich geöffnet)
Eintrittspreis: Freier Eintritt für Ausstellungen (Veranstaltungstickets variieren)

9. Stadtpalastmuseum, Udaipur

Das Stadtpalastmuseum in Udaipur befindet sich im großen Stadtpalastkomplex und ist eine Fundgrube historischer Artefakte, die das Erbe der Mewar-Dynastie dokumentieren. Das Museum zeigt königliche Erinnerungsstücke, komplizierte Gemälde, Skulpturen und Waffen der königlichen Familie Mewar.

Dinge zu tun: Das Museum ist in mehrere Abschnitte unterteilt, darunter das Zenana Mahal, Mor Chowk (Pfauenhof) und Sheesh Mahal (Spiegelpalast). Die großartige Durbar Hall ist mit ihren prächtigen Kronleuchtern und der königlichen Galerie ein beeindruckender Anblick. Besucher können auch königliche Rüstungen wie Schilde, Helme und Schwerter erkunden. Führungen vermitteln vertiefende Informationen über die Geschichte der Rajput-Herrscher. Die ruhige Umgebung des Pichola-Sees und die architektonische Schönheit des Palastes tragen zum eindringlichen Erlebnis bei.

Webseite: www.citypalacemuseum.org

Öffnungszeiten: 9:30 AM - 5:30 PM (täglich geöffnet)
Eintritt: 9 € (□750 für Ausländer)

10. Calico Museum für Textilien, Ahmedabad

Das Calico Textilmuseum in Ahmedabad ist eines der schönsten Textilmuseen der Welt und bietet einen Einblick in Indiens reiche Tradition der Stoffkunst. Das 1949 gegründete Museum verfügt über eine außergewöhnliche Sammlung von Textilien, darunter handgewebte, bemalte und blockbedruckte Stoffe, von denen viele Hunderte von Jahren zurückreichen.

Dinge zu tun: Das Museum bietet einen detaillierten Einblick in das textile Erbe Indiens und zeigt Stücke aus verschiedenen Regionen und Epochen, wie seltene Mogulhoftextilien, religiöse Wandteppiche und Stammeskostüme. Die komplizierten Gold- und Silberfäden, die in den Textilien verwendet werden, spiegeln Indiens reiche Handwerkskunst wider. Eine Führung (nach Vereinbarung) führt Sie durch verschiedene Galerien, darunter Ausstellungen indischer Kostüme, religiöser Artefakte und Miniaturmalereien. Ein ruhiger Garten umgibt das Museum und trägt zur friedlichen Atmosphäre des Erlebnisses bei.

Webseite: www.calicomuseum.org

Öffnungszeiten: 10:30 - 12:30 Uhr (mittwochs und an Feiertagen geschlossen; nur Vormittagstouren nach vorheriger Anmeldung)
Eintritt: Kostenlos (Voranmeldung erforderlich)

11. Nationalgalerie für moderne Kunst (NGMA), Neu-Delhi

Die Nationalgalerie für moderne Kunst in Neu-Delhi ist Indiens führende Galerie für zeitgenössische und moderne Kunst. NGMA wurde 1954 gegründet und beherbergt über 14.000 Werke renommierter indischer Künstler wie Rabindranath Tagore, Amrita Sher-Gil und Raja Ravi Varma. Die umfangreiche Sammlung der Galerie umfasst über 150 Jahre indische Kunstgeschichte von der Kolonialzeit bis zur Gegenwart.

Dinge zu tun: Erkunden Sie die umfangreiche permanente Sammlung von NGMA mit Gemälden, Skulpturen und Drucken, die Indiens künstlerische Entwicklung hervorheben. In der Galerie finden regelmäßig Ausstellungen moderner und zeitgenössischer indischer Künstler statt. Audioguides, Workshops und Seminare vermitteln den Besuchern ein tieferes Verständnis für indische Kunstbewegungen. Sie können auch die Wechselausstellungen mit aufstrebenden

Künstlern genießen oder einen ruhigen Spaziergang im Skulpturengarten der Galerie unternehmen.

Webseite: www.ngmaindia.gov.in

Öffnungszeiten: 11:00 - 6:30 Uhr (montags geschlossen)
Eintrittspreis: 3 € (□200 für Ausländer)

12. Hawa Mahal Museum, Jaipur, Indien

Das Hawa Mahal Museum befindet sich neben dem berühmten Hawa Mahal (Palast der Winde) in Jaipur. Dieses 1983 gegründete Museum zeigt Artefakte, die Jaipurs königliche Vergangenheit repräsentieren. Es dient auch als kultureller Aufbewahrungsort für Rajasthans architektonisches und künstlerisches Erbe, insbesondere im Zusammenhang mit der Struktur des Hawa Mahal aus dem 18.Jahrhundert.

Dinge zu tun: Besucher können eine beeindruckende Sammlung von Skulpturen, Waffen, Antiquitäten und königlichen Artefakten erkunden. Das Museum zeigt Gegenstände wie zeremonielle Kostüme, Miniaturmalereien, Münzen und Terrakotta-Objekte. Das komplizierte Gitterwerk, die Jharokhas (Fenster) und die architektonische Brillanz von Hawa Mahal selbst sind es wert, bewundert zu werden. Sie können auch durch Führungen und Ausstellungen mehr über Jaipurs lebendige Geschichte und die Maharadschas erfahren, die die Rosa Stadt regierten.

Webseite: www.hawamahal.org

Öffnungszeiten: 9:00 AM - 5:00 PM (täglich geöffnet)
Eintrittspreis: 2 € (□150 für Ausländer)

13. Nehru Wissenschaftszentrum, Mumbai

Das Nehru Science Centre ist eines der größten interaktiven Wissenschaftsmuseen Indiens im Herzen von Mumbai. Es wurde 1977 gegründet, um die wissenschaftliche Bildung und Innovation zu fördern. Die Exponate des Museums decken ein breites Themenspektrum ab, darunter Physik, Biologie, Weltraumforschung und Energieeinsparung.

Dinge zu tun: Das Nehru Science Centre ist ein interaktives Paradies für Wissenschaftsbegeisterte. Erleben Sie praktische Exponate zu Weltraum, Robotik, Klang und Licht. Die Halle für Luft- und Raumfahrt zeigt Modelle von Raketen und Weltraummissionen, während die Heritage Gallery Sie durch die Entwicklung der indischen Wissenschaft und Technologie führt. Kinder werden den

Kinderwissenschaftspark lieben, der Aktivitäten wie Wasserschutzmodelle und Spielplatzexperimente anbietet. Die 3D-Shows und wissenschaftlichen Demonstrationen tragen zu einem ansprechenden Bildungserlebnis bei.

Webseite: www.nehrusciencecentre.gov.in

Öffnungszeiten: 10:00 AM - 6:00 PM (täglich geöffnet)
Eintrittspreis: 2 € (□150 für Ausländer)

14. Nationales Eisenbahnmuseum, Neu-Delhi
Das 1977 eröffnete Nationale Eisenbahnmuseum in Neu-Delhi widmet sich der reichen Geschichte der indischen Eisenbahnen. Das Museum erstreckt sich über 10 Hektar und verfügt über eine beeindruckende Sammlung von über 100 originalgetreuen Exponaten von Zügen, Motoren und Wagen aus dem 19.Jahrhundert.

Dinge zu tun: Besucher können die Exponate im Freien und im Innenbereich erkunden, darunter Oldtimer-Lokomotiven wie die Fairy Queen, die älteste funktionierende Dampfmaschine der Welt. Sie können auch eine Spritztour mit einer Spielzeugeisenbahn unternehmen, die das Museumsgelände umrundet. Für Kinder gibt es einen Simulator, mit dem sie erleben können, wie es ist, einen Zug zu fahren. Das Museum bietet auch Führungen an, bei denen Sie tiefer in das Eisenbahnerbe Indiens eintauchen können.

Webseite: https://www.delhicapital.com/information/national-rail-museum/

Öffnungszeiten: 10:00 AM - 5:00 PM (montags geschlossen)
Eintrittspreis: 3 € (□200 für Ausländer)

15. Shankars Internationales Puppenmuseum, Neu-Delhi
Shankars Internationales Puppenmuseum ist ein entzückender Ort, der eine umfangreiche Sammlung von Puppen aus der ganzen Welt zeigt. Dieses Museum wurde 1965 vom renommierten politischen Karikaturisten K. Shankar Pillai gegründet und enthält über 6.500 Puppen aus 85 verschiedenen Ländern.

Dinge zu tun: Bestaunen Sie die vielfältige Sammlung von Puppen in traditioneller Kleidung aus verschiedenen Ländern. Spezielle Sektionen sind Puppen aus Indien gewidmet und zeigen die reiche kulturelle Vielfalt der Bundesstaaten des Landes. Kinder werden die spielerische Atmosphäre genießen, und das Museum organisiert gelegentlich Puppenmacherworkshops. Für diejenigen, die sich für Kunsthandwerk und Miniaturen interessieren, bietet dieses Museum eine einzigartige Perspektive auf globale Kulturen.

Webseite: [*https://www.delhitourism.com/attractions-siteseeing-places/shankars-international-dolls-museum*](https://www.delhitourism.com/attractions-siteseeing-places/shankars-international-dolls-museum)

Öffnungszeiten: 10:00 AM - 5:30 PM (montags geschlossen)
Eintrittspreis: 1,5 € (□100 für Ausländer)

16. Victoria Memorial Hall, Kalkutta, Indien

Die Victoria Memorial Hall ist eines der bekanntesten Wahrzeichen in Kalkutta und eine wichtige Touristenattraktion in Indien. Erbaut zwischen 1906 und 1921 zum Gedenken an die Regierungszeit von Königin Victoria, ist diese prächtige Struktur aus weißem Marmor heute ein Museum, das die Geschichte Britisch-Indiens zeigt. Die großartige Architektur ist eine Mischung aus mogulischen und britischen Stilen und schafft ein atemberaubendes visuelles Meisterwerk.

Dinge zu tun: Das Museum verfügt über 25 Galerien, in denen eine Vielzahl von Artefakten ausgestellt sind, darunter Gemälde, Manuskripte, Skulpturen und Textilien aus der britischen Kolonialzeit. Besonders hervorzuheben ist die Calcutta Gallery, die eine umfassende Geschichte von Kalkutta während des britischen Raj bietet. Besucher können auch die Royal Gallery erkunden, in der Porträts von Königin Victoria und Prinz Albert ausgestellt sind. Die wunderschön angelegten Gärten rund um das Denkmal eignen sich perfekt für einen ruhigen Spaziergang, und am Abend ist die Licht- und Tonshow, die die Geschichte des Britischen Empire in Indien erzählt, ein Muss.

Webseite: [*www.victoriamemorial-cal.org*](http://www.victoriamemorial-cal.org)

Öffnungszeiten: 10:00 AM - 6:00 PM (montags geschlossen)
Eintrittspreis: 4 € (□250 für Ausländer)

17. Chhatrapati Shivaji Maharaj Vastu Sangrahalaya (Prinz von Wales Museum), Mumbai

Früher als Prince of Wales Museum bekannt, ist das Chhatrapati Shivaji Maharaj Vastu Sangrahalaya eines der renommiertesten Museen in Indien. Es wurde 1922 gegründet und befindet sich in einem atemberaubenden indo-sarazenischen Gebäude mit einer umfangreichen Sammlung antiker Artefakte, Skulpturen, dekorativer Kunst und vielem mehr.

Dinge zu tun: Erkunden Sie die umfangreiche Sammlung des Museums mit über 50.000 Objekten aus Jahrhunderten indischer Geschichte und Kunst. Das Museum ist in drei Hauptbereiche unterteilt: Kunst, Archäologie und Naturgeschichte. Zu den Höhepunkten zählen seltene Mogul-Miniaturen, alte indische Skulpturen und Artefakte aus der Industal-Zivilisation. Verpassen Sie nicht die beeindruckende Sammlung dekorativer Kunst, darunter Jadeschnitzereien, Töpferwaren und Textilien. Besucher können auch an Workshops, Führungen und Bildungsprogrammen teilnehmen. Der mit Skulpturen übersäte Museumsgarten bietet einen entspannenden Ort zum Entspannen nach Erkundungstouren.

Webseite: www.csmvs.in

Öffnungszeiten: 10:15 AM - 6:00 PM (an Feiertagen geschlossen)
Eintrittspreis: 6 € (□500 für Ausländer)

18. Napier Museum, Thiruvananthapuram, Indien

Das Napier Museum, benannt nach dem ehemaligen britischen Gouverneur von Madras, Lord Napier, ist ein renommiertes Kunst- und Naturkundemuseum in Keralas Hauptstadt Thiruvananthapuram. Die einzigartige Architektur des Museums, die Kerala-, Mogul-, chinesische und italienische Stile kombiniert, ist ein visueller Leckerbissen für sich. Im Inneren beherbergt das Museum eine beeindruckende Sammlung künstlerischer, kultureller und historischer Artefakte.

Dinge zu tun: Besucher können die Sammlung des Museums mit antiken Bronzeidolen, Steinskulpturen und exquisiten Elfenbeinschnitzereien bestaunen, von denen die meisten aus den südindischen Tempeln stammen. Das Museum hat auch eine große Ausstellung historischer Münzen, Musikinstrumente und traditioneller Kerala-Ornamente. Die benachbarte Kunstgalerie Sree Chitra mit Werken des berühmten Künstlers Raja Ravi Varma ist eine großartige Ergänzung zum Museumsbesuch. Anschließend können Sie einen gemütlichen Spaziergang durch die gepflegten Rasenflächen und den angrenzenden zoologischen Park unternehmen, der Teil desselben Komplexes ist.

Webseite: https://www.napiermuseum.org/

Öffnungszeiten: 10:00 - 4:45 Uhr (montags geschlossen)
Eintrittspreis: 1,5 € (□100 für Ausländer)

19. Salar Jung Museum, Hyderabad, Indien

Das Salar Jung Museum am Ufer des Musi-Flusses in Hyderabad ist eines der größten Museen Indiens und berühmt für seine vielseitige Sammlung von Kunst und Antiquitäten. Das 1951 gegründete Museum beherbergt über 43.000 Artefakte und 50.000 Bücher und Manuskripte, die von Mir Yousuf Ali Khan (Salar Jung III) gesammelt wurden, der als Premierminister von Hyderabad diente.

Dinge zu tun: Die vielfältige Sammlung des Museums umfasst indische, europäische, nahöstliche und fernöstliche Kunst. Besucher können Gemälde, Skulpturen, Textilien und Porzellan aus verschiedenen Teilen der Welt bewundern. Eines der berühmtesten Exponate des Museums ist die Statue "Verschleierte Rebecca", eine atemberaubende Marmorskulptur. Das Museum verfügt auch über eine umfangreiche Sammlung von Waffen, Rüstungen und Perserteppichen. Die Bibliothek enthält seltene Manuskripte und Bücher, und im Museum finden regelmäßig Wechselausstellungen und kulturelle Veranstaltungen statt. Führungen werden angeboten, um tiefere Einblicke in die Artefakte zu erhalten.

Webseite: www.salarjungmuseum.in

Öffnungszeiten: 10:00 AM - 5:00 PM (freitags geschlossen)
Eintrittspreis: 4 € (□250 für Ausländer)

20. Jehangir Kunstgalerie, Mumbai

Die Jehangir Art Gallery befindet sich in der belebten Gegend von Kala Ghoda in Mumbai und ist eine der renommiertesten Kunstgalerien Indiens. Diese Galerie wurde 1952 von Sir Cowasji Jehangir gegründet und ist ein Zentrum für zeitgenössische Kunst und bietet sowohl aufstrebenden als auch etablierten Künstlern eine Plattform, um ihre Werke zu präsentieren.

Dinge zu tun: In den vier Ausstellungshallen der Galerie werden Werke indischer und internationaler Künstler ausgestellt, die von Gemälden und Skulpturen bis hin zu Fotografie und digitalen Medien reichen. Es beherbergt auch zahlreiche Kunstmessen, Kulturfestivals und Künstlerworkshops, was es zu einem dynamischen Ort für Kunstliebhaber macht. Während die Ausstellungen der Galerie regelmäßig wechseln, finden Sie oft Stücke, die die aktuellen Trends in der indischen Kunst widerspiegeln. Direkt vor der Galerie können Sie das Kunstviertel Kala Ghoda mit Straßenkunst, Wandgemälden und Kunstcafes erkunden. Verpassen Sie nicht das ikonische Samovar Café, einen historischen Treffpunkt für Künstler und Intellektuelle.

Webseite: www.jehangirartgallery.com

Öffnungszeiten: 11:00 - 7:00 Uhr (täglich geöffnet)
Eintritt: Kostenlos

Diese Museen und Galerien bieten eine Vielzahl von Erlebnissen, die Indiens reiches kulturelles und historisches Erbe umfassen und sie zu idealen Zielen für Kunstliebhaber, Geschichtsinteressierte und Touristen gleichermaßen machen.

3.2: FESTIVALS UND VERANSTALTUNGEN IN INDIEN

Jede Region in Indien bietet einzigartige Feste, die oft an den landwirtschaftlichen Kalender, religiöse Praktiken oder historische Ereignisse gebunden sind. Hier finden Sie einen detaillierten Überblick über einige prominente Festivals und Veranstaltungen in verschiedenen Regionen Indiens, die sich auf die jeweiligen Besonderheiten, Zeitpunkte und kulturellen Bedeutungen konzentrieren.

1. Nordindien: Diwali, Holi und Kumbh Mela

Diwali (Lichterfest)
Wann: Oktober-November (basierend auf dem hinduistischen Mondkalender)
Wo: In ganz Nordindien, insbesondere in Uttar Pradesh, Delhi und Rajasthan

Bedeutung: Diwali oder Deepavali ist eines der bedeutendsten hinduistischen Feste, die in ganz Nordindien gefeiert werden. Es markiert die Rückkehr von Lord Rama nach Ayodhya nach 14 Jahren Exil und seinen Sieg über den Dämonenkönig Ravana, der den Sieg des Lichts über die Dunkelheit und des Guten über das Böse symbolisiert. Die Häuser werden gereinigt, mit Öllampen (Diyas) und bunten Rangolis dekoriert. Die Menschen tragen neue Kleider, tauschen Süßigkeiten aus und führen Lakshmi Puja durch, um Segen von der Göttin des Reichtums zu erbitten. Feuerwerke erhellen den Nachthimmel, während Familien zusammenkommen, um zu feiern.

Kulturelle Highlights: Die festliche Stimmung spiegelt sich in geschäftigen Märkten, mit Lichtern geschmückten Häusern und Gemeinschaftsveranstaltungen mit traditionellen Tanz- und Musikdarbietungen wider. Spezielle Gerichte wie Süßigkeiten und Herzhaftes werden zubereitet und tragen zur Freude der Feier bei.

Holi (Fest der Farben)

Wann: März (am Vollmondtag des hinduistischen Monats Phalguna)
Wo: Hauptsächlich in Uttar Pradesh, Delhi und Rajasthan

Bedeutung: Holi ist ein lebendiges und fröhliches Fest, das die Ankunft des Frühlings, das Ende des Winters und das Aufblühen der Liebe feiert. Es erinnert auch an den Sieg des Guten über das Böse, insbesondere an die Verbrennung der Dämonin Holika. Das Festival beginnt mit Holika Dahan, wo Lagerfeuer angezündet werden, um die Zerstörung des Bösen zu symbolisieren. Der folgende Tag wird mit ausgelassenen Farben gefeiert, da sich die Menschen gegenseitig mit Farbpulver beschmieren und Wasserballons werfen.

Kulturelle Highlights: Die Straßen werden mit Musik, Tanz und Kameradschaft lebendig, wenn Menschen, unabhängig von Alter oder sozialem Status, an den Feierlichkeiten teilnehmen. Traditionelle Lieder wie "Holi Khele Raghuveera" schwingen in der Luft mit, und besondere Köstlichkeiten wie Gujiya, Bhang Thandai und andere Süßigkeiten werden genossen.

Kumbh Mela

Wann: Alle 12 Jahre (mit Ardh Kumbh Mela alle 6 Jahre)
Wo: Haridwar, Allahabad (Prayagraj), Nashik und Ujjain

Bedeutung: Kumbh Mela ist eine der größten religiösen Versammlungen der Welt und zieht Millionen von Pilgern aus Indien und der ganzen Welt an. Es ist eine hinduistische Massenwallfahrt, bei der Anhänger in den heiligen Flüssen – Ganges, Yamuna, Godavari und Shipra – baden, von denen angenommen wird, dass sie sie von ihren Sünden reinigen und sie aus dem Kreislauf von Geburt und Tod befreien. Die Veranstaltung ist durch die Teilnahme von Sadhus, Asketen und verschiedenen Sekten gekennzeichnet, was sie zu einer bedeutenden kulturellen und spirituellen Erfahrung macht.

Kulturelle Highlights: Die Kumbh Mela ist nicht nur ein religiöses Ereignis, sondern auch ein kulturelles Spektakel. Die temporäre Stadt, die für die Pilger eingerichtet wurde, verfügt über Zelte, Ashrams und provisorische Märkte. Es gibt Diskurse von religiösen Führern, kulturelle Darbietungen und den Anblick von Naga Sadhus (nackten Asketen), die für die Veranstaltung von ihren Wohnstätten im Himalaya herabkommen.

2. Südindien: Pongal, Onam und Thrissur Pooram

Pongal
Wann: Januar (14.-17.)
Wo: Tamil Nadu

Bedeutung: Pongal ist ein viertägiges Erntefest, das hauptsächlich in Tamil Nadu gefeiert wird und dem Sonnengott Surya gewidmet ist. Es ist ein Erntedankfest, das das Ende der Wintersonnenwende und den Beginn der sechsmonatigen Reise der Sonne nach Norden (Uttarayan) markiert. Der erste Tag, Bhogi, ist Lord Indra, dem Regengott, gewidmet. Der zweite Tag, bekannt als Thai Pongal, ist das Hauptfest, bei dem Reis, Milch und Jaggery zusammen gekocht werden, um Pongal zuzubereiten – ein Gericht, das Surya angeboten wird. Der dritte Tag ist Mattu Pongal, dem Vieh gewidmet, während der vierte Tag Kaanum Pongal ist, ein Tag für Familientreffen.

Kulturelle Höhepunkte: Zu den Feierlichkeiten gehören traditionelle Kolam (Rangoli) -Designs, stierzähmende Sportarten wie Jallikattu und Gemeinschaftsfeste. Frauen kleiden sich in bunten Saris und Schmuck, und traditionelle Musik und Tanz tragen zur feierlichen Atmosphäre bei.

Onam

Wann: August-September (basierend auf dem Malayalam Kalender, Chingam)
Wo: Kerala

Bedeutung: Onam ist Keralas bedeutendstes Fest, das als Erntedankfest und auch zu Ehren des mythischen Königs Mahabali gefeiert wird, von dessen Geist angenommen wird, dass er Kerala in dieser Zeit besucht. Das zehntägige Festival beginnt mit Atham und gipfelt in Thiruvonam. Jeder Tag hat seine eigene Bedeutung, wobei Thiruvonam der wichtigste ist. Die Menschen putzen ihre Häuser, schmücken sie mit Blumenarrangements (Pookalam) und bereiten ein großes Fest namens Onasadya vor, das auf Bananenblättern serviert wird.
Kulturelle Highlights: Onam ist eine Feier des reichen kulturellen Erbes von Kerala mit traditionellen Spielen (Onakalikal), Bootsrennen (Vallamkali) und

Volksaufführungen wie Kathakali und Pulikali. Das Festival ist auch bekannt für die großartige Darstellung von Elefanten in der Parade, die Keralas tiefe Verbindung mit seiner Tierwelt zeigt.

Thrissur Pooram

Wann: April-Mai
Wo: Thrissur, Kerala

Bedeutung: Thrissur Pooram ist eines der spektakulärsten Tempelfeste in Kerala, das im Vadakkunnathan-Tempel in Thrissur stattfindet. Es ist eine großartige Versammlung von Menschen und Elefanten, die das reiche kulturelle Erbe von Kerala zeigt. Das Festival wurde von Raja Rama Varma, bekannt als Sakthan Thampuran, aus dem Königreich Cochin im späten 18.Jahrhundert eingeführt. Es beinhaltet den freundschaftlichen Wettbewerb von Prozessionen aus verschiedenen Tempeln, wobei die bekanntesten die Tempel Paramekkavu und Thiruvambadi sind.

Kulturelle Highlights: Die Hauptattraktion des Festivals ist die prächtige Darstellung geschmückter Elefanten, traditionelle Musik (Panchavadyam) und das große Feuerwerk. Das Kudamattom, ein bunter Schirmtausch auf den Elefanten, ist ein visueller Leckerbissen und ein Symbol für die Größe des Festivals.

3. Ostindien: Durga Puja, Bihu und Chhath Puja

Durga-Puja
Wann: September-Oktober (Ashwin-Monat des hinduistischen Kalenders)
Wo: Westbengalen, hauptsächlich in Kalkutta

Bedeutung: Durga Puja ist das wichtigste Festival in Westbengalen, das mit immenser Leidenschaft und Hingabe gefeiert wird. Es markiert den Sieg der Göttin Durga über den Büffeldämon Mahishasura und symbolisiert den Triumph des Guten über das Böse. Das Festival dauert zehn Tage, wobei die letzten fünf Tage — Shashthi, Saptami, Ashtami, Navami und Dashami — die bedeutendsten sind. Aufwendige Pandalen (temporäre Strukturen) werden im ganzen Staat errichtet und beherbergen wunderschön gefertigte Idole der Göttin Durga und ihrer Kinder.

Kulturelle Höhepunkte: Durga Puja ist nicht nur ein religiöses Ereignis, sondern auch eine große soziale und kulturelle Angelegenheit. Die Straßen von Kalkutta werden mit Prozessionen, kulturellen Darbietungen und Essensständen lebendig. Traditionelle Tänze wie Dhunuchi Naach, Musik und der Klang von Dhak (Trommeln) schaffen eine elektrisierende Atmosphäre. Das Eintauchen der Idole in den Ganges auf Vijayadashami markiert das Ende des Festivals.

Bihu

Wann: Dreimal im Jahr -Bohag Bihu (April), Kongali Bihu (Oktober) und Bhogali Bihu (Januar)
Wo: Assam

Bedeutung: Bihu ist das wichtigste Fest von Assam, das dreimal im Jahr gefeiert wird und verschiedene Phasen des landwirtschaftlichen Kalenders markiert. Bohag Bihu, auch bekannt als Rongali Bihu, ist das bedeutendste und markiert das assamesische Neujahr und den Beginn der Erntezeit. Kongali Bihu (Kati Bihu) ist eine gedämpftere Angelegenheit, die mit Gebeten für eine gute Ernte begangen wird, während Bhogali Bihu (Magh Bihu) ein Erntefest ist, das mit Schlemmen und Lagerfeuern gefeiert wird.

Kulturelle Highlights: Bihu zeichnet sich durch lebendige Tanzformen (Bihu-Tanz), traditionelle Musik und Lieder aus. Die Menschen tragen traditionelle assamesische Kleidung und bereiten spezielle Gerichte wie Pitha, Laru und andere Köstlichkeiten zu. Der Gemeinschaftsgeist ist während dieser Feierlichkeiten stark, Familien und Freunde kommen zusammen, um an der Freude teilzuhaben.

Chath-Puja

Wann: Oktober-November (am sechsten Tag des hinduistischen Mondmonats Kartika)
Wo: Bihar, Jharkhand und Uttar Pradesh

Bedeutung: Chhath Puja ist ein bedeutendes Festival, das dem Sonnengott Surya und seiner Gemahlin Usha in den indischen Bundesstaaten Bihar, Jharkhand und Uttar Pradesh gewidmet ist. Es ist eines der ältesten hinduistischen Feste, das die vedischen Rituale der Anbetung der natürlichen Elemente widerspiegelt. Das Festival wird an vier Tagen gefeiert, beginnend mit Nahay Khay, gefolgt von Lohanda und Kharna, und gipfelt in Sandhya Arghya (Abendopfer) und Usha Arghya (Morgenopfer). Anhänger fasten und beten für die untergehende und aufgehende Sonne, die in Flüssen oder anderen Gewässern steht.
Kulturelle Höhepunkte: Chhath Puja ist ein Fest des immensen Glaubens und der Disziplin. Die Rituale werden mit großer Hingabe durchgeführt, und der Anblick von Tausenden von Anhängern, die im Wasser stehen, Gebete darbringen und traditionelle Chhath-Lieder singen, ist wirklich faszinierend. Das Festival legt auch Wert auf Sauberkeit und Reinheit, wobei Anhänger Prasadam in einer streng hygienischen Umgebung zubereiten.

4. Westindien: Ganesh Chaturthi, Navratri und Pushkar Kamelmesse

Ganesh Chaturthi

Wann: August-September (am vierten Tag des hinduistischen Mondmonats Bhadrapada)
Wo: Maharashtra, Goa und Gujarat

Bedeutung: Ganesh Chaturthi ist eines der bekanntesten Festivals in Maharashtra, das mit großer Begeisterung und Hingabe gefeiert wird. Es markiert die Geburt von Lord Ganesha, dem elefantenköpfigen Gott der Weisheit und des Wohlstands. Das Festival dauert zehn Tage und beginnt mit der Installation von Ganesha-Idolen in Häusern und öffentlichen Pandalen. Anhänger bieten Gebete, Süßigkeiten (insbesondere Modak) an und führen täglich Aarti auf. Das Festival endet mit dem Eintauchen der Götzen in Gewässer, was Ganeshas Rückkehr in seine himmlische Wohnstätte symbolisiert.

Kulturelle Highlights: Die Straßen von Mumbai und Pune werden mit Prozessionen, traditioneller Musik und Tanzaufführungen lebendig. Gemeinschaftsveranstaltungen und gesellschaftliche Zusammenkünfte werden organisiert, um ein Gefühl der Einheit und Freude zu fördern. Die Immersionsprozessionen, begleitet von Musik, Tanz und Gesängen von "Ganpati Bappa Morya", sind ein spektakulärer Anblick, der die tiefe Verbindung zwischen den Menschen und ihrer geliebten Gottheit widerspiegelt.

Navratri

Wann: September-Oktober (über neun Nächte, die nach Dussehra führen)
Wo: Gujarat, Maharashtra und Rajasthan

Bedeutung: Navratri ist ein neuntägiges Festival, das der Verehrung der Göttin Durga und ihrer neun Avatare gewidmet ist. Es ist eines der wichtigsten Feste in Gujarat, wo es mit immenser Leidenschaft gefeiert wird. Jede Nacht ist einer Form der Göttin gewidmet, und die Menschen nehmen an traditionellen Tänzen wie Garba und Dandiya teil. Das Festival gipfelt in Dussehra, das den Sieg des Guten über das Böse symbolisiert, da es den Tag markiert, an dem Lord Rama Ravana besiegte.
Kulturelle Highlights: Navratri ist bekannt für seine lebendigen Tanzformen, insbesondere Garba und Dandiya, die in Gemeinschaftskreisen aufgeführt werden. Die Menschen kleiden sich in farbenfroher traditioneller Kleidung, wobei Frauen Chaniya Cholis tragen und Männer Kediyus anziehen. Die rhythmischen Schläge des Dhol und die Energie des Tanzes schaffen eine lebendige Atmosphäre und machen es zu einem Fest des Lebens und der Hingabe. Besondere Gebete, Fasten und Schlemmen sind ebenfalls feste Bestandteile des Festivals.

Kamelmesse in Pushkar
Wann: Oktober-November (während des Vollmonds von Kartik Purnima)
Wo: Pushkar, Rajasthan

Bedeutung: Die Pushkar Camel Fair, auch bekannt als Pushkar Mela, ist eine der berühmtesten und lebendigsten Messen in Rajasthan und zieht Tausende von Touristen und Einheimischen gleichermaßen an. Es wird in der heiligen Stadt Pushkar um die Zeit von Kartik Purnima abgehalten. Die Messe ist in erster Linie eine Viehmesse, auf der Kamele, Pferde und Rinder gehandelt werden. Es hat sich jedoch zu einer kulturellen Extravaganz mit traditioneller Musik, Tanz und Wettbewerben entwickelt.

Kulturelle Highlights: Die Messe ist eine Mischung aus religiöser Leidenschaft und kulturellem Erbe. Pilger nehmen ein heiliges Bad im Pushkar-See auf Kartik Purnima, während die Stadt mit Kamelrennen, Volksaufführungen und einem geschäftigen Markt zum Leben erweckt wird. Der Anblick wunderschön dekorierter Kamele, die leuchtenden Farben der Rajasthani-Kleidung und die Klänge traditioneller Instrumente machen die Pushkar Camel Fair zu einem einzigartigen Erlebnis. Die Mela bietet auch Wettbewerbe wie die Wettbewerbe "Matka Phod" und "längster Schnurrbart", die zur festlichen Stimmung beitragen.

Indiens Feste und Veranstaltungen spiegeln seine reiche kulturelle Vielfalt und sein spirituelles Erbe wider. Jede Region mit ihren unterschiedlichen Traditionen trägt zum lebendigen Mosaik Indiens bei. Diese Feste sind nicht nur Anlässe zum Feiern, sondern auch ein Mittel, um die kulturellen Werte und den sozialen Zusammenhalt zu bewahren und zu fördern, die die indische Lebensweise ausmachen. Ob es die Pracht von Diwali in Nordindien, die Leidenschaft von Pongal im Süden, die künstlerischen Ausdrucksformen von Durga Puja im Osten oder der Überschwang von Ganesh Chaturthi im Westen ist, jedes Festival bietet einen einzigartigen Einblick in das Herz und die Seele der Region, die es repräsentiert.

KAPITEL 4:

4.1: INDIEN BESTE GERICHTE ZUM PROBIEREN

Indiens kulinarische Landschaft ist so vielfältig und lebendig wie seine Kultur und bietet eine Reihe von Aromen und Gerichten, die die reiche Geschichte und die regionalen Traditionen des Landes widerspiegeln. Von den duftenden Gewürzen Nordindiens bis zu den aromatischen Currys des Südens bietet jede Region ihre eigenen kulinarischen Juwelen. Diese Auswahl von zehn indischen Top-Gerichten hebt das Beste hervor, was das Land zu bieten hat, und zeigt eine Mischung aus reichhaltigen, herzhaften Aromen, komplizierten Gewürzen und unverwechselbaren Zutaten.

1. Biryani

Biryani ist ein legendäres Gericht persischen Ursprungs, das sich zu einem Inbegriff der indischen Küche entwickelt hat. Dieses duftende Reisgericht wird normalerweise aus Basmatireis, mariniertem Fleisch (Huhn, Lamm oder Ziege), Joghurt und einer Mischung aus Gewürzen wie Safran, Kardamom, Nelken und Lorbeerblättern hergestellt. Das Gericht wird mit par-gekochtem Reis und Fleisch geschichtet, dann langsam mit der Dum-Methode gekocht, wo es versiegelt und bei schwacher Hitze gekocht wird, damit die Aromen miteinander verschmelzen können. Biryani hat zahlreiche regionale Variationen, wobei die Versionen Hyderabadi und Lucknawi (Awadhi) die bekanntesten sind. Hyderabadi Biryani ist bekannt für seine Schärfe und die Verwendung von rohem Fleisch, das mit Reis gekocht wird, während Lucknawi Biryani subtiler ist und ein feines Gleichgewicht zwischen Gewürzen und gekochtem Fleisch aufweist. Biryani wird oft mit Raita (einer Beilage auf Joghurtbasis), gekochten Eiern und einem würzigen Salat serviert. Das Aroma, der Geschmack und die Textur eines gut zubereiteten Biryani machen es zu einem unvergesslichen Erlebnis.

2. Masala Dosa

Masala Dosa ist eine südindische Delikatesse, die weltweit an Popularität gewonnen hat. Es ist eine Art fermentierter Krepp aus Reisteig und schwarzen Linsen, gefüllt mit einer gewürzten Kartoffelfüllung. Die Dosa ist außen knusprig und golden, während die Innenseite weich und leicht würzig bleibt. Die Kartoffelfüllung ist normalerweise eine Mischung aus Salzkartoffeln, Zwiebeln, Senfkörnern, Curryblättern und Kurkuma, wodurch eine herzhafte und würzige Füllung entsteht. Masala Dosa wird traditionell mit Kokos-Chutney und Sambar, einer würzigen Linsensuppe mit Gemüse und Tamarinde, serviert. Die Kombination aus knuspriger Dosa, cremiger Kartoffelfüllung und würzigen Beilagen schafft eine Symphonie aus Aromen und Texturen, die sowohl befriedigend als auch beruhigend ist. Dieses Gericht ist ein Grundnahrungsmittel in südindischen Haushalten und wird oft als Frühstück oder Snack genossen, obwohl es zu jeder Tageszeit gegessen werden kann.

3. Rogan Josh

Rogan Josh ist ein charakteristisches Gericht der kaschmirischen Küche, das für seine tiefrote Farbe und seinen aromatischen Geschmack bekannt ist. Dieses Gericht wird normalerweise aus zartem Lamm- oder Ziegenfleisch zubereitet, das langsam in einer reichhaltigen Soße aus Joghurt, Zwiebeln, Knoblauch und einer Gewürzmischung, einschließlich rotem Chilipulver aus Kaschmir, gekocht wird, was dem Gericht seine charakteristische Farbe verleiht. Die Verwendung von aromatischen Gewürzen wie Kardamom, Nelken und Zimt trägt zur Komplexität des Gerichts bei. Traditionell wurde Rogan Josh von den Moguln nach Indien gebracht und ist im Laufe der Zeit zu einem Grundnahrungsmittel in kaschmirischen Haushalten geworden. Der Name "Rogan Josh" leitet sich aus dem Persischen ab, wobei "Rogan" Öl und "Josh" Hitze oder Leidenschaft bedeutet, was auf die Intensität und den Reichtum des Gerichts hinweist. Das Fleisch in Rogan Josh ist unglaublich zart und die Soße ist dick und würzig, was es zu einer perfekten Begleitung zu gedämpftem Reis oder Naan-Brot macht.

4. Butter Huhn

Butterhuhn, auch bekannt als Murgh Makhani, ist eines der beliebtesten und beliebtesten Gerichte der indischen Küche. Butterhuhn stammt aus den Küchen des Restaurants Moti Mahal in Delhi in den 1950er Jahren und ist ein Gericht, das reichhaltige, cremige und würzige Aromen perfekt ausbalanciert. Das Gericht wird durch Marinieren von Hühnchen in einer Mischung aus Joghurt, Zitronensaft und einer Gewürzmischung wie Garam Masala, Kurkuma und Kreuzkümmel hergestellt. Das marinierte Hähnchen wird dann gegrillt oder geröstet, bevor es in einer cremigen Sauce auf Tomatenbasis aus Butter, Sahne und einer Gewürzmischung gekocht wird. Das Ergebnis ist ein Gericht mit einer samtigen Textur und einem leicht süßen, würzigen Geschmack. Butterhuhn wird normalerweise mit Naan, Reis oder Roti serviert und sein reichhaltiger, köstlicher Geschmack macht es zu einem Favoriten in indischen Restaurants weltweit.

5. Chole Bhature

Chole Bhature ist ein beliebtes nordindisches Gericht, das würziges Kichererbsencurry (Chole) mit frittiertem Brot (bhature) kombiniert. Dieses Gericht ist ein Grundnahrungsmittel in der Punjabi-Küche und wird oft als herzhaftes Frühstück oder Brunch genossen. Die Kichererbsen werden in einer würzigen, würzigen Soße aus Zwiebeln, Tomaten, Ingwer, Knoblauch und einer Gewürzmischung wie Kreuzkümmel, Koriander und Garam Masala gekocht. Die bhature wird aus einem Teig aus raffiniertem Mehl, Joghurt und einem Treibmittel hergestellt, der dann ausgerollt und frittiert wird, um ein gepufftes, goldenes Brot zu erhalten. Chole Bhature wird oft mit Gurken, Zwiebeln und einer Beilage Joghurt serviert, um die Schärfe des Currys auszugleichen. Die Kombination aus der würzigen, würzigen Chole und der weichen, flauschigen Bhature macht dieses Gericht für viele zu einem Wohlfühlessen. Seine kräftigen Aromen und seine befriedigende Natur machen es zu einer beliebten Wahl für Straßenessen sowie hausgemachte Mahlzeiten.

6. Hyderabadi Haleem

Hyderabadi Haleem ist ein reichhaltiges und würziges Gericht, das traditionell im heiligen Monat Ramadan zubereitet wird. Es ist ein langsam gekochter Eintopf aus Weizen, Gerste, Linsen und Fleisch (normalerweise Ziege, Lamm oder Huhn), gewürzt mit einer Gewürzmischung wie Zimt, Kardamom, Nelken und schwarzem Pfeffer. Die Zutaten werden zusammen gekocht, bis sie eine dicke, breiartige Konsistenz bilden. Das Gericht wird dann mit Röstzwiebeln, Zitronensaft, frischem Koriander und Ghee (geklärte Butter) garniert. Hyderabadi Haleem ist bekannt für seine einzigartige Textur, die durch einen arbeitsintensiven Kochprozess erreicht wird, bei dem die Zutaten mehrere Stunden lang kontinuierlich bei schwacher Flamme gerührt werden. Das Ergebnis ist ein Gericht, das cremig, reichhaltig und voller Geschmack ist. Es wird normalerweise mit Naan oder Paratha serviert und ist eine beliebte Wahl für das Fastenbrechen während des Ramadan. Der hohe Nährwert und die wärmenden Gewürze des Gerichts machen es zu einer beruhigenden und befriedigenden Mahlzeit.

7. Pani Puri

Pani Puri, in verschiedenen Teilen Indiens auch als Golgappa oder Puchka bekannt, ist ein beliebtes Straßenessen, das wegen seiner Geschmacksvielfalt beliebt ist. Dieses Gericht besteht aus kleinen, knusprigen hohlen Puris, die mit einer Mischung aus würzigem und würzigem Wasser (Pani), Tamarinden-Chutney, Salzkartoffeln, Kichererbsen und Gewürzen gefüllt sind. Die Puris werden aus Grieß- oder Weizenmehl hergestellt, die frittiert werden, um eine knusprige Textur zu erzielen. Das Pani oder aromatisiertes Wasser wird normalerweise aus Tamarinde, Minze, grünen Chilis und einer Gewürzmischung hergestellt, wodurch ein erfrischender und würziger Geschmack entsteht. Um Pani Puri zu essen, wird das Puri mit dem Pani und anderen Zutaten gefüllt und in einem Bissen gegessen, wodurch eine Explosion von Aromen im Mund entsteht. Die Kombination aus würzigem Wasser, würzigem Tamarinden-Chutney und der weichen Füllung im knusprigen Puri macht Pani Puri zu einem süchtig machenden Snack. Es ist ein Muss für jeden, der die vielfältige Streetfood-Kultur Indiens erleben möchte.

8. Dhokla

Dhokla ist ein traditionelles Gujarati-Gericht, das als Frühstücksartikel oder Snack beliebt ist. Hergestellt aus fermentiertem Reis und Kichererbsenteig, wird Dhokla gedämpft, um eine weiche und schwammige Textur zu erzeugen. Der Teig wird normalerweise mit Ingwer, grünen Chilis und einer Prise Kurkuma gewürzt, was ihm einen subtilen Geschmack und eine leuchtend gelbe Farbe verleiht. Nach dem Dämpfen wird die Dhokla mit Senfkörnern, Curryblättern und grünen Chilis temperiert, die darüber gegossen werden, um eine zusätzliche Geschmacksschicht hinzuzufügen. Es wird oft mit frischem Koriander und Kokosraspeln garniert und mit grünem Chutney oder süßem Tamarinden-Chutney serviert. Dhokla ist ein gesunder, glutenfreier Snack, der leicht und dennoch befriedigend ist. Sein leicht würziger Geschmack, kombiniert mit den erdigen Aromen aus der Temperierung, macht ihn zu einem Favoriten bei Vegetariern und gesundheitsbewussten Essern. Das Gericht ist auch vielseitig und kann heiß oder kalt genossen werden, was es perfekt für jeden Anlass macht.

9. Pav Bhaji

Pav Bhaji ist ein beliebtes Streetfood-Gericht aus Mumbai, bestehend aus einem würzigen Gemüsebrei (Bhaji), der mit Butterbrötchen (Pav) serviert wird. Das Bhaji wird durch Kochen einer Mischung aus Gemüse, einschließlich Kartoffeln, Erbsen, Tomaten und Paprika, mit Zwiebeln, Knoblauch und einer speziellen Gewürzmischung, die als Pav Bhaji Masala bekannt ist, hergestellt. Das gekochte Gemüse wird dann zu einer dicken, würzigen Soße zerdrückt. Das Pav, ein weiches, flauschiges Brötchen, wird mit Butter geröstet und neben dem Bhaji serviert. Pav Bhaji wird oft mit gehackten Zwiebeln, frischem Koriander und einem Spritzer Zitronensaft garniert. Die Kombination aus dem würzigen, würzigen Bhaji und dem buttrigen Pav schafft einen reizvollen Kontrast in Aromen und Texturen. Pav Bhaji ist ein beliebtes Hausmannskost in Mumbai und wird oft als Snack, Mahlzeit oder sogar als Partygericht genossen. Seine Popularität hat sich in ganz Indien verbreitet und macht es zu einem Favoriten in vielen Haushalten.

10. Rasam

Rasam ist ein traditionelles südindisches suppenartiges Gericht, das für seinen würzigen und würzigen Geschmack bekannt ist. Hergestellt aus Tamarindensaft, Tomaten, Linsen und einer Gewürzmischung wie Senfkörnern, Kreuzkümmel und schwarzem Pfeffer, wird Rasam oft als Vorspeise oder Beilage zu Reis serviert. Das Gericht ist leicht, suppig und hat einen ausgeprägten Geschmack, der durch die Verwendung von frischem Koriander, Curryblättern und Asafoetida entsteht. Rasam gilt als beruhigend und gesund und soll die Verdauung unterstützen. Bei der Zubereitung von Rasam werden die Linsen weich gekocht, dann Tamarindenextrakt, Tomaten und Gewürze hinzugefügt und die Mischung gekocht, bis sie die gewünschte Konsistenz erreicht hat. Der letzte Schritt ist ein Temperierprozess, bei dem Senfsamen, Kreuzkümmelsamen und Curryblätter in Öl sautéiert und dem Rasam zugesetzt werden, um sein Aroma und seinen Geschmack zu verbessern. Rasam kann mit gedämpftem Reis genossen oder allein als leichte, beruhigende Suppe getrunken werden. Es ist ein Grundnahrungsmittel in der südindischen Küche und wird oft als Teil einer traditionellen Mahlzeit serviert, besonders in den kälteren Monaten, wenn seine warme, würzige Natur besonders beruhigend ist.

Diese Gerichte repräsentieren nur einen Bruchteil des vielfältigen kulinarischen Erbes Indiens und bieten jeweils ein einzigartiges Geschmackserlebnis, das den reichen kulturellen Wandteppich des Landes widerspiegelt. Egal, ob Sie das pulsierende Straßenessen von Mumbai erkunden oder ein langsam gekochtes Curry in Kaschmir genießen, die indische Küche bietet eine herrliche Reise für die Sinne.

4.2: LOKAL WEINE ZUM PROBIEREN UND WO SIE PROBIEREN KÖNNEN

Indiens Weinindustrie ist in den letzten Jahren erheblich gewachsen, und mehrere Regionen produzieren qualitativ hochwertige Weine, die mit internationalen Standards mithalten können. Hier sind einige der besten lokalen Weine, die Sie in Indien probieren können, zusammen mit dem Ort, an dem Sie sie genießen können, und ihren geschätzten Kosten.

1. Sula Rasa (Nashik, Maharashtra)
Sula Vineyards ist vielleicht der bekannteste Name im indischen Wein, und ihr Premium-Rot, Sula Rasa, ist herausragend. Dieser vollmundige Wein aus Shiraz-Trauben hat ein reiches Bouquet von dunklen Früchten, Gewürzen und Eichenholz und bietet einen glatten und anhaltenden Abgang. Der Wein reift in französischen Eichenfässern, was seinem Geschmacksprofil Komplexität verleiht.

Wo zu probieren: Der beste Ort, um Sula Rasa zu genießen, ist bei Sula Vineyards in Nashik, Maharashtra. Das Weingut bietet eine umfassende Weinprobe, bei der Sie die Einrichtungen besichtigen, mehr über den Weinherstellungsprozess erfahren und die Auswahl an Weinen probieren können.
Geschätzte Kosten: Eine Flasche Sula Rasa kostet im Weinberg etwa 13 bis 15 €, und eine Verkostung kann je nach gewähltem Paket zwischen 5 und 10 € liegen.

2. Restaurants in der Nähe von Grover Zampa La Réserve (Nandi Hills, Karnataka)
Grover Zampas La Réserve ist ein weiterer ikonischer indischer Wein. Diese robuste Mischung aus Cabernet Sauvignon und Shiraz hat eine tiefe rubinrote Farbe und bietet Aromen von Brombeeren, Vanille und Gewürzen. Der Gaumen ist reich an Aromen von reifen Früchten, Schokolade und einem Hauch von Tabak, was ihn zu einer ausgezeichneten Wahl für diejenigen macht, die komplexe Rotweine genießen.

Wo zu probieren: Der beste Ort, um La Réserve zu erleben, ist bei Grover Zampa Vineyards in Nandi Hills, Karnataka. Der Weinberg ist bekannt für seine malerischen Aussichten und geführten Touren, zu denen Weinproben gepaart mit Gourmetgerichten gehören.
Geschätzte Kosten: Eine Flasche La Réserve kostet zwischen 10 und 12 €, während eine Verkostung im Weinberg zwischen 8 und 15 € kosten kann, je nachdem, welche Art von Erlebnis Sie wählen.

3. Fratelli Sangiovese (Akluj, Maharashtra)
Fratellis Sangiovese ist ein herrlicher Rotwein, der das Potenzial italienischer Rebsorten zeigt, die auf indischem Boden angebaut werden. Dieser Wein hat eine helle rubinrote Farbe mit Aromen von Kirschen, Pflaumen und Gewürzen. Am Gaumen ist er mittelkräftig mit weichen Tanninen und einer erfrischenden Säure, was ihn zu einem vielseitigen Wein macht, der gut zu einer Vielzahl von Gerichten passt.

Wo zu probieren: Besuchen Sie die Weinberge von Fratelli in Akluj, Maharashtra, um eine Verkostung ihres Sangiovese zu genießen. Das Weingut bietet personalisierte Touren an, bei denen Sie die Weinberge erkunden, den Keller besuchen und eine private Weinprobe genießen können.
Geschätzte Kosten: Eine Flasche Fratelli Sangiovese kostet etwa 8 bis 10 €, und eine Verkostung im Weinberg kostet je nach Einschluss zwischen 10 und 20 €.

4. York Arros (Nashik, Maharashtra, Indien)

Der Arros von York Winery ist eine kühne Mischung aus Shiraz und Cabernet Sauvignon, die in amerikanischen und französischen Eichenfässern gereift ist. Dieser Wein hat eine komplexe Nase von dunklen Früchten, Kaffee und Gewürzen, mit einem vollmundigen Gaumen und weichen Tanninen. Es ist ein Wein, der diejenigen anspricht, die Tiefe und Intensität in ihren Rotweinen schätzen.

Wo zu probieren: Der ideale Ort, um York Arros zu probieren, ist das York Winery in Nashik. Das Weingut bietet einen entspannten und intimen Rahmen für Verkostungen mit einem atemberaubenden Blick auf den Gangapur-Staudamm. Sie können Ihre Verkostung mit einer Mahlzeit im hoteleigenen Restaurant kombinieren.
Geschätzte Kosten: Eine Flasche York Arros kostet zwischen 12 und 14 €, und eine Verkostung im Weingut kostet zwischen 5 und 10 €.

5. KRSMA Sangiovese (Hampi Hills, Karnataka, Indien)

KRSMA Estates ist bekannt für seine handwerklichen Kleinserien-Weine und ihr Sangiovese ist ein Muss für Weinliebhaber. Dieser Wein zeichnet sich durch seine lebendige rote Farbe, Aromen von roten Beeren und Gewürzen und einen ausgewogenen Gaumen mit feinen Tanninen und einem langen Abgang aus. Es ist ein Wein, der das einzigartige Terroir der Region Hampi Hills widerspiegelt.

Wo zu probieren: Der beste Weg, KRSMA Sangiovese zu erleben, ist der Besuch von KRSMA Estates in Hampi Hills. Das Weingut bietet nach Vereinbarung exklusive Weinproben an, bei denen Sie ihre Weine in einer ruhigen und malerischen Umgebung genießen können.
Geschätzte Kosten: Eine Flasche KRSMA Sangiovese kostet etwa 25 bis 30 €, und eine Verkostung auf dem Weingut kostet normalerweise 15 bis 20 €.

6. Preise ansehen Reveilo Cabernet Sauvignon Reserve

Reveilos Cabernet Sauvignon Reserve ist ein Wein, der sich durch seine reiche und samtige Textur auszeichnet. Dieser Wein hat intensive Aromen von schwarzen Johannisbeeren, Kirschen und subtilen Noten von Eiche und Gewürzen. Am Gaumen ist er vollmundig mit gut eingebundenen Tanninen und einem langen, glatten Abgang. Es ist eine ausgezeichnete Wahl für diejenigen, die ein raffiniertes Rotweinerlebnis genießen.

Wo zu probieren: Reveilo Vineyards in Nashik, Maharashtra, bietet eine ruhige Umgebung für Weinproben. Das Weingut ist bekannt für seine Boutique-Weine und bietet ein persönliches Verkostungserlebnis. Besucher können eine Führung durch den Weinberg genießen, gefolgt von einer Verkostung ihrer Premiumweine, einschließlich des Cabernet Sauvignon Reserve.
Geschätzte Kosten: Eine Flasche Reveilo Cabernet Sauvignon Reserve kostet ungefähr 18 bis 20 €, während eine Verkostung im Weinberg je nach gewähltem Paket zwischen 10 und 15 € kostet.

7. Chandon Brut (Dindori, Maharashtra, Indien)

Chandon Brut, hergestellt von Moët Hennessy in Indien, ist ein Schaumwein, der der indischen Weinszene einen Hauch von Luxus verleiht. Dieser Wein wird nach der traditionellen Methode mit einer Mischung aus Chenin Blanc, Chardonnay und Pinot Noir Trauben hergestellt. Das Ergebnis ist ein lebendiger und erfrischender Wein mit Noten von grünen Äpfeln, Zitrusfrüchten und einem Hauch von Brioche, der sich perfekt für festliche Anlässe eignet.

Wo zu probieren: Der beste Ort, um Chandon Brut zu probieren, ist das Weingut Chandon India in Dindori, Maharashtra. Das Weingut bietet einen schicken und modernen Verkostungsraum, in dem Besucher ihre Schaumweine in stilvollem Ambiente probieren können. Sie können auch eine Führung durch das Weingut genießen, um mehr über den Weinherstellungsprozess zu erfahren.
Geschätzte Kosten: Eine Flasche Chandon Brut kostet zwischen 15 und 18 €, und eine Verkostung im Weingut kostet zwischen 8 und 12 €.

8. Vallonne Weinberge Anokhee Cabernet Sauvignon (Nashik, Maharashtra)

Vallonne Vineyards ist bekannt für seine Boutique-Weine, und ihr Anokhee Cabernet Sauvignon ist ein Beweis für die Qualität indischer Weine. Dieser Wein zeichnet sich durch seine tiefe rubinrote Farbe, Aromen von Brombeeren, Pflaumen und Gewürzen sowie einen reichen, vollmundigen Gaumen mit samtigen Tanninen aus. Es ist ein Wein, der wunderbar zu herzhaften Gerichten passt und sich perfekt für besondere Anlässe eignet.

Wo zu probieren: Vallonne Vineyards, in den malerischen Hügeln von Nashik gelegen, ist der ideale Ort, um diesen Wein zu probieren. Das Weingut bietet einen charmanten und intimen Verkostungsraum, in dem Besucher eine Vielzahl von Weinen genießen können, darunter den Anokhee Cabernet Sauvignon. Das Anwesen verfügt auch über ein Boutique-Hotel und ein Restaurant, was es zu einem perfekten Zufluchtsort für Weinliebhaber macht.
Geschätzte Kosten: Eine Flasche Vallonne Anokhee Cabernet Sauvignon kostet etwa 14 bis 16 €, und eine Verkostung im Weinberg kostet zwischen 6 und 10 €.

9. Ähnliche Hotels entdecken Big Banyan Bellissima

Big Banyan Bellissima ist ein einzigartiger Dessertwein aus Muskattrauben mit einem süßen und üppigen Profil. Dieser Wein hat einen goldenen Farbton mit Aromen von Honig, Aprikosen und tropischen Früchten. Am Gaumen ist er reich und geschmeidig, mit einer ausgewogenen Süße, die ihn zu einer ausgezeichneten Wahl für Desserts oder allein als Dessertwein macht.

Wo zu probieren: Der beste Ort, um Bellissima zu probieren, ist der Big Banyan Vineyard in Bangalore, Karnataka. Das Weingut ist bekannt für seine entspannten und informellen Weinproben, bei denen Sie die Auswahl an Weinen, einschließlich Bellissima, in einer malerischen Umgebung probieren können.
Geschätzte Kosten: Eine Flasche Big Banyan Bellissima kostet etwa 10 bis 12 €, und eine Verkostung im Weinberg kostet zwischen 5 und 8 €.

10. Kostenloses WLAN Kostenlose Parkplätze Chateau d'Ori Merlot

Der Merlot von Chateau d'Ori ist ein reichhaltiger und geschmeidiger Rotwein, der das Potenzial des indischen Terroirs zeigt. Dieser Wein hat eine tiefe granatrote Farbe mit Aromen von roten Früchten, Schokolade und einem Hauch Vanille. Der Gaumen ist mittelkräftig mit weichen Tanninen und einem anhaltenden Abgang, was ihn zu einem vielseitigen Wein macht, der allein oder zu einer Vielzahl von Gerichten genossen werden kann.

Wo zu probieren: Besuchen Sie Chateau d'Ori in Dindori, Maharashtra, um ihren Merlot in einer atemberaubenden Weinbergkulisse zu erleben. Das Weingut bietet Führungen und Verkostungen an, bei denen Sie die Auswahl an Weinen erkunden und gleichzeitig die landschaftliche Schönheit des Weinbergs genießen können.
Geschätzte Kosten: Eine Flasche Chateau d'Ori Merlot kostet etwa 12 bis 14 €, und eine Verkostung im Weingut kostet zwischen 8 und 12 €.

Jeder dieser Weine bietet ein besonderes Erlebnis und unterstreicht die Vielfalt der indischen Weinherstellung. Egal, ob Sie kräftige Rotweine, elegante Schaumweine oder einzigartige Dessertweine entdecken, Indiens Weinregionen bieten eine außergewöhnliche Reise für jeden Weinliebhaber.

KAPITEL 5:

5.1: TOP EMPFOHLENE RESTAURANTS ZUM ESSEN

Indien bietet eine Vielzahl von Aromen und Stilen, die für jede Region einzigartig sind. Von den würzigen, robusten Gerichten von Rajasthan und Uttar Pradesh über die Küstenspezialitäten von Kerala und Goa bis hin zum lebhaften Straßenessen von Delhi und Westbengalen hat jeder Bundesstaat Feinschmeckern etwas Besonderes zu bieten. Dieser Leitfaden erkundet die am besten empfohlenen Restaurants in diesen Regionen und zeigt ihre besten Restaurants, in denen traditionelle indische Küche auf moderne kulinarische Erlebnisse trifft.

a) Top-Restaurants in Delhi

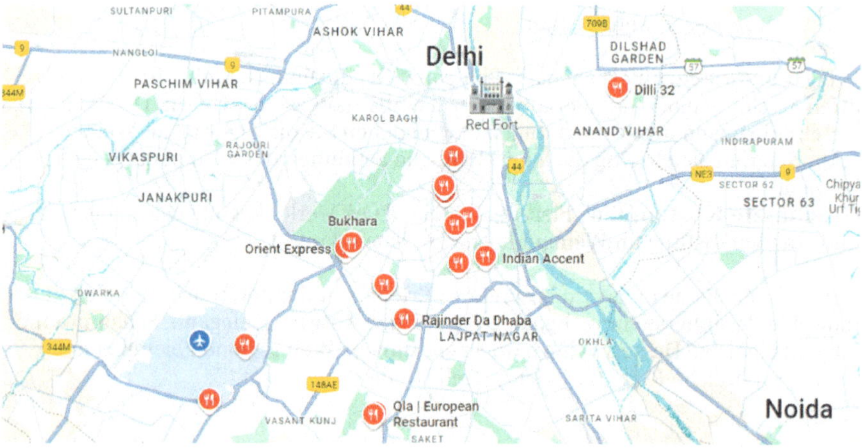

1. Indischer Akzent
Küche: Moderne indische Küche
Beschreibung: Das Indian Accent ist bekannt für seine moderne Interpretation traditioneller indischer Gerichte und eines der renommiertesten Restaurants in Indien. Mit einer kreativen Speisekarte, die globale Aromen mit indischen Zutaten verbindet, ist jedes Gericht eine einzigartige gastronomische Reise.
Webseite: www.indianaccent.com
Adresse: Die Lodhi, Lodhi Straße, Neu-Delhi 110003

2. Buchara
Küche: Nordindisch
Beschreibung: Buchara, im ITC Maurya gelegen, ist bekannt für sein rustikales Ambiente und seine typischen Gerichte wie Dal Buchara und das riesige Sikandari Raan (Lammkeule). Die offene Küche trägt zum Charme dieses legendären Restaurants bei.
Webseite: www.itchotels.com

Adresse: ITC Maurya, Diplomatische Enklave, Sardar Patel Marg, Neu-Delhi 110021

3. Karims

Küche: Mughlai
Beschreibung: Karims, in den belebten Gassen von Alt-Delhi gelegen, ist ein Synonym für authentische Mughlai-Küche. Dieses ikonische Restaurant wurde 1913 gegründet und ist berühmt für seine Kebabs, Biryanis und Nihari, was es zu einem Muss für Feinschmecker macht.
Webseite: www.karimhoteldelhi.com
Adresse: Jama Masjid, Gali Kababian, Alt-Delhi 110006

4. Die Gewürzstraße

Küche: Südostasiatisch
Beschreibung: Die Gewürzroute, die sich im Imperial befindet, nimmt die Gäste mit auf eine Reise durch die Aromen der Gewürzroute von Indien nach Südostasien. Die schönen, handgemalten Wandgemälde und das aufwendige Dekor des Restaurants tragen zum kulinarischen Erlebnis bei.
Webseite: www.theimperialindia.com
Adresse: Das Imperial Hotel, Janpath Lane, Connaught Platz, Neu-Delhi 110001

5. Dum Pukht

Küche: Awadhi
Beschreibung: Das Dum Pukht im ITC Maurya bietet mit seiner traditionellen Awadhi-Küche ein königliches kulinarisches Erlebnis. Die langsam gekochten Gerichte, die mit aromatischen Gewürzen angereichert sind, erinnern an die Pracht der Mogulzeit und machen es zu einem der besten Restaurants in Delhi.
Webseite: www.itchotels.com
Adresse: ITC Maurya, Sardar Patel Marg, Diplomatische Enklave, Neu-Delhi 110021

6. Varq

Küche: Indisch Zeitgenössisch
Beschreibung: Das Varq im Taj Mahal Hotel ist ein elegantes Gourmetrestaurant, das eine moderne Interpretation der indischen Küche bietet. Bekannt für seine innovative Präsentation und die Verwendung exotischer Zutaten, bietet Varq eine köstliche Variante traditioneller Gerichte.
Webseite: www.tajhotels.com
Adresse: Das Taj Mahal Hotel, 1 Mansingh Straße, Neu-Delhi 110011

7. Lodi - Das Gartenrestaurant

Küche: Mediterran, Indisch
Beschreibung: Lodi ist ein wunderschönes Gartenrestaurant, das ein entspanntes Ambiente mit einer Speisekarte bietet, die mediterrane, indische und europäische Gerichte umfasst. Die Sitzgelegenheiten im Freien unter Vordächern inmitten üppigem Grün tragen zum entspannten Speiseerlebnis bei.
Webseite: www.lodigardens.com
Adresse: Gegenüber von Mausam Bhawan, in der Nähe von Gate 1, Lodhi Road, Neu-Delhi 110003

8. Farzi Café

Küche: Moderne indische Fusion

Beschreibung: Das Farzi Café ist ein modernes, schickes Restaurant, das für seine innovative Mischung aus indischer und globaler Küche bekannt ist. Das Restaurant ist berühmt für seine kreativen Gerichte, Molekularküche und skurrile Präsentation und bietet ein lebendiges und einzigartiges kulinarisches Erlebnis.
Webseite: www.farzicafe.com
Adresse: E-38/39, Innerer Kreis, Connaught Place, Neu-Delhi 110001

1. Suvarna Mahal

Küche: Rajasthani, Mughlai
Beschreibung: Das Suvarna Mahal befindet sich im Rambagh Palace und ist der Inbegriff königlicher Küche. Das Restaurant bietet ein opulentes Ambiente mit traditioneller Rajasthani- und Mughlai-Küche, die die Gäste in die königliche Ära der Maharadschas zurückversetzt.
Webseite: www.tajhotels.com
Adresse: Rambagh Palast, Bhawani Singh Straße, Jaipur, Rajasthan 302005

2. 1135 N. Chr

Küche: Rajasthani, Nordindisch
Beschreibung: Das 1135 AD befindet sich im majestätischen Amer Fort und bietet ein königliches kulinarisches Erlebnis mit traditionellen Rajasthani-Gerichten, die in einem luxuriösen Ambiente serviert werden. Die opulente Einrichtung, kombiniert mit Panoramablick auf das Fort, schafft ein königliches Ambiente.
Webseite: www.1135ad.com
Adresse: Amer Fort, Amer Straße, Jaipur, Rajasthan 302028

3. Darichana

Küche: Indisch, International
Beschreibung: Das Darikhana befindet sich im Raas Hotel in Jodhpur und bietet einen atemberaubenden Blick auf das Mehrangarh Fort, während es eine Mischung aus indischer und internationaler Küche serviert. Die offene Terrasse des Restaurants und das gehobene Ambiente machen es zu einem Muss in Jodhpur.
Webseite: www.raasjodhpur.com
Adresse: RAAS Jodhpur, Tunwarji Ka Jhalra, Makrana Mohalla, Jodhpur, Rajasthan 342001, Indien

4. Das Oberoi Udaivilas

Küche: Rajasthani, Indisch
Beschreibung: Das Oberoi Udaivilas in Udaipur bietet ein exquisites kulinarisches Erlebnis mit malerischem Seeblick und luxuriösem Ambiente. Das Restaurant ist auf rajasthanische Köstlichkeiten spezialisiert und bietet ein elegantes Ambiente mit tadellosem Service.
Webseite: www.oberoihotels.com
Anschrift: Das Oberoi Udaivilas, Haridasji Ki Magri, Udaipur, Rajasthan 313001

5. Ambrais

Küche: Rajasthani, Nordindisch
Beschreibung: Ambrai, am Pichola-See in Udaipur gelegen, bietet einen atemberaubenden Blick auf den Stadtpalast, Jag Mandir und den Seepalast und serviert traditionelle Rajasthani-Küche. Die romantische Lage am See und das köstliche Essen machen es zu einem Favoriten für Touristen und Einheimische gleichermaßen.
Webseite: www.ambraiudaipur.com
Anschrift: Amet Haveli, Außerhalb von Chandpole, Udaipur, Rajasthan 313001

6. Chokhi Dhani

Küche: Rajasthani

Beschreibung: Chokhi Dhani ist ein traditionelles Dorf-Themen-Resort in Jaipur, das ein komplettes Rajasthani-Kulturerlebnis zusammen mit authentischen Rajasthani-Thali-Mahlzeiten bietet. Das Essen wird im traditionellen Stil serviert und bietet einen Einblick in die ländliche Kultur Rajasthans.

Webseite: www.chokhidhani.com

Adresse: 12 Meilen, Tonk Straße, Jaipur, Rajasthan 303905

7. Rajwadu

Küche: Rajasthani, Gujarati

Beschreibung: Rajwadu in Jaipur bietet eine Mischung aus Rajasthani und Gujarati Küche in einem traditionellen Dorf-Stil Ambiente. Das Restaurant ist bekannt für seine authentischen Aromen und seine einzigartige Umgebung, was es zu einem idealen Ort macht, um rajasthanische Gastfreundschaft zu erleben.

Webseite: www.rajwadu.com

Adresse: In der Nähe von Vishal Mega Mart, Ahmedabad Road, Jaipur, Rajasthan 302006

8. Auf den Felsen

Küche: Nordindisch, Kontinental

Beschreibung: On The Rocks ist ein beliebtes Restaurant in Jodhpur, das eine Mischung aus nordindischer und kontinentaler Küche anbietet. Die Außensitzplätze des Restaurants inmitten von felsigen Gärten und seine lebendige Atmosphäre machen es zu einem einzigartigen kulinarischen Erlebnis in der Blauen Stadt.

Webseite: N/A

Adresse: Circuit House Straße, Ajit Kolonie, Jodhpur, Rajasthan 342001

b) Kerala Top-Restaurants

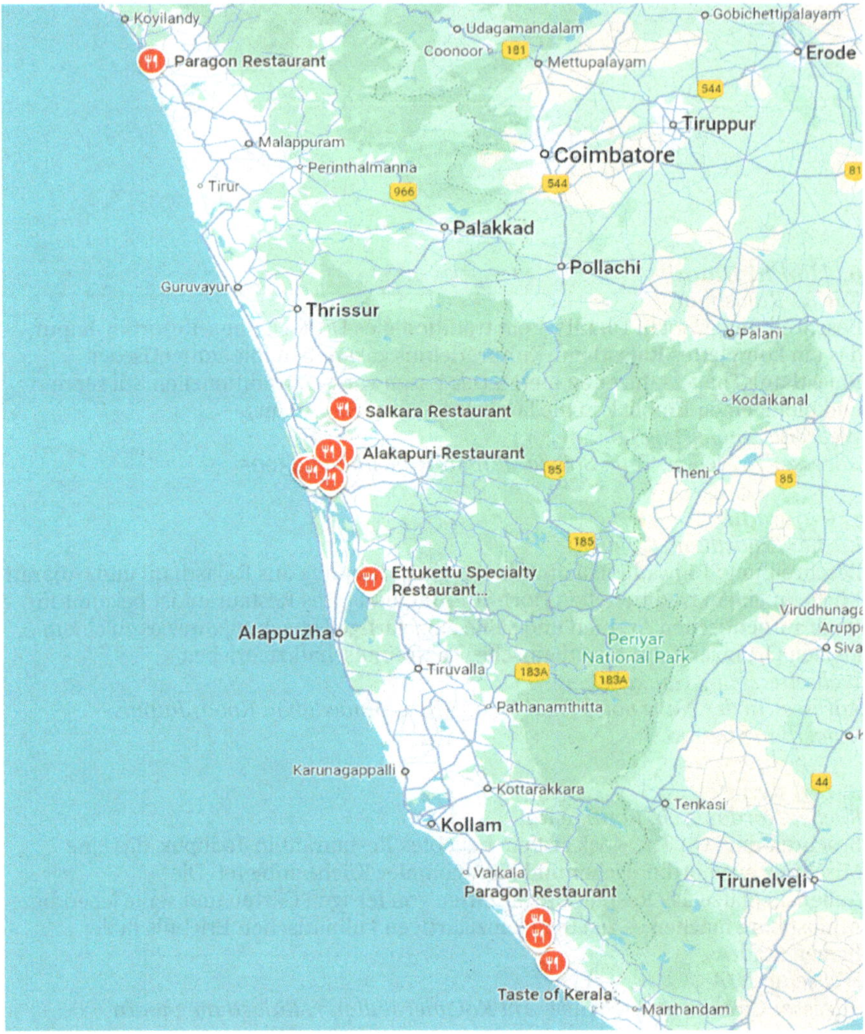

1. Das Reisboot

Küche: Meeresfrüchte, Indisch

Beschreibung: Das Reisboot befindet sich im Taj Malabar Resort in Kochi und ist bekannt für seine Fischspezialitäten und traditionellen Kerala-Gerichte. Die bootsähnliche Struktur des Restaurants und die Lage am Wasser bieten ein atemberaubendes kulinarisches Erlebnis mit Blick auf den Hafen.

Webseite: www.tajhotels.com

Standort- und Kontaktinformationen Adresse: Willingdon Island, Kochi, Kerala 682009

2. Kashi Art Café

Küche: Café, Kontinental
Beschreibung: Das Kashi Art Café in Fort Kochi ist ein charmantes Café, das für sein künstlerisches Ambiente bekannt ist und kontinentales Frühstück, frische Salate und Sandwiches serviert. Das Café dient auch als Kunstgalerie, was es zu einem Favoriten unter kreativen Köpfen macht.
Webseite: N/A
Adresse: Bürgerstraße, Fort Nagar, Fort Kochi, Kerala 682001

3. Paragons
Küche: Malabari, Indisch
Beschreibung: Paragon ist ein berühmtes Restaurant in Kozhikode, das für seine traditionelle Malabari-Küche bekannt ist, insbesondere für seine Biryanis und Fischgerichte. Das Restaurant serviert seit 1939 authentische Kerala-Küche und ist damit ein kulinarisches Wahrzeichen des Bundesstaates.
Webseite: www.paragonrestaurant.net
Adresse: Kannur Straße, Kozhikode, Kerala 673001

4. Köder
Küche: Meeresfrüchte, International
Beschreibung: Das Bait im Vivanta by Taj in Kovalam bietet ein kulinarisches Erlebnis am Strand mit Schwerpunkt auf frischen Meeresfrüchten und internationaler Küche. Die ruhige Umgebung und das köstliche Essen des Restaurants machen es zu einem Favoriten für Touristen und Einheimische.
Webseite: www.tajhotels.com
Adresse: Vivanta by Taj - Grüne Bucht, G.V. Raja Vattappara Straße, Kovalam, Kerala 695527

5. Großes Hotel
Küche: Kerala, Indisch
Beschreibung: Das Grand Hotel in Kochi bietet ein traditionelles Kerala-kulinarisches Erlebnis mit einer Speisekarte, die authentische Kerala-Köstlichkeiten wie Appam und Eintopf, Fischgerichte und Malabar Parotta umfasst. Das Erbe des Hotels und das ausgezeichnete Essen haben es zu einem Wahrzeichen in Kochi gemacht.
Webseite: www.grandhotelkerala.com
Adresse: MG Straße, Ernakulam, Kochi, Kerala 682011

6. Dhe Puttu
Küche: Kerala, Südindisch
Beschreibung: Dhe Puttu ist ein einzigartiges Restaurant in Kochi, das sich auf Keralas geliebtes Gericht Puttu (gedämpfter Reiskuchen) konzentriert. Die Speisekarte bietet verschiedene innovative Versionen von Puttu, gepaart mit Currys, Fisch und Gerichten auf Kokosnussbasis.
Webseite: www.dheputtu.com
Adresse: NH Umgehungsstraße, Edappally, Kochi, Kerala 682024

7. Villa Maya
Küche: Kerala, Indisch, International
Beschreibung: Villa Maya in Trivandrum ist ein wunderschön restauriertes niederländisches Herrenhaus aus dem 18.Jahrhundert, das ein gehobenes kulinarisches Erlebnis bietet. Die Speisekarte bietet eine Mischung aus traditioneller Kerala-, indischer und internationaler Küche und ist damit ein kulinarisches Reiseziel in der Landeshauptstadt.

Webseite: www.villamaya.in
Adresse: Flughafenstraße, Enjakkal, Trivandrum, Kerala 695008

8. Currywurst

Küche: Meeresfrüchte, Indisch
Beschreibung: Currymeen im Raviz Kovalam ist ein beliebtes Fischrestaurant, das eine Auswahl an frischen Fanggerichten anbietet, die von Keralas Küstenaromen inspiriert sind. Das elegante Ambiente des Restaurants und der Blick auf den Strand machen es zu einem perfekten Ort für Liebhaber von Meeresfrüchten.
Webseite: www.theraviz.com
Adresse: Das Raviz, Kovalam, Kerala 695527

c) Top-Restaurants in Goa

1. Schießpulver

Küche: Südindisch, Goanisch
Beschreibung: Das Gunpowder in Assagao bietet ein rustikales und dennoch schickes kulinarisches Erlebnis mit Schwerpunkt auf regionaler südindischer und goanischer Küche. Mit seinem entspannten Ambiente und herzhaften Gerichten wie Schweinefleisch-Vindaloo und Küstenfisch-Currys ist es bei Einheimischen und Touristen gleichermaßen beliebt.
Webseite: N/A
Adresse: Nein 6, Saunto Vaddo, Assagao, Bardez, Goa 403507

2. Fisherman's Wharf
Küche: Goanisch, Meeresfrüchte
Beschreibung: Fisherman's Wharf mit Blick auf den Fluss ist bekannt für seine umfangreiche Speisekarte mit Meeresfrüchten und traditionellen Gerichten aus Goa. Das lebhafte Ambiente, gepaart mit Live-Musik und malerischer Aussicht, machen es zu einem der besten Orte für ein typisches kulinarisches Erlebnis in Goa.
Webseite: www.fishermanswharfgoa.com
Adresse: Hinter der Leela, Mobor, Cavelossim, Goa 403731

3. Thalassa
Küche: Griechisch, Mediterran
Beschreibung: Auf einer Klippe in Vagator gelegen, ist Thalassa ein wunderschönes griechisches Restaurant mit mediterranen Aromen und herrlichem Blick auf den Sonnenuntergang. Mit seinen köstlichen Mezze-Platten, gegrilltem Fleisch und seiner lebhaften Atmosphäre ist es ein Muss in Goa.
Webseite: www.thalassagoa.com
Adresse: Kleiner Vagator, Ozran, Vagator, Goa 403509

4. Bomras
Küche: Burmesisch, Asiatisch
Beschreibung: Bomra's ist ein einzigartiges Restaurant in Candolim, das burmesische und südostasiatisch inspirierte Gerichte anbietet. Die innovative Speisekarte des Restaurants umfasst Köstlichkeiten wie burmesisches Khao Suey und Meeresfrüchte im asiatischen Stil, die sowohl bei Einheimischen als auch bei Touristen sehr beliebt sind.
Webseite: N/A
Adresse: Fort Aguada Straße, Candolim, Goa 403515

5. La Plage
Küche: Französisch, Kontinental
Beschreibung: Das La Plage liegt am Strand von Ashwem und bietet französische Küche in einer entspannten Umgebung am Strand. Mit Gerichten wie Meeresfrüchteplatten, frischen Salaten und köstlichen Desserts ist dieses Restaurant perfekt für ein entspanntes und dennoch gehobenes kulinarisches Erlebnis.
Webseite: N/A
Adresse: Ashwem Strand, Mandrem, Goa 403527

6. Mamas Küche
Küche: Goanisch, Indisch
Beschreibung: Für einen authentischen Geschmack der traditionellen goanischen Küche ist Mum's Kitchen das Restaurant der Wahl. Die Speisekarte bietet weniger

bekannte Gerichte aus Goa, die über Generationen weitergegeben wurden, was sie zu einer kulinarischen Fundgrube für Feinschmecker macht.
Webseite: www.mumskitchengoa.com
Adresse: Db Bandodkar Straße, Panaji, Goa 403001

7. Schwarzes Schaf Bistro
Küche: Europäisch, Goanische Fusion
Beschreibung: Das Black Sheep Bistro in Panjim bietet eine Mischung aus europäischen und goanischen Aromen mit Schwerpunkt auf nachhaltigen und regionalen Zutaten. Die moderne und innovative Speisekarte des Restaurants wird durch sein stilvolles Interieur und seine gemütliche Atmosphäre ergänzt.
Webseite: www.blacksheepbistro.in
Adresse: Swami Vivekanand Straße, Panaji, Goa 403001

8. Brittos
Küche: Goanisch, Kontinental
Beschreibung: Britto's liegt am Strand von Baga und ist eine beliebte Strandhütte, die seit Jahrzehnten Einheimischen und Touristen dient. Dieses lebhafte Restaurant ist für seine Meeresfrüchte, kontinentalen Gerichte und Desserts bekannt und bietet ein ungezwungenes und lebendiges kulinarisches Erlebnis direkt am Strand.
Webseite: www.brittosgoa.com
Adresse: Strand von Baga, Calangute, Goa 403516

d) Top-Restaurants in Uttar Pradesh

1. Tunday Kababi (Lucknow)
Küche: Mughlai
Beschreibung: Ein Besuch in Lucknow ist unvollständig, ohne die berühmten Galouti-Kebabs im Tunday Kababi zu probieren. Dieses ikonische Restaurant wurde 1905 gegründet und ist eine Legende in der Stadt, die zartschmelzende Kebabs und andere Mughlai-Köstlichkeiten serviert.
Webseite: N/A
Adresse: Akbari Tor, Chowk, Lucknow, Uttar Pradesh 226003

2. Dasaprakash (Agra)

Küche: Südindisch
Beschreibung: Dasaprakash ist ein renommiertes südindisches Restaurant in Agra, das traditionelle vegetarische Gerichte wie Dosas, Idlis und Uttapams anbietet. Das Restaurant ist bekannt für seine authentischen Aromen und sein Engagement für Qualität.
Webseite: N/A
Adresse: Taj Straße, Sadar Basar, Agra, Uttar Pradesh 282001

3. Königliches Café (Lucknow)
Küche: Indisch, Mughlai
Beschreibung: Das Royal Café ist ein berühmtes Restaurant in Lucknow, das für seine Chaat- und nordindischen Gerichte bekannt ist. Ihre einzigartige Interpretation von Korbchaat und geschmackvollen Currys machen diesen Ort zu einem Hotspot für Feinschmecker.
Webseite: N/A
Adresse: 51, Hazratganj, Lucknow, Uttar Pradesh 226001, Indien

4. Prise Gewürz (Agra)
Küche: Nordindisch, Mughlai
Beschreibung: Pinch of Spice ist ein hoch bewertetes Restaurant, das nordindische und Mughlai-Gerichte anbietet. Mit plüschigem Interieur und köstlichen Kebabs, Currys und Biryanis ist es zu einem beliebten Speiseziel in Agra geworden.
Webseite: www.pinchofspice.in
Adresse: Fatehabad Straße, Tajganj, Agra, Uttar Pradesh 282001

5. Shree Rathnam (Varanasi), Indien
Küche: Südindisch
Beschreibung: Das Shree Rathnam liegt im Herzen von Varanasi und ist ein beliebtes südindisches Restaurant, das klassische vegetarische Gerichte wie Dosas, Vadas und Rasam anbietet. Die Einfachheit und der Geschmack des Essens machen es zu einem Favoriten unter den Einheimischen.
Webseite: N/A
Adresse: Bhelupur, Varanasi, Uttar Pradesh 221010

6. Die große Kebab-Fabrik (Lucknow)
Küche: Mughlai, Nordindisch
Beschreibung: Die Great Kebab Factory ist bekannt für ihre köstliche Auswahl an Kebabs, sowohl vegetarisch als auch nicht vegetarisch, die mit den besten Zutaten und traditionellen Techniken zubereitet werden. Ihre Galouti-Kebabs und Biryani sind herausragende Gerichte.
Webseite: www.raddisonhotels.com
Adresse: Radisson Lucknow, CP-134, Viraj Khand, Gomti Nagar, Lucknow, Uttar Pradesh 226010, Indien

7. Joneys Platz (Agra)
Küche: Indisch, Kontinental
Beschreibung: Joney's Place ist ein kleines, aber beliebtes Restaurant in der Nähe des Taj Mahal, das eine Mischung aus indischen und kontinentalen Gerichten anbietet. Bekannt für seinen freundlichen Service und die schmackhaften Currys, ist es ein Muss für einen schnellen Imbiss vor oder nach dem Besuch des Denkmals.
Webseite: N/A
Adresse: Taj Ganj, Agra, Uttar Pradesh 282001, Indien

8. Shree Balaji (Mathura)

Küche: Indisch, Vegetarisch
Beschreibung: Shree Balaji ist ein beliebtes vegetarisches Restaurant in Mathura, berühmt für seine authentischen nordindischen Thalis und Straßenessen wie Kachoris und Chaats. Die einfachen, aber köstlichen Angebote des Restaurants machen es zu einem lokalen Favoriten.
Webseite: N/A
Adresse: Holi Gate, Mathura, Uttar Pradesh 281001, Indien

e) Top-Restaurants in Maharashtra

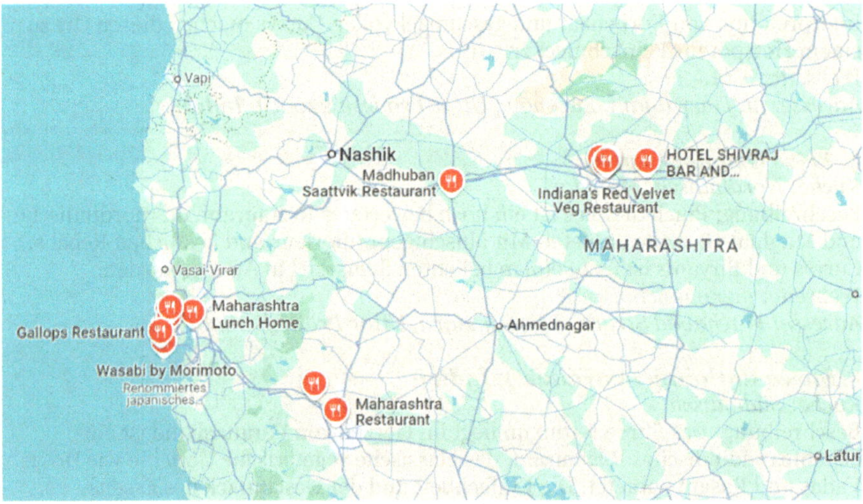

1. Der Tisch (Mumbai)

Küche: Zeitgenössisch, Europäisch
Beschreibung: The Table in Colaba ist eines der bekanntesten Restaurants in Mumbai, das für sein schickes Ambiente und seine innovative Speisekarte bekannt ist, die globale Aromen vereint. Von frischen Meeresfrüchten bis hin zu handwerklichen Pizzen ist The Table ein Hotspot für Feinschmecker.
Webseite: www.thetable.in
Adresse: Colaba, Mumbai, Maharashtra 400005

2. Café Leopold (Mumbai, Indien)

Küche: Kontinental, Indisch
Beschreibung: Das Leopold Café ist ein legendärer Ort in Colaba und berühmt für seine entspannte Atmosphäre, die Architektur aus der Kolonialzeit und die herzhaften Gerichte. Bekannt für seine lange Geschichte, ist es ein Muss für jeden, der Mumbais Café-Kultur erleben möchte.
Webseite: www.leopoldcafe.com
Adresse: Colaba Damm, Mumbai, Maharashtra 400039

3. Bademiya (Mumbai)

Küche: Indisch, Mughlai
Beschreibung: Bademiya ist ein Late-Night-Favorit in Süd-Mumbai und serviert einige der besten Kebabs, Brötchen und Tandoori-Gerichte. Das straßenseitige

Lokal ist ein Muss für alle, die sich nach Stunden nach einer schmackhaften, fleischigen Mahlzeit sehnen.
Webseite: N/A
Adresse: Tulloch Straße, Apollo Bunder, Mumbai, Maharashtra 400001

4. Peshawri (Mumbai)
Küche: Mughlai, Nordindisch
Beschreibung: Peshawri im ITC Maratha ist ein luxuriöses kulinarisches Erlebnis, das die reichen Aromen der nordindischen und Mughlai-Küche nach Mumbai bringt. Ihre Unterschrift Dal Buchara und Kebabs sind nicht zu übersehen.
Webseite: www.itchotels.com
Adresse: ITC Maratha, Sahar Straße, Andheri Ost, Mumbai, Maharashtra 400099

f) Top-Restaurants in Tamil Nadu

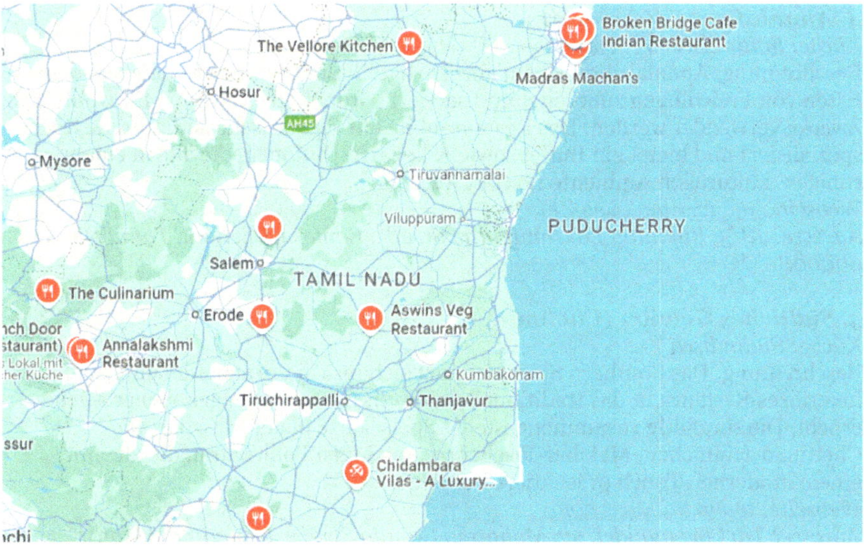

1. Dakshin (Chennai)
Küche: Südindisch, Tamilisch
Beschreibung: Dakshin befindet sich im ITC Grand Chola und ist eines der berühmtesten Restaurants von Chennai für seine traditionelle südindische Küche. Das Restaurant präsentiert das Beste der tamilischen Küche sowie Spezialitäten aus anderen südindischen Bundesstaaten. Das rustikale Dekor und die karnatische Live-Musik schaffen ein wirklich beeindruckendes Erlebnis.
Webseite: www.itchotels.com
Adresse: ITC Grand Chola, 63, Anna Salai, Guindy, Chennai, Tamilisch Nadu 600032, Indien

2. Murugan Idli Geschäft (Chennai)
Küche: Südindisch, Vegetarisch
Beschreibung: Murugan Idli Shop ist eine ikonische Kette in Tamil Nadu, die besonders für ihre weichen, flauschigen Idlis und eine große Auswahl an Chutneys bekannt ist. Ihre Dosas und Pongal sind ebenfalls ein Muss. Es ist ein großartiger

Ort für eine schnelle, authentische vegetarische Mahlzeit, die das Beste aus der Küche von Tamil Nadu zeigt.
Webseite: N/A
Adresse: 77/13, G.N. Chetty Straße, T. Nagar, Chennai, Tamil Nadu 600017

3. Die Marina (Chennai)
Küche: Meeresfrüchte, Indisch
Beschreibung: Der Yachthafen liegt an der Küste und ist ein Paradies für Liebhaber von Meeresfrüchten. Das Restaurant bietet eine große Auswahl an fangfrischen Meeresfrüchten, die mit südindischen Gewürzen zubereitet werden, was es zu einem Favoriten für Touristen und Einheimische gleichermaßen macht. Das Ambiente ist raffiniert und dennoch lässig, perfekt, um Küstenaromen zu genießen.
Webseite: www.themarinachennai.com
Adresse: 39, College Road, Nungambakkam, Chennai, Tamil Nadu 600034, Indien

4. Annalakshmi (Chennai)
Küche: Südindisch, Vegetarisch
Beschreibung: Annalakshmi ist ein einzigartiges kulinarisches Erlebnis, bei dem Essen von Freiwilligen zubereitet und serviert wird und die Gewinne für wohltätige Zwecke verwendet werden. Das Restaurant ist auf vegetarische südindische Küche spezialisiert und bietet ein Buffet sowie À-la-carte-Optionen, die alle in einem ruhigen, kulturellen Ambiente serviert werden.
Webseite: www.annalakshmi.in
Adresse: 18/3, Rukmani Lakshmipathy Straße, Egmore, Chennai, Tamil Nadu 600008

5. Südliches Gewürz (Chennai)
Küche: Südindisch
Beschreibung: Das Southern Spice befindet sich im Taj Coromandel und ist ein luxuriöses Restaurant, das traditionelle südindische Küche zu gehobener Küche erhebt. Die sorgfältig zusammengestellte Speisekarte bietet Klassiker wie Chettinad-Hühnchen, Malabar-Fischcurry und Meen Pollichathu, die alle mit einem modernen Touch präsentiert werden.
Webseite: www.tajhotels.com
Adresse: Taj Coromandel, 37, Mahatma Gandhi Straße, Nungambakkam, Chennai, Tamil Nadu 600034

6. Preise ansehen Ponnusamy Hotel
Küche: Chettinad, Südindisch
Beschreibung: Ponnusamy ist berühmt für seine würzige, aromatische Chettinad-Küche. Diese Restaurantkette ist seit Jahren ein Grundnahrungsmittel in Tamil Nadu und bietet herzhafte Gerichte auf Fleischbasis wie Chettinad-Hühnchen und Hammel-Biryani. Die Aromen sind intensiv und befriedigend, was es zu einem Muss für Gewürzliebhaber macht.
Webseite: www.ponnusamyhotel.com
Adresse: 17, Hallenstraße, Egmore, Chennai, Tamil Nadu 600008

7. Saravana Bhavan (Chennai)
Küche: Südindisch, Vegetarisch
Beschreibung: Saravana Bhavan ist eine der bekanntesten vegetarischen Restaurantketten in Indien, die authentische tamilische vegetarische Gerichte serviert. Ihr Dosa, Vada und Filterkaffee sind besonders beliebt und machen es zu

einem Anlaufpunkt für Einheimische und Besucher, die eine einfache, aber zufriedenstellende Mahlzeit suchen.
Webseite: www.saravanabhavan.com
Adresse: 45, Purasawalkam Hauptstraße, Chennai, Tamil Nadu 600007

8. Der Regenbaum (Madurai)
Küche: Südindisch, Indisch
Beschreibung: Das Rain Tree liegt in der historischen Stadt Madurai und bietet ein gehobenes kulinarisches Erlebnis mit Schwerpunkt auf traditionellen Aromen von Tamil Nadu. Auf der Speisekarte stehen klassische Gerichte wie Fleisch nach Appam- und Chettinad-Art, die alle in einem raffinierten Ambiente serviert werden. Es ist der perfekte Ort, um das reiche kulinarische Erbe der Region zu erleben.
Webseite: N/A
Adresse: 14-15, West Veli Straße, Madurai, Tamil Nadu 625001

g) Top-Restaurants in Westbengalen

1. Oh! Kalkutta (Kalkutta)
Küche: Bengalisch
Beschreibung: Oh! Kalkutta ist ein erstklassiges bengalisches Gourmetrestaurant, das traditionelle bengalische Gerichte mit einem modernen Touch serviert. Die Speisekarte bietet eine Auswahl an klassischen Gerichten wie Kosha Mangsho (langsam gekochtes Hammelfleisch) und Hilsa-Fisch in Senfsauce, was es zu einem Muss für jeden macht, der authentische bengalische Aromen entdecken möchte.
Webseite: www.speciality.co.in
Adresse: Forum Mall, Elgin Road, Kalkutta, Westbengalen 700020
Telefonnummerhinzufügen

2. 6 Ballygunge Place (Kalkutta)
Küche: Bengalisch
Beschreibung: Das 6 Ballygunge Place befindet sich in einem denkmalgeschützten Gebäude und ist ein Restaurant, das ein gehobenes kulinarisches Erlebnis mit Schwerpunkt auf traditioneller bengalischer Küche bietet. Der Charme des

Restaurants liegt in seiner Ausgewogenheit zwischen dem Ambiente der alten Welt und den nostalgischen Aromen der beliebtesten Gerichte Bengalens.
Webseite: www.6ballygungeplace.in
Adresse: 6, Ballygunge Place, Kalkutta, Westbengalen 700019

3. Peter Cat (Kalkutta)
Küche: Indisch, Kontinental
Beschreibung: Peter Cat ist ein legendäres Restaurant im Herzen der Park Street in Kalkutta. Bekannt für sein charakteristisches Gericht, den Chelo Kebab, eine Kebabplatte mit Butterreis und Ei, bietet das Restaurant ein nostalgisches kulinarisches Erlebnis mit einer Mischung aus indischen und kontinentalen Gerichten.
Webseite: N/A
Adresse: 18A, Parkstraße, Kalkutta, Westbengalen 700071

4. Bhojohori Manna (Kalkutta)
Küche: Bengalisch
Beschreibung: Bhojohori Manna ist eine beliebte Kette, die die Aromen traditioneller bengalischer Hausmannskost zelebriert. Von Paturi (mit Bananenblättern umwickelter Fisch) bis hin zu Aloo posto (Kartoffeln mit Mohn) bietet das Restaurant eine Auswahl an bengalischen Gerichten, die an den Komfort hausgemachter Speisen erinnern.
Webseite: www.bhojohorimanna.com
Adresse: 18/1, Hindustan Road, Kalkutta, Westbengalen 700029

5. Arsalan (Kalkutta)
Küche: Mughlai, Indisch
Beschreibung: Arsalan ist berühmt für seine Biryani- und Mughlai-Gerichte, insbesondere im Kolkata-Biryani-Stil, zu dem zartes Fleisch und gekochte Eier in einem duftenden, gewürzten Reis gehören. Das Restaurant ist eine Institution in der Stadt und zieht Biryani-Liebhaber aus allen Ecken Kalkuttas an.
Webseite: www.arsalanrestaurant.in
Adresse: 191, Parkstraße, Kalkutta, Westbengalen 700017

6. Kewpies Küche (Kalkutta)
Küche: Bengalisch
Beschreibung: In einer gemütlichen, heimeligen Atmosphäre serviert Kewpie's Kitchen traditionelle bengalische Küche, die sich auf authentische Aromen und Rezepte konzentriert, die über Generationen weitergegeben wurden. Das Thali-System bietet hier eine Auswahl verschiedener bengalischer Gerichte und ist damit ein idealer Ort, um die Vielfalt der Küche zu erleben.
Webseite: N/A
Adresse: 2, Elgin Lane, Kalkutta, Westbengalen 700020

7. Nizam's (Kalkutta)
Küche: Mughlai, Straßenessen
Beschreibung: Das Nizam's ist berühmt für die Erfindung der Kathi-Rolle im Kolkata-Stil und ein ikonisches Restaurant im geschäftigen New Market-Viertel. Die Kathi-Brötchen mit in Paratha eingewickeltem Fleischspieß sind nicht nur in Kalkutta, sondern im ganzen Land zu einer Streetfood-Sensation geworden.
Webseite: N/A
Adresse: 23/24, Hogg Street, Neuer Markt, Kalkutta, Westbengalen 700087

8. Aaheli (Kalkutta)
Küche: Bengalisch
Beschreibung: Das Aaheli im Peerless Inn ist eines der besten Restaurants in Kalkutta für authentische bengalische Küche. Das opulente Dekor des Restaurants und die umfangreiche Speisekarte, die sowohl vegetarische als auch nicht-vegetarische Gerichte umfasst, machen es zu einem idealen Ort für ein luxuriöses bengalisches kulinarisches Erlebnis.
Webseite: www.peerlesshotels.com
Adresse: Das unvergleichliche Gasthaus, 12, Jawaharlal Nehru Road, Kalkutta, Westbengalen 700013

Diese Empfehlungen bieten einen Einblick in die kulinarische Vielfalt der Regionen Indiens, von Meeresfrüchten an der Küste in Kerala und Goa über die reichen Aromen Nordindiens bis hin zu den einzigartigen Gerichten von Tamil Nadu und Westbengalen.

5.2: INDIEN TOP-EINKAUFSZENTRUM

Indien, ein Land, das für seine kulturelle Vielfalt und schnelle Urbanisierung bekannt ist, beherbergt einige der größten und luxuriösesten Einkaufszentren der Welt. Diese Einkaufszentren bieten eine perfekte Mischung aus internationalen High-End-Marken, lokalen Einzelhandelsgeschäften, Restaurants und Unterhaltungszentren, was sie zu beliebten Zielen für Einkaufen und Freizeit macht. Von den belebten Straßen Delhis über die ruhigen Strände von Goa und den historischen Charme Rajasthans bis hin zur pulsierenden Kultur Westbengalens bietet jede Region einzigartige Einkaufszentren, die unterschiedlichen Einkaufsbedürfnissen gerecht werden.

1. Delhi
Delhi, die Hauptstadt, hat eine große Auswahl an luxuriösen und extravaganten Einkaufszentren. Hier sind fünf Top-Einkaufszentren in Delhi:

a) DLF Einkaufszentrum von Indien
Standort: Sektor 18, Noida (NCR)
Details: Die DLF Mall of India ist eines der größten Einkaufszentren Indiens und bietet ein luxuriöses Einkaufserlebnis auf sieben Etagen. Das Einkaufszentrum bietet mehr als 330 Marken, darunter internationale wie Zara, H & M und Marks & Spencer. Es verfügt auch über umfangreiche gastronomische Einrichtungen und einen speziellen Unterhaltungsbereich mit einem Kino.
Webseite: www.dlfmallofindia.com

b) Wählen Sie CITYWALK
Ort: Saket Distriktzentrum, Neu-Delhi
Details: Select CITYWALK ist für seine lebendige Atmosphäre bekannt und eines der beliebtesten High-End-Einkaufszentren in Delhi. Es bietet eine große Auswahl an Marken wie Gucci, Chanel und eine Auswahl an Restaurants und Unterhaltungsmöglichkeiten.
Webseite: www.selectcitywalk.com

c) Einkaufszentrum Ambiente
Ort: Vasant Kunj, Neu-Delhi

Details: Die Ambience Mall ist bekannt für ihr gehobenes Einzelhandelserlebnis mit einer großen Sammlung internationaler und indischer Marken. Mit Unterhaltungszonen, einem Food Court und mehreren gehobenen Restaurants ist dies ein komplettes Familienziel.
Webseite: www.ambiencemalls.com

d) Einkaufszentrum Pacific

Ort: Subhash Nagar, Neu-Delhi
Details: Die Pacific Mall ist bekannt für ihre große Auswahl an Einzelhandelsgeschäften und Restaurants. Das Einkaufszentrum hat Marken wie Tommy Hilfiger, Nike und mehr. Es ist auch bekannt für Veranstaltungen und Aktivitäten für Familien.
Webseite: www.pacificmalls.in

e) Das Einkaufszentrum Chanakya

Standort: Chanakyapuri, Neu-Delhi
Details: Das Chanakya ist ein ultra-luxuriöses Einkaufszentrum im Diplomatenviertel von Delhi. Es bietet eine kuratierte Auswahl an High-End-Mode, gehobenen Restaurants und ein Boutique-Kinoerlebnis.
Webseite: www.thechanakya.com

2. Rajasthan

Rajasthan, ein Bundesstaat, der für seinen kulturellen Reichtum bekannt ist, verfügt über mehrere moderne Einkaufsziele. Hier sind fünf der besten Einkaufszentren:

a) Welthandelspark

Ort: Jaipur
Details: Der World Trade Park ist ein Wahrzeichen in Jaipur und ein Knotenpunkt für High-End-Shopping, Restaurants und Unterhaltung. Die Architektur des Einkaufszentrums ist spektakulär und beherbergt internationale Marken wie Calvin Klein, Tommy Hilfiger und mehr.
Webseite: www.wtpjaipur.com

b) Einkaufszentrum MGF Metropolitan

Ort: Jaipur
Details: Das MGF Metropolitan ist eines der beliebtesten Einkaufszentren von Jaipur und bietet eine ausgewogene Mischung aus nationalen und internationalen Marken. Es ist auch bekannt für seinen großen Food Court und seine Unterhaltungsbereiche.
Webseite: N/A

c) Einkaufszentrum Pink Square

Ort: Raja Park, Jaipur
Details: Die Pink Square Mall ist ein bevorzugtes Einkaufsziel für lokale und Markenartikel. Mit Geschäften wie Pantaloons und Reliance Trends beherbergt das Einkaufszentrum auch das INOX-Kino.
Webseite: www.pinksquaremall.com

d) Einkaufszentrum Triton

Standort: Jhotwara, Jaipur

Details: Die Triton Mall ist ein großes Einkaufsziel mit mehr als 150 Geschäften. Das Einkaufszentrum bietet eine Vielzahl von Einkaufs-, Speise- und Unterhaltungsmöglichkeiten, darunter einen Hypermarkt.
Webseite: www.tritonmall.com

e) Einkaufszentrum Elemente
Ort: Ajmer Road, Jaipur
Details: Die Elements Mall ist ein High-End-Einkaufsziel, das Luxusmarken, erstklassige Restaurants und Unterhaltungserlebnisse bietet.
Webseite: N/A

3. Kerala
Kerala, bekannt für seine natürliche Schönheit, bietet auch mehrere große Einkaufszentren, die Touristen und Einheimischen gleichermaßen gerecht werden.

a) Einkaufszentrum Lulu
Ort: Kochi
Einzelheiten: Die Lulu Mall ist eines der größten Einkaufszentren in Indien mit über 200 Verkaufsstellen, darunter globale Marken wie Marks & Spencer, H & M und Zara. Das Einkaufszentrum verfügt über einen weitläufigen Food Court, eine Eislaufbahn und einen großen Unterhaltungsbereich.
Webseite: www.lulumall.in

b) Einkaufszentrum Oberon
Ort: Kochi
Details: Die Oberon Mall ist bekannt für ihr modernes Design und die große Auswahl an Einzelhandelsgeschäften. Es beherbergt auch ein Multiplex-Kino und einen Food Court, was es zu einem bevorzugten Ziel für Shopping und Unterhaltung macht.
Webseite: www.oberonmall.com

c) HiLITE Einkaufszentrum
Standort: Kozhikode
Details: Die HiLITE Mall ist eines der größten Einkaufszentren im Norden von Kerala und bietet eine große Auswahl an internationalen und inländischen Marken. Es hat auch einen großen Food Court und ein hochmodernes Kino.
Webseite: www.hilitemall.com

d) Einkaufszentrum Forum Thomsun
Ort: Kochi
Details: Die Forum Thomsun Mall bietet ein zeitgemäßes Einkaufserlebnis mit bekannten Marken, einem Multiplex und einer Reihe von Restaurants. Es ist ein beliebtes Ziel für Familienausflüge.
Webseite: www.forummalls.in

e) Einkaufszentrum von Travancore
Standort: Thiruvananthapuram
Details: Die Mall of Travancore ist eine der neuesten und größten Einkaufszentren in der Hauptstadt Kerala. Es bietet ein modernes Einkaufserlebnis mit einer großen Auswahl an Einzelhandelsgeschäften und Restaurants.
Webseite: www.malloftravancore.com

4. Goa

Goa ist vor allem für seine Strände bekannt, aber es gibt auch mehrere Einkaufszentren, die sich an die Einheimischen und Touristenmassen richten.

a) Einkaufszentrum von Goa

Ort: Porvorim, Nord-Goa
Details: Mall De Goa ist das größte Einkaufszentrum in Goa und bietet eine Reihe internationaler und nationaler Marken, einen großen Food Court und ein Kino. Es ist ein beliebter Ort für Einheimische und Touristen.
Webseite: www.malldegoa.com

b) Einkaufszentrum Caculo

Ort: Panaji, Goa
Details: Die Caculo Mall bietet eine Vielzahl von Einzelhandelsgeschäften und Unterhaltungsmöglichkeiten. Es ist eine beliebte Wahl für Familieneinkäufe und Restaurants mit einem großen Food Court und einem PVR-Kino.
Webseite: www.caculomall.com

c) Einkaufszentrum im Stadtzentrum von Margao

Ort: Margao, Goa
Details: Das Stadtzentrum von Margao ist ein beliebtes Einkaufsziel in Süd-Goa und bietet eine Vielzahl von Marken, Restaurants und Unterhaltungsmöglichkeiten, was es zu einem bequemen Einkaufsort für Einheimische macht.
Webseite: N/A

d) Großes Einkaufszentrum

Ort: Margao, Goa
Details: Big G ist ein kleineres, aber beliebtes Einkaufszentrum, insbesondere für diejenigen, die nach Einkaufstherapie und Restaurants suchen. Das Einkaufszentrum verfügt über eine Vielzahl von Verkaufsstellen, die von Mode bis Elektronik reichen.
Webseite: N/A

e) Vasco-Platz

Ort: Vasco da Gama, Goa
Details: Ein kleineres Einkaufszentrum in Vasco, das wichtige Einkaufs- und Unterhaltungsmöglichkeiten bietet. Es bedient die lokale Bevölkerung mit einer Reihe von Einzelhandels- und Gastronomiebetrieben.
Webseite: N/A

5. Uttar Pradesh

Uttar Pradesh, mit seiner reichen Geschichte und wachsenden Modernität, hat eine Reihe von High-End-Einkaufszentren.

a) Der Phönixpalast

Standort: Lucknow
Details: Phoenix Palassio ist eines der größten Einkaufszentren in Uttar Pradesh und bietet eine Mischung aus High-End- und Mittelklasse-Marken, Premium-Restaurants und einem großen Multiplex.
Webseite: www.phoenixpalassio.in

b) Wellen-Einkaufszentrum
Standort: Lucknow
Details: Die Wave Mall bietet eine große Auswahl an Einkaufsmöglichkeiten, darunter sowohl internationale als auch indische Marken, und verfügt auch über ein PVR-Kino, was sie zu einem beliebten Unterhaltungszentrum macht.
Webseite: www.wavemalls.com

c) Einkaufszentrum Z Square
Ort: Kanpur
Details: Die Z Square Mall ist eines der größten Einkaufszentren in Uttar Pradesh und bietet eine Reihe globaler Marken, einen großen Food Court und verschiedene Unterhaltungsmöglichkeiten.
Webseite: www.zsquaremall.com

d) Einkaufszentrum Sahara Ganj
Standort: Lucknow
Details: Sahara Ganj ist eines der beliebtesten Einkaufszentren in Lucknow und bekannt für seine große Auswahl an Marken, einen großen Food Court und ein INOX-Multiplex.
Webseite: N/A

e) Einkaufszentrum Phoenix United
Standort: Bareilly
Details: Die Phoenix United Mall bietet ein gehobenes Einkaufserlebnis mit mehreren Geschäften, Restaurants und einem großen Multiplex. Es dient als wichtiger Knotenpunkt für Unterhaltung in Bareilly.
Webseite: www.phoenixunitedbareilly.com

6. Maharashtra
Maharashtra, einer der am weitesten entwickelten Bundesstaaten Indiens, beherbergt einige der größten Einkaufszentren des Landes.

a) Phoenix Marktstadt
Ort: Kurla, Mumbai
Details: Phoenix Marketcity ist eines der größten Einkaufszentren in Mumbai und bietet eine umfangreiche Auswahl an Marken, Restaurants und Unterhaltungsmöglichkeiten, darunter ein großes Multiplex.
Webseite: www.phoenixmarketcity.com

b) Hauptstraße Phoenix
Standort: Lower Parel, Mumbai
Details: Die High Street Phoenix ist ein luxuriöses Einkaufsziel mit hochwertigen internationalen Marken, gehobenen Restaurants und Unterhaltungsmöglichkeiten. Es umfasst auch die Palladium Luxury Mall.
Webseite: www.highstreetphoenix.com

c) Einkaufszentrum Inorbit
Ort: Malad, Mumbai
Details: Die Inorbit Mall ist bekannt für ihre große Auswahl an Marken, Veranstaltungen und Aktivitäten. Das Einkaufszentrum hat auch mehrere Restaurants und ein Multiplex.
Webseite: www.inorbit.in

d) Einkaufszentrum Oberoi
Standort: Mumbai, Indien
Details: Die Oberoi Mall bietet ein gehobenes Einkaufserlebnis mit Premium-Marken, einer Vielzahl von Restaurants und einer Unterhaltungszone mit Multiplex.
Webseite: www.oberoimall.com

e) Einkaufszentrum Viviana
Ort: Thane
Details: Die Viviana Mall ist ein riesiges Einkaufsziel in Thane mit über 250 Geschäften. Es hat auch mehrere Restaurants, einen großen Unterhaltungsbereich und ein Multiplex.
Webseite: www.vivianamalls.com

7. Tamil Nadu
Tamil Nadu bietet mit seinen modernen Städten eine große Auswahl an Einkaufszentren, insbesondere in Chennai.

a) Schnellstraße
Ort: Royapettah, Chennai
Details: Express Avenue ist eines der größten Einkaufszentren in Chennai mit zahlreichen internationalen und lokalen Marken, einem Multiplex und einem riesigen Food Court.
Webseite: www.expressavenue.in

b) Phoenix Marktstadt
Standort: Velachery, Chennai
Details: Phoenix Marketcity in Chennai bietet ein hochwertiges Einkaufserlebnis mit einer Vielzahl internationaler Marken, einem Food Court, gehobenen Restaurants und einem IMAX-Kino.
Webseite: www.phoenixmarketcity.com

c) VR Chennai
Ort: Anna Nagar, Chennai
Details: VR Chennai ist ein modernes Einkaufsziel mit einer großen Auswahl an Marken, Unterhaltungszonen und Premium-Restaurants. Auffällig ist auch die Architektur des Einkaufszentrums.
Webseite: www.vrchennai.com

d) Spencer Plaza
Ort: Anna Salai, Chennai
Details: Spencer Plaza ist eines der ältesten Einkaufszentren in Chennai, bekannt für seine große Auswahl an lokalen und internationalen Marken. Es ist eine Mischung aus Charme der alten Welt mit modernen Einzelhandelserlebnissen.
Webseite: N/A

e) Einkaufszentrum Forum Vijaya
Standort: Vadapalani, Chennai
Details: Die Forum Vijaya Mall bietet eine Reihe von Einkaufsmöglichkeiten, darunter Mode, Elektronik und Wohndekoration, sowie einen großen Food Court und ein PVR-Multiplex.
Webseite: www.forummalls.in

8. Westbengalen

Westbengalen, mit Kolkata als Großstadt, hat einige der besten Einkaufsziele in Ostindien.

a) Einkaufszentrum Quest

Ort: Ballygunge, Kalkutta
Details: Die Quest Mall ist eines der luxuriösesten Einkaufszentren in Kalkutta mit High-End-Marken wie Gucci, Prada und Burberry. Es hat auch gehobene Restaurants und ein Multiplex.
Webseite: www.questmall.in

b) Einkaufszentrum Südstadt

Ort: Jadavpur, Kalkutta
Details: Die South City Mall ist eines der größten Einkaufszentren in Kalkutta mit einer großen Auswahl an nationalen und internationalen Marken, einem großen Food Court und einem INOX-Multiplex.
Webseite: www.southcitymall.in

c) Einkaufszentrum Akropolis

Ort: Kasba, Kalkutta
Details: Die Acropolis Mall bietet ein modernes Einkaufserlebnis mit mehreren Mode-, Lifestyle- und Elektronikgeschäften. Das Einkaufszentrum verfügt auch über ein PVR-Multiplex und eine Vielzahl von Restaurants.
Webseite: www.acropolismall.in

d) Einkaufszentrum Mani Square

Ort: Kankurgachi, Kalkutta
Details: Die Mani Square Mall ist ein beliebtes Einkaufsziel in Kalkutta und bietet eine große Auswahl an Geschäften, Restaurants und eine große Unterhaltungszone mit einem Multiplex.
Webseite: www.manisquare.com

e) Stadtzentrum von Salt Lake City

Ort: Salt Lake, Kalkutta
Details: Das City Centre Salt Lake ist eines der meistbesuchten Einkaufszentren in Kalkutta und bietet eine große Auswahl an Geschäften, Restaurants und Unterhaltungsmöglichkeiten, was es zu einem Favoriten unter den Einheimischen macht.
Webseite: www.citycentremalls.in

Dieser umfassende Leitfaden deckt die Top-Einkaufsziele in verschiedenen Regionen Indiens ab und bietet eine ideale Mischung aus Luxus-, Mittelklasse- und lokalen Einkaufserlebnissen.

KAPITEL 6:

6.1: EMPFOHLENE HOTELS UND ÜBERNACHTUNGSORTE IN INDIEN

Indien bietet eine Reihe von Luxusunterkünften, die seine Größe und Gastfreundschaft widerspiegeln. Von den belebten Straßen von Delhi bis zu den ruhigen Backwaters von Kerala bietet jede Region einzigartige Erlebnisse durch ihre luxuriösen Hotels und Resorts. Dieser Leitfaden bietet eine kuratierte Auswahl der besten Luxusunterkünfte in verschiedenen Bundesstaaten, darunter Delhi, Rajasthan, Kerala, Goa, Uttar Pradesh, Maharashtra, Tamil Nadu und Westbengalen. Jede Unterkunft wurde aufgrund ihres außergewöhnlichen Service, ihres eleganten Designs und ihrer exklusiven Annehmlichkeiten ausgewählt, um einen unvergesslichen Aufenthalt in Indien zu gewährleisten.

6.2: LUXUSOPTIONEN

a) Delhi

Der Leela Palast Neu-Delhi

Das Leela Palace bietet eine perfekte Mischung aus traditioneller indischer Gastfreundschaft und modernem Luxus. Die königlichen Innenräume, die mit opulenten Kronleuchtern geschmückt sind, schaffen ein königliches Ambiente. Das Hotel liegt in der prestigeträchtigen diplomatischen Enklave und bietet exquisite Restaurants, ein erstklassiges Spa und gut ausgestattete Zimmer mit erstklassigem Service, was es zu einer idealen Wahl für Geschäfts- und Urlaubsreisende macht.

Kosten: €290 - €400/Nacht
Webseite: https://www.theleela.com/the-leela-palace-new-delhi
Telefon: +91 11 3933 1234
Adresse: Diplomatische Enklave, Chanakyapuri, Neu-Delhi, Delhi 110023

2. Taj Mahal Hotel

Das Taj Mahal Hotel strahlt zeitlose Eleganz aus und befindet sich im Herzen von Neu-Delhi. Mit einem Erbe von über vier Jahrzehnten verbindet dieses Luxushotel modernen Komfort mit klassischem Design. Die gehobene Küche, die luxuriösen Suiten und der außergewöhnliche Service sind bekannt und machen es zu einem Favoriten für Freizeit- und Geschäftsreisende.

Kosten: €210 - €330/Nacht
Webseite: https://www.tajhotels.com/en-in/taj/taj-mahal-new-delhi
Telefon: +91 11 6656 6162
Adresse: 1 Mansingh Straße, Neu-Delhi, Delhi 110011

3. Der Oberoi, Neu-Delhi, Indien

Mit Blick auf Humayuns Grab ist Der Oberoi ein architektonisches Wunderwerk, das zeitgenössisches Design nahtlos mit traditioneller Eleganz verbindet. Dieses Luxushotel bietet eine Fülle von Erlebnissen, von persönlichem Service bis hin zu

Gourmet-Restaurants und einem Ayurveda-Spa, was es zu einer Top-Wahl für Luxusreisende macht.

Kosten: €250 - €340/Nacht
Webseite: https://www.oberoihotels.com/hotels-in-delhi/
Telefon: +91 11 2436 3030
Adresse: Dr. Zakir Hussain Marg, Neu-Delhi, Delhi 110003

4. Das Imperial, Neu-Delhi
Das 1931 erbaute Imperial ist ein ikonisches Hotel mit einer reichen Geschichte und kolonialem Charme. Die großartige Architektur des Hotels, die umfangreiche Kunstsammlung und das luxuriöse Interieur vermitteln ein Gefühl klassischer Eleganz. Mit erstklassigen Restaurants und einer zentralen Lage in der Nähe des Connaught Place ist es perfekt für Geschichtsliebhaber und Luxussuchende gleichermaßen.

Kosten: €230 - €310/Nacht
Webseite: https://www.theimperialindia.com
Telefon: +91 11 4150 1234
Adresse: Janpath Lane, Connaught Place, Neu-Delhi, Delhi 110001
Telefonnummerhinzufügen

5. Aktivitäten in der Nähe von ITC Maurya, A Luxury Collection Hotel
ITC Maurya ist ein Synonym für Größe, dank seiner von den Mogulen inspirierten Architektur und dem luxuriösen Interieur. Vom ikonischen Restaurant Buchara bis zum ruhigen Kaya Kalp Spa bietet dieses Hotel eine einzigartige Mischung aus kulinarischer Exzellenz und Wellnesserlebnissen. Seine Nähe zu diplomatischen Enklaven macht es zu einer bevorzugten Wahl für globale Führer.

Kosten: €210 - €300/Nacht
Webseite: https://www.itchotels.com/in/en/itcmaurya-new-delhi
Telefon: +91 11 2611 2233
Adresse: Diplomatische Enklave, Sardar Patel Marg, Neu-Delhi, Delhi 110021

6. Der Lodhi, Neu-Delhi
Das Lodhi bietet einen ruhigen Rückzugsort inmitten der geschäftigen Stadt. Dieses luxuriöse Hotel ist bekannt für seine weitläufigen Zimmer mit privaten Tauchbecken, exzellentem Essen und außergewöhnlichem Service. Die Wellnesseinrichtungen des Lodhi, darunter ein Spa und ein Fitnesscenter, machen es zu einem Ziel für Reisende, die Ruhe und Genuss suchen.

Kosten: €350 - €520/Nacht
Webseite: https://www.thelodhi.com
Telefon: +91 11 4363 3333
Adresse: Lodhi Straße, Neu-Delhi, Delhi 110003

7. Shangri-La's - Eros Hotel, Neu-Delhi
Das Shangri-La's Eros Hotel ist ein friedlicher Rückzugsort im Herzen von Neu-Delhi und bietet einen atemberaubenden Blick auf die Stadt. Das einzigartige Spa des Hotels, mehrere gastronomische Einrichtungen und luxuriöse Zimmer machen es zu einem bevorzugten Ziel für Geschäfts- und Urlaubsreisende. Die erstklassige Lage in der Nähe des Connaught Place gewährleistet einen einfachen Zugang zu den wichtigsten Sehenswürdigkeiten.

Kosten: €170 - €250/Nacht
Webseite: https://www.shangri-la.com/newdelhi/erosshangrila/
Telefon: +91 11 4119 1919
Adresse: 19 Ashoka Straße, Connaught Place, Neu-Delhi, Delhi 110001

8. Roseate House, Neu-Delhi
Das Roseate House bietet modernen Luxus und anspruchsvolles Design im Aerocity-Bereich der Stadt. Das Hotel verfügt über elegante, stilvolle Zimmer, einen Infinity-Pool auf dem Dach und kulinarische Gourmeterlebnisse. Mit hochmodernen Annehmlichkeiten und elegantem Interieur richtet sich das Roseate House an diejenigen, die modernen Luxus schätzen.

Kosten: €180 - €270/Nacht
Webseite: https://www.roseatehotels.com/newdelhi/roseatehouse/
Telefon: +91 11 7155 8800
Adresse: Aerocity, Indira Gandhi Internationaler Flughafen, Neu-Delhi, Delhi 110037

9. Hyatt Regency Delhi, Indien
Das Hyatt Regency Delhi ist ein klassisches Luxushotel, das eine Mischung aus modernem Design und traditioneller indischer Gastfreundschaft bietet. Mit einer großen Auswahl an Restaurants, geräumigen Zimmern und Wellnesseinrichtungen ist dieses Hotel eine ausgezeichnete Wahl für Geschäftsreisende und Familien, die einen komfortablen und dennoch luxuriösen Aufenthalt suchen.

Kosten: €160 - €230/Nacht
Webseite: https://www.hyatt.com/en-US/hotel/india/hyatt-regency-delhi/delhi
Telefon: +91 11 2679 1234
Adresse: Bhikaji Cama Platz, Ringstraße, Neu-Delhi, Delhi 110066

10. Andaz Delhi - Ein Konzept von Hyatt
Das Andaz Delhi bietet eine kreative und moderne Herangehensweise an Luxus. Dieses Konzepthotel in Aerocity bietet durchdachte Zimmer und Suiten, hochmoderne gastronomische Einrichtungen und eine lebendige, schicke Atmosphäre, was es ideal für Reisende macht, die ein einzigartiges, gehobenes Erlebnis suchen.

Kosten: €190 - €280/Nacht
Webseite: https://www.hyatt.com/en-US/hotel/india/andaz-delhi/delaz
Telefon: +91 11 4903 1234
Adresse: Aerocity, Indira Gandhi Internationaler Flughafen, Neu-Delhi, Delhi 110037

b) Rajasthan
1. Das Oberoi Udaivilas, Udaipur
Am Ufer des Pichola-Sees gelegen, ist das Oberoi Udaivilas ein palastartiges Resort, das einen atemberaubenden Blick auf den See und die Aravalli-Hügel bietet. Das Hotel zeigt traditionelle Rajasthani-Architektur mit luxuriösen Zimmern, privaten Innenhöfen und atemberaubenden Pools. Es bietet ein wahrhaft königliches Erlebnis mit außergewöhnlichem Service und ist damit eines der begehrtesten Luxusziele in Rajasthan.

Kosten: €550 - €900/Nacht
Webseite: https://www.oberoihotels.com/hotels-in-udaipur-udaivilas/
Telefon: +91 294 243 3300
Adresse: Haridasji Ki Magri, Mulla Talai, Udaipur, Rajasthan 313001, Indien

2. Taj Lake Palace, Udaipur, Indien
Mitten im Pichola-See gelegen, ist das Taj Lake Palace ein ikonisches Luxushotel, das auf dem Wasser zu schweben scheint. Dieser Palast aus dem 18.Jahrhundert mit seinen opulenten Innenräumen bietet einen unvergleichlichen Blick auf den Stadtpalast und die Aravalli-Berge. Die Gäste werden mit königlicher Gastfreundschaft, gehobener Küche und ruhigen Bootsfahrten verwöhnt, was es zu einem Traumziel für diejenigen macht, die Romantik und Luxus suchen.

Kosten: €490 - €750/Nacht
Webseite: https://www.tajhotels.com/en-in/taj/taj-lake-palace-udaipur/
Telefon: +91 294 242 8800
Adresse: Pichola See, Udaipur, Rajasthan 313001

3. Rambagh Palast, Jaipur
Das Rambagh Palace war einst die Residenz der königlichen Familie von Jaipur und ist ein majestätisches Hotel, das reiche Geschichte mit modernem Luxus verbindet. Die Zimmer und Suiten sind elegant eingerichtet und spiegeln die Pracht der Rajput-Ära wider. Das Hotel bietet auch wunderschöne Gärten, ein luxuriöses Spa und gehobene Restaurants, die den Gästen einen Einblick in das königliche Leben bieten.

Kosten: €450 - €700/Nacht
Webseite: https://www.tajhotels.com/en-in/taj/rambagh-palace-jaipur/
Telefon: +91 141 238 5700
Adresse: Bhawani Singh Straße, Jaipur, Rajasthan 302005

4. Leopardencamp Sujan Jawai, Pali
Für Naturliebhaber, die einen luxuriösen Rückzugsort suchen, ist das Sujan Jawai Leopard Camp eine ideale Wahl. Inmitten der rauen Wildnis von Rajasthan gelegen, bietet dieses exklusive Camp eine Mischung aus modernem Luxus und aufregenden Tiererlebnissen. Freuen Sie sich auf maßgeschneiderte Safaris, luxuriöse Zeltunterkünfte und Panoramablick auf die umliegende Landschaft.

Kosten: €900 - €1.200/Nacht
Webseite: https://www.sujanluxury.com/jawai
Telefon: +91 11 4617 2700
Adresse: Bisalpur, Rajasthan 306126

5. Amanbagh
Das luxuriöse Resort Amanbagh ist ein ruhiger Rückzugsort inmitten von üppigem Grün und bietet Ruhe und Frieden. Das Design des Hotels ist von der Mogulzeit inspiriert und bietet geräumige Zimmer, private Innenhöfe und elegantes Marmorinterieur. Es ist ein perfekter Zufluchtsort für diejenigen, die sich in einer luxuriösen und dennoch ruhigen Umgebung abseits der geschäftigen Städte entspannen möchten.

Kosten: €600 - €850/Nacht
Webseite: https://www.aman.com/resorts/amanbagh

Telefon: +91 1465 223 333
Adresse: Ajabgarh, Alwar, Rajasthan 301027

6. Der Leela Palast, Jaipur
Das Leela Palace ist eine großartige Mischung aus traditioneller Rajasthani-Architektur und modernem Luxus und bietet ein palastartiges Erlebnis mit großzügigen Suiten, hochmodernen Annehmlichkeiten und gehobenen Restaurants. Mit seiner großartigen Architektur bietet dieses Hotel einen Panoramablick auf die umliegende Landschaft und bietet seinen Gästen ein verwöhnendes königliches Erlebnis.

Kosten: €500 - €750/Nacht
Webseite: https://www.theleela.com/the-leela-palace-jaipur
Telefon: +91 1426 320 000
Adresse: Autobahn Delhi-Jaipur, NH-8, Jaipur, Rajasthan 303012

7. Umaid Bhawan Palast, Jodhpur
Der Umaid Bhawan Palace, eine der größten Privatresidenzen der Welt, ist ein Symbol für das königliche Erbe Rajasthans. Der Palast, der immer noch die königliche Familie von Jodhpur beherbergt, bietet einen luxuriösen Aufenthalt mit opulenten Zimmern, wunderschönen Gärten und erstklassigen Annehmlichkeiten. Die Gäste können echtes königliches Leben erleben, komplett mit Oldtimerfahrten und traditioneller rajasthanischer Gastfreundschaft.

Kosten: €600 - €950/Nacht
Webseite: https://www.tajhotels.com/en-in/taj/umaid-bhawan-palace-jodhpur/
Telefon: +91 291 251 0101
Adresse: Circuit House Straße, Jodhpur, Rajasthan 342006

8. RAAS Jodhpur
Eingebettet unter dem majestätischen Mehrangarh Fort bietet das RAAS Jodhpur eine einzigartige Mischung aus traditioneller Rajasthani-Architektur und modernem Luxus. Die historischen Zimmer des Hotels, gepaart mit modernen Annehmlichkeiten und einem atemberaubenden Blick auf die Festung, bieten ein einzigartiges Erlebnis. Es ist ein perfektes Reiseziel für diejenigen, die eine Mischung aus Geschichte und Luxus suchen.

Kosten: €380 - €520/Nacht
Webseite: https://www.raasjodhpur.com
Telefon: +91 291 263 6455
Anschrift: Tunwarji Ka Jhalara, Makrana Mohalla, Jodhpur, Rajasthan 342001, Indien

9. Alila Fort Bishangarh, Jaipur
Das Alila Fort Bishangarh befindet sich in einer jahrhundertealten Kriegerfestung und bietet eine Mischung aus Geschichte, Kultur und Luxus. Das Hotel wurde sorgfältig restauriert, um seinen ursprünglichen Charme zu bewahren und den Gästen modernen Komfort zu bieten. Die weitläufigen Suiten, das Gourmetrestaurant und der beeindruckende Blick auf die Aravalli-Hügel machen dies zu einem unvergesslichen Luxusurlaub.

Kosten: €280 - €450/Nacht
Webseite: https://www.alilahotels.com/fortbishangarh

Telefon: +91 7230 882 000
Adresse: Bishangarh, Jaipur, Rajasthan 303103

10. Suryagarh

Suryagarh ist ein Luxushotel, das den Geist der Wüste Thar verkörpert. Die Architektur im Fort-Stil, die luxuriösen Zimmer und der außergewöhnliche Service machen dieses Hotel zu einem herausragenden Reiseziel für Reisende, die ein beeindruckendes Wüstenerlebnis suchen. Suryagarh bietet einzigartige Erlebnisse wie Kamelsafaris, Wüstenessen und einen atemberaubenden Blick auf die umliegenden Dünen.

Kosten: €350 - €550/Nacht
Webseite: https://www.suryagarh.com
Telefon: +91 2992 269 269
Adresse: Kahala Phata, Sam Straße, Jaisalmer, Rajasthan 345001

c) Kerala

1. Ferienunterkunfts-inbox suchen Taj Bekal Resort & Spa, Bekal

Eingebettet in die ruhigen Backwaters von Kerala bietet das Taj Bekal Resort & Spa luxuriöse Villen, die von den lokalen Kettuvallam-Hausbooten inspiriert sind. Das Resort verbindet modernen Komfort mit traditioneller Kerala-Architektur und bietet private Pools, ein Ayurveda-Spa und üppige Gärten. Die ruhige Umgebung und der persönliche Service machen es zu einem perfekten Zufluchtsort für diejenigen, die Entspannung und Verjüngung suchen.

Kosten: €260 - €420/Nacht
Webseite: https://www.tajhotels.com/en-in/taj/taj-bekal-kerala/
Telefon: +91 467 223 3333
Adresse: Kappil Strand, Bekal, Kerala 671319

2. Das Leela Kovalam, Thiruvananthapuram

Das Leela Kovalam liegt auf einer Klippe mit Blick auf das Arabische Meer und ist eines der renommiertesten Resorts in Kerala. Es verfügt über luxuriöse Zimmer, Infinity-Pools und mehrere gehobene Restaurants. Der atemberaubende Meerblick, kombiniert mit dem erstklassigen Spa des Hotels, macht es zu einem idealen Ziel für Luxusreisende.

Kosten: €280 - €450/Nacht
Webseite: https://www.theleela.com/the-leela-raviz-kovalam
Telefon: +91 471 305 1234
Anschrift: Kovalam Beach Road, Kovalam, Thiruvananthapuram, Kerala 695527
Telefonnummerhinzufügen

3. Niraamaya Retreats Surya Samudra, Kovalam, Indien

Das Niraamaya Retreats Surya Samudra ist ein luxuriöses Wellnessresort inmitten üppiger Vegetation mit Blick auf das Arabische Meer. Das Resort bietet traditionelle Kerala-Cottages, ein Wellness-Spa und Ayurveda-Therapien. Die Gäste können am Infinity-Pool entspannen oder sich privaten Yoga-Sitzungen hingeben, was es zu einem ausgezeichneten Rückzugsort für Wellness-Suchende macht.

Kosten: €300 - €500/Nacht
Webseite: https://www.niraamaya.com/surya-samudra-kovalam

Telefon: +91 471 226 7333
Adresse: Pulinkudi, Mullur, Kovalam, Kerala 695521, Indien

4. Kumarakom Lake Resort, Kumarakom, Indien
Am Ufer des Sees Vembanad erwartet Sie das Kumarakom Lake Resort, eine luxuriöse, denkmalgeschützte Unterkunft mit traditionellen Villen und Hausbooten im Kerala-Stil. Bekannt für sein ayurvedisches Spa, private Pools und einen atemberaubenden Seeblick, ist dieses Resort perfekt für Reisende, die Keralas Backwater-Charme stilvoll erleben möchten.

Kosten: €370 - €550/Nacht
Webseite: https://www.kumarakomlakeresort.in
Telefon: +91 481 252 4900
Adresse: Nordpost, Kumarakom, Kerala 686563

5. Das Zuri Kumarakom, Kumarakom
Das Zuri Kumarakom ist ein Luxusresort inmitten weitläufiger Gärten entlang der Backwaters von Kumarakom. Das Resort bietet modernen Luxus mit gut ausgestatteten Villen, einem Spa und Freizeitaktivitäten. Es ist bekannt für seine landschaftliche Schönheit, die die Ruhe und Entspannung von Keralas Backwater-Erlebnis ergänzt.

Kosten: €240 - €400/Nacht
Webseite: https://www.thezurihotels.com/kumarakom
Telefon: +91 481 252 7250
Adresse: V 235 A1 bis A54, Karottukayal, Kumarakom, Kerala 686563

6. Vivanta by Taj - Malabar, Kochi, Indien
Das Vivanta by Taj - Malabar liegt auf der Insel Willingdon und bietet einen atemberaubenden Blick auf den Hafen von Cochin und die Backwaters. Dieses luxuriöse Hotel verbindet kolonialen Charme mit modernem Luxus und bietet großzügige Zimmer, gehobene Küche und einen Infinity-Pool. Es ist ein ausgezeichneter Ausgangspunkt, um das reiche kulturelle Erbe von Cochin zu erkunden.

Kosten: €210 - €350/Nacht
Webseite: https://www.tajhotels.com/en-in/taj/taj-malabar-resort-cochin/
Telefon: +91 484 664 3000
Adresse: Willingdon Insel, Kochi, Kerala 682009

7. Marari Beach Resort, Mararikulam, Indien
Das Marari Beach Resort ist ein umweltfreundliches, luxuriöses Strandresort am unberührten Marari Beach. Das Resort ist bekannt für seine nachhaltigen Praktiken und traditionellen Cottages im Kerala-Stil und bietet einen ruhigen Rückzugsort mit Schwerpunkt auf Wellness und Natur. Freuen Sie sich auf Yoga-Sitzungen, Ayurveda-Anwendungen und Entspannung am Strand.

Kosten: €250 - €400/Nacht
Webseite: https://www.cghearth.com/marari-beach
Telefon: +91 478 286 3801
Adresse: Mararikulam Nord, Alappuzha, Kerala 688523

8. Vythiri Resort, Wayanad, Indien

Eingebettet in die üppigen Regenwälder von Wayanad bietet das Vythiri Resort ein luxuriöses und dennoch umweltfreundliches Erlebnis. Sie wohnen in Baumhäusern und Cottages inmitten der Natur mit Möglichkeiten zur Beobachtung von Wildtieren und zum Wandern. Das ruhige Ambiente des Resorts und die ganzheitlichen Wellnessanwendungen machen es zu einem idealen Zufluchtsort für Naturliebhaber.

Kosten: €200 - €320/Nacht
Webseite: https://www.vythiriresort.com
Telefon: +91 493 625 6624
Adresse: Lakkidi P.O., Wayanad, Kerala 673576

9. Gewürzdorf, Thekkady
Das Spice Village liegt in der Nähe des Periyar Wildlife Sanctuary und bietet ein Öko-Luxus-Erlebnis, das von den Stammesdörfern von Kerala inspiriert ist. Das Resort bietet komfortable, umweltfreundliche Cottages, Bio-Restaurants und geführte Naturwanderungen. Es ist das perfekte Ziel für diejenigen, die die natürliche Schönheit von Thekkady erkunden und dabei erstklassige Gastfreundschaft genießen möchten.

Kosten: €180 - €300/Nacht
Webseite: https://www.cghearth.com/spice-village
Telefon: +91 486 922 2021
Adresse: Kumily, Thekkady, Kerala 685536

10. Achte Bastion, Fort Kochi
Das Eighth Bastion ist ein Boutique-Luxushotel im historischen Viertel Fort Kochi. Das Hotel bietet eine Mischung aus zeitgenössischem Design und kolonialzeitlichem Charme mit geräumigen Zimmern und persönlichem Service. Seine Lage in der Nähe der wichtigsten Sehenswürdigkeiten von Kochi und seine vom Erbe inspirierte Einrichtung machen es zu einer großartigen Wahl für Luxusreisende.

Kosten: €150 - €250/Nacht
Webseite: https://www.cghearth.com/eighth-bastion
Telefon: +91 484 221 7075
Adresse: Napier Straße, Fort Kochi, Kochi, Kerala 682001

d) Goa

1. Das Leela Goa, Cavelossim
Das Leela Goa liegt auf einem weitläufigen 75 Hektar großen Grundstück zwischen dem Fluss Sal und dem Arabischen Meer und bietet ein opulentes Erlebnis in Süd-Goa. Das Resort verfügt über üppige Gärten, einen Privatstrand sowie elegante Zimmer und Suiten mit Blick auf die Lagunen oder das Meer. Das Leela Goa ist ideal für diejenigen, die eine Mischung aus Entspannung am Strand und Luxus suchen.

Kosten: €350 - €550/Nacht
Webseite: https://www.theleela.com/the-leela-goa
Telefon: +91 832 662 1234
Adresse: Mobor, Cavelossim, Salcette, Goa 403731, Vereinigte Staaten

2. Ferienunterkunfts-inbox suchen Taj Exotica Resort & Spa, Benaulim

Inmitten von 56 Hektar angelegten Gärten bietet das Taj Exotica einen großzügigen Aufenthalt am Strand in Süd-Goa. Dieses Resort im mediterranen Stil verfügt über geräumige Villen, ein preisgekröntes Spa und Gourmetrestaurants. Sein ruhiges Ambiente, gepaart mit dem unberührten Strand, macht es zu einer Top-Wahl für Luxusreisende.

Kosten: €400 - €650/Nacht
Webseite: https://www.tajhotels.com/en-in/taj/taj-exotica-goa/
Telefon: +91 832 668 3333
Adresse: Calwaddo, Benaulim, Salcette, Goa 403716, Vereinigte Staaten

3. W Goa, Vagator, Indien

Das W Goa bietet ein schickes und modernes Erlebnis mit herrlichem Blick auf den Vagator Beach und das Arabische Meer. Das W Goa ist für seine lebendige Atmosphäre bekannt und bietet luxuriöse Zimmer, einen trendigen Strandclub und ein einzigartiges Spa. Es ist ein perfekter Ort für Reisende, die einen lebhaften Luxus-Rückzugsort mit Goas Partystimmung suchen.

Kosten: €320 - €500/Nacht
Webseite: https://www.marriott.com/en-us/hotels/goiwh-w-goa/overview/
Telefon: +91 832 671 8888
Adresse: Vagator Strand, Bardez, Goa 403509

4. Alila Diwa Goa

Eingebettet in üppige Reisfelder ist Alila Diwa Goa ein luxuriöses Resort, das einen ruhigen Rückzugsort abseits der überfüllten Strände bietet. Mit seiner zeitgenössischen Architektur in Goa, dem Infinity-Pool und dem Spa verbindet dieses Resort Ruhe mit modernem Luxus und bietet eine ideale Umgebung zum Entspannen.

Kosten: €240 - €420/Nacht
Webseite: https://www.alilahotels.com/diwagoa
Telefon: +91 832 274 6800
Adresse: 48/10, Adao Waddo, Majorda, Goa 403713, Indien

5. Das St. Regis Goa Resort, Cavelossim

Früher bekannt als Der Leela Goa, bietet das St. Regis Goa Resort mit seiner atemberaubenden Lage am Strand, opulenten Zimmern und maßgeschneidertem Service den Inbegriff von Luxus. Das Resort verfügt über private Tauchbecken, gehobene Restaurants und ein Wellnesscenter, was es zu einer Top-Wahl für Luxusreisende macht.

Kosten: €350 - €600/Nacht
Webseite: https://www.marriott.com/en-us/hotels/goixr-the-st-regis-goa-resort/overview/
Telefon: +91 832 662 1234
Adresse: Mobor, Cavelossim, Salcette, Goa 403731, Vereinigte Staaten

6. Ahilya am Meer, Nerul

Das Ahilya by the Sea ist ein luxuriöser Boutique-Rückzugsort und bietet ein ruhiges Erlebnis mit atemberaubendem Blick auf das Arabische Meer. Das Anwesen verfügt über individuell gestaltete Zimmer, üppige Gärten und zwei

Infinity-Pools. Mit einem Fokus auf persönlichem Service ist dieser intime Rückzugsort perfekt für diejenigen, die Ruhe und Privatsphäre suchen.

Kosten: €300 - €450/Nacht
Webseite: https://www.ahilyabythesea.com
Telefon: +91 982 248 4972
Adresse: Coco Maia, Bhatiwado, Nerul, Goa 403114, Indien

7. Ferienunterkunfts-inbox suchen Taj Fort Aguada Resort & Spa, Sinquerim
Dieses luxuriöse Resort mit Blick auf das ikonische Fort Aguada bietet einen Panoramablick auf das Arabische Meer. Das Taj Fort Aguada verbindet moderne Annehmlichkeiten mit einem reichen goanischen Erbe und bietet elegante Zimmer, ein luxuriöses Spa und direkten Zugang zum Strand. Es ist ein erstklassiger Ort für diejenigen, die Goas natürliche Schönheit bequem erleben möchten.

Kosten: €280 - €450/Nacht
Webseite: https://www.tajhotels.com/en-in/taj/taj-fort-aguada-goa/
Telefon: +91 832 664 5858
Adresse: Sinquerim, Candolim, Bardez, Goa 403515, Indien

8. Die Postkarte Moira, Moira
Das Postcard Moira ist ein luxuriöses Boutique-Hotel im ruhigen Dorf Moira in Nord-Goa. Das Hotel ist für seinen persönlichen Service und sein modernes Design bekannt und bietet einen ruhigen Rückzugsort von den belebten Stränden von Goa. Die Gäste können kuratierte Erlebnisse genießen, darunter lokale Küche, Spaziergänge in der Natur und kulturelles Eintauchen.

Kosten: €200 - €350/Nacht
Webseite: https://www.postcardresorts.com/moira/
Telefon: +91 832 226 7522
Anschrift: Moira, Bardez, Goa 403507, Indien

9. Acron Waterfront Resort, Baga - hier
Das Acron Waterfront Resort liegt am Ufer des Flusses Baga und bietet eine Mischung aus modernem Luxus und natürlicher Schönheit. Mit gut ausgestatteten Zimmern, einem Infinity-Pool am Flussufer und Zugang zu Fluss und Strand bietet das Resort eine einzigartige Umgebung zum Entspannen. Es ist ideal für diejenigen, die in der Nähe von Bagas pulsierendem Nachtleben sein und gleichzeitig einen ruhigen Rückzugsort genießen möchten.

Kosten: €180 - €300/Nacht
Webseite: https://www.acronwaterfrontresort.com
Telefon: +91 855 096 9200
Anschrift: Auf der seewärtigen Seite der Baga-Brücke, Baga, Goa 403516

10. Ferienunterkunfts-inbox suchen ITC Grand Goa Resort & Spa, Arossim
Das ITC Grand Goa Resort & Spa erstreckt sich über 45 Hektar angelegte Gärten und ist eine Unterkunft am Strand, die eine Mischung aus goanischer Architektur und modernem Luxus bietet. Das Resort verfügt über elegante Zimmer, mehrere gastronomische Einrichtungen und ein Spa mit Ayurveda-Therapien. Es ist perfekt für Familien und Paare, die einen luxuriösen Rückzugsort am Strand suchen.

Kosten: €300 - €550/Nacht
Webseite: https://www.itchotels.com/in/en/itcgrandgoa
Telefon: +91 832 272 1234
Adresse: Arossim Strand, Cansaulim, Goa 403712

e) Uttar Pradesh

1. Das Oberoi Amarvilas, Agra

Nur 600 m vom Taj Mahal entfernt erwartet Sie das luxuriöse Hotel Oberoi Amarvilas mit freiem Blick auf das ikonische Denkmal von jedem Zimmer aus. Die von den Mogulen inspirierte Architektur, terrassenförmig angelegte Rasenflächen und Brunnen schaffen eine königliche Atmosphäre, während die luxuriösen Zimmer und der persönliche Service für einen unvergesslichen Aufenthalt sorgen. Diese Immobilie ist ideal für diejenigen, die sowohl Erbe als auch Luxus suchen.

Kosten: €500 - €900/Nacht
Webseite: https://www.oberoihotels.com/hotels-in-agra-amarvilas
Telefon: +91 562 223 1515
Adresse: Taj East Gate Rd, Paktola, Tajganj, Agra, Uttar Pradesh 282001, Indien

2. Ferienunterkunfts-inbox suchen Taj Hotel & Convention Centre, Agra

In der Nähe des Taj Mahal bietet dieses Luxushotel moderne Zimmer und Suiten mit herrlichem Blick auf das Denkmal. Mit erstklassigen Annehmlichkeiten wie einem Infinity-Pool auf dem Dach, einem Spa und gehobener Küche bietet das Taj Hotel & Convention Centre einen großzügigen und dennoch modernen Aufenthalt für Reisende, die Agra besuchen.

Kosten: €200 - €350/Nacht
Webseite: https://www.tajhotels.com/en-in/taj/taj-hotel-and-convention-centre-agra
Telefon: +91 562 223 7975
Adresse: Fatehabad Rd, Tajganj, Agra, Uttar Pradesh 282001, Indien

3. ITC Mughal, Agra, Indien

Das ITC Mughal erstreckt sich über 35 Hektar üppige Gärten und bietet ein königliches Erlebnis, das von der Mogul-Architektur inspiriert ist. Das Resort verfügt über luxuriöse Zimmer, ein preisgekröntes Spa und die Nähe zum Taj Mahal. Die Gäste können ayurvedische Behandlungen, Gourmetrestaurants und wunderschön angelegte Gärten genießen, was es zu einer idealen Wahl für diejenigen macht, die einen luxuriösen Rückzugsort in Agra suchen.

Kosten: €220 - €400/Nacht
Webseite: https://www.itchotels.com/in/en/itcmughal-agra
Telefon: +91 562 402 1700
Adresse: Fatehabad Rd, Tajganj, Agra, Uttar Pradesh 282001, Indien

4. Ferienunterkunfts-inbox suchen Der Gateway Hotel Fatehabad Road, Agra

Das Gateway Hotel wird von der Taj Group verwaltet und bietet elegante Unterkünfte mit Blick auf das Taj Mahal. Das Hotel verbindet traditionelle Gastfreundschaft mit modernen Einrichtungen, darunter ein Spa, ein Pool und mehrere gastronomische Einrichtungen. Seine günstige Lage in der Nähe des Denkmals macht es zu einem idealen Ausgangspunkt für die Erkundung von Agra.

Kosten: €180 - €300/Nacht
Webseite: https://www.tajhotels.com/en-in/gateway/agra/
Telefon: +91 562 660 2000
Adresse: Fatehabad Rd, Basai, Agra, Uttar Pradesh 282001, Indien

5. Radisson Blu Frankfurt Hotel, Frankfurt am Main
Das Radisson Blu Hotel Agra liegt in der Nähe des Taj Mahal und bietet modernes Design und Luxus. Das Hotel verfügt über geräumige Zimmer, einen Pool auf dem Dach und ein Spa. Es ist perfekt für Reisende, die einen modernen Aufenthalt mit einfachem Zugang zu den berühmten Sehenswürdigkeiten von Agra suchen.

Kosten: €150 - €280/Nacht
Webseite: https://www.radissonhotels.com/en-us/hotels/radisson-blu-agra
Telefon: +91 562 233 5555
Adresse: C-1, Fatehabad Rd, Taj Nagari, Agra, Uttar Pradesh 282004, Indien

6. Trident Agra
Das Trident Agra bietet einen ruhigen Rückzugsort mit angelegten Gärten, einem Pool und eleganten Zimmern. Das Hotel liegt nicht weit vom Taj Mahal entfernt und bietet modernes Design mit traditioneller indischer Gastfreundschaft, was es zu einer ausgezeichneten Wahl für Familien und Urlauber macht.

Kosten: €180 - €300/Nacht
Webseite: https://www.tridenthotels.com/hotels-in-agra
Telefon: +91 562 223 5000
Adresse: Fatehabad Rd, In der Nähe der TDI Mall, Agra, Uttar Pradesh 282001

7. Jaypee Palace Hotel, Agra, Indien
Das Jaypee Palace ist ein luxuriöses Resort, das sich über 25 Hektar angelegte Gärten erstreckt. Das Hotel bietet eine Mischung aus mogulischer Architektur und modernen Annehmlichkeiten, darunter geräumige Zimmer, einen großen Swimmingpool, ein Spa und mehrere Restaurants. Es ist perfekt für Geschäfts- und Urlaubsreisende, die Luxus und Komfort suchen.

Kosten: €160 - €300/Nacht
Webseite: https://www.jaypeehotels.com/agra-palace
Telefon: +91 562 233 0800
Adresse: Fatehabad Rd, Tajganj, Agra, Uttar Pradesh 282003, Indien

8. Verfügbarkeit prüfen Ramada Plaza by Wyndham, Varanasi
Das Ramada Plaza liegt in der spirituellen Stadt Varanasi und bietet luxuriöse Unterkünfte mit modernen Annehmlichkeiten und einfachem Zugang zu den heiligen Tempeln und Ghats der Stadt. Das Hotel verfügt über komfortable Zimmer, ein Spa und einen Pool und bietet einen erholsamen Ausgangspunkt für die Erkundung von Varanasi.

Kosten: €120 - €250/Nacht
Webseite: https://www.wyndhamhotels.com/ramada/varanasi-india/ramada-plaza-jhv-varanasi
Telefon: +91 542 251 0000

Adresse: Die Mall Rd, Kanton, Varanasi, Uttar Pradesh 221002

9. Taj Ganges
Inmitten von 40 Hektar üppigen Gärten bietet das Taj Ganges ein ruhiges und luxuriöses Erlebnis in Varanasi. Das Hotel verfügt über gut ausgestattete Zimmer, einen Außenpool, ein Spa und gehobene Restaurants. In der Nähe der wichtigsten Sehenswürdigkeiten der Stadt gelegen, ist es eine ausgezeichnete Wahl für diejenigen, die diese antike Stadt besuchen.

Kosten: €200 - €350/Nacht
Webseite: https://www.tajhotels.com/en-in/taj/taj-ganges-varanasi
Telefon: +91 542 666 0001
Standort- und Kontaktinformationen Adresse: Nadesar Palace Grounds, Varanasi, Uttar Pradesh 221002

10. Brijrama-Palast, Varanasi
Der Brijrama Palace ist eines der ältesten historischen Gebäude in Varanasi und bietet ein königliches Erlebnis am Ufer des Ganges. Der Palast wurde sorgfältig restauriert, um luxuriöse Unterkünfte mit traditionellem indischem Dekor zu bieten. Genießen Sie die abendliche Ganga Aarti-Zeremonie vom privaten Aussichtsbereich des Hotels aus.

Kosten: €250 - €450/Nacht
Webseite: https://www.brijrama.com
Telefon: +91 542 278 7000
Adresse: Munshi Ghat, in der Nähe von Dashashwamedh Ghat, Varanasi, Uttar Pradesh 221001

f) Maharashtra

1. Der Taj Mahal Palast, Mumbai
Der ikonische Taj Mahal Palast in Mumbai ist bekannt für seine Größe und historische Bedeutung. Dieses Luxushotel mit Blick auf das Arabische Meer bietet opulente Suiten, gehobene Küche und tadellosen Service. Erkunden Sie das reiche Erbe des Hotels, entspannen Sie im Jiva Spa oder genießen Sie von ihren Zimmern aus einen atemberaubenden Blick auf das Gateway of India. Es ist ein Meilenstein indischer Gastfreundschaft und ideal für diejenigen, die einen unvergesslichen Aufenthalt in Mumbai verbringen möchten.

Kosten: €450 - €1.000/Nacht
Webseite: https://www.tajhotels.com/en-in/taj/taj-mahal-palace-mumbai/
Telefon: +91 22 6665 3366
Adresse: Apollo Bandar, Colaba, Mumbai, Maharashtra 400001, Indien

2. Das Oberoi, Mumbai
Das Luxushotel The Oberoi Mumbai liegt am Marine Drive und ist für seinen modernen Stil und die atemberaubende Aussicht auf das Arabische Meer bekannt. Das Hotel bietet geräumige Zimmer, erstklassige Restaurants und persönlichen Service. Entspannen Sie am Außenpool, lassen Sie sich im Spa verwöhnen oder genießen Sie das moderne Design und die luxuriösen Annehmlichkeiten, für die das Oberoi berühmt ist.

Kosten: €350 - €650/Nacht
Webseite: https://www.oberoihotels.com/hotels-in-mumbai/

Telefon: +91 22 6632 5757
Adresse: Nariman Punkt, Mumbai, Maharashtra 400021

3. JW Marriott Mumbai Juhu, Indien

Das JW Marriott Mumbai Juhu liegt am Ufer des Strandes Juhu und bietet ein luxuriöses Stranderlebnis mit stilvollen Zimmern und Suiten. Das Hotel verfügt über ein Spa, mehrere Pools und Gourmetrestaurants, die eine ideale Mischung aus Entspannung und Raffinesse bieten. Die erstklassige Lage in Strandnähe macht es zu einer beliebten Wahl für Reisende, die einen ruhigen und dennoch opulenten Aufenthalt in Mumbai suchen.

Kosten: €300 - €500/Nacht
Webseite: https://www.marriott.com/en-us/hotels/bomjw-jw-marriott-mumbai-juhu/overview/
Telefon: +91 22 6693 3000
Adresse: Juhu Tara Rd, Juhu, Mumbai, Maharashtra 400049, Indien

4. Flughafen Mumbai

In der Nähe des internationalen Flughafens von Mumbai bietet das Leela Mumbai eine luxuriöse urbane Oase mit wunderschön angelegten Gärten, geräumigen Zimmern und einer großen Auswahl an Restaurants. Die Nähe des Hotels zum Flughafen und den Geschäftsvierteln sowie sein tadelloser Service machen es zu einer ausgezeichneten Wahl für Geschäfts- und Urlaubsreisende.

Kosten: €250 - €450/Nacht
Webseite: https://www.theleela.com/the-leela-mumbai/
Telefon: +91 22 6691 1234
Adresse: Sahar, Andheri Ost, Mumbai, Maharashtra 400059

5. Populäre Hotels in Mumbai

Das Four Seasons Hotel Mumbai bietet Panoramablick auf die Stadt und das Arabische Meer und ist bekannt für sein stilvolles Design, luxuriöse Zimmer und hochwertige Annehmlichkeiten. Die Bar auf dem Dach, AER, bietet einige der besten Aussichten der Stadt, während das Spa verjüngende Behandlungen anbietet. Das Hotel liegt in Worli und ist ideal für diejenigen, die eine schicke urbane Flucht suchen.

Kosten: €280 - €500/Nacht
Webseite: https://www.fourseasons.com/mumbai/
Telefon: +91 22 2481 8000
Adresse: 114 Dr E Moses Rd, Worli, Mumbai, Maharashtra 400018 Vereinigte Staaten

6. Taj Lands End, Mumbai, Indien

Das Taj Lands End liegt im Herzen von Bandra und bietet luxuriöse Unterkünfte mit Blick auf das Arabische Meer und Bandra-Worli Sea Link. Das Hotel verfügt über eine feine Auswahl an Restaurants, einen Außenpool und ein hochmodernes Fitnesscenter. Es ist perfekt für Gäste, die Luxus in einem der gehobensten Viertel Mumbais suchen.

Kosten: €300 - €550/Nacht
Webseite: https://www.tajhotels.com/en-in/taj/taj-lands-end-mumbai/
Telefon: +91 22 6668 1234

Adresse: Musikpavillon Fort, Byramji Jeejeebhoy Straße, Bandra Westen, Mumbai, Maharashtra 400050

7. Dreizack, Nariman Point
Mit Blick auf den malerischen Marine Drive bietet das Trident Nariman Point elegante Unterkünfte mit herrlichem Blick auf das Arabische Meer. Das Hotel verfügt über ein luxuriöses Spa, einen Außenpool und erstklassige gastronomische Einrichtungen. Seine zentrale Lage macht es zu einer großartigen Wahl für Geschäfts- und Urlaubsreisende, die Mumbai erkunden.

Kosten: €270 - €450/Nacht
Webseite: https://www.tridenthotels.com/hotels-in-mumbai-nariman-point/
Telefon: +91 22 6632 4343
Adresse: Nariman Punkt, Mumbai, Maharashtra 400021

8. Sofitel Mumbai BKC, Indien
Das Sofitel Mumbai BKC liegt im Herzen des Geschäftsviertels von Mumbai und bietet eine Mischung aus französischer Eleganz und indischer Kultur. Mit seinen luxuriösen Zimmern, Gourmetrestaurants und Wellnessangeboten bietet das Hotel einen anspruchsvollen Rückzugsort für Geschäfts- und Urlaubsreisende. Die Nähe zu Firmenbüros und dem Flughafen macht es zu einer praktischen und dennoch stilvollen Option.

Kosten: €220 - €400/Nacht
Webseite: https://sofitel.accor.com/hotel/6451/index.en.shtml
Telefon: +91 22 6117 5000
Adresse: C-57, G Block BKC, Bandra Kurla Komplex, Bandra Ost, Mumbai, Maharashtra 400051

9. Das St. Regis Mumbai
Als eines der höchsten Hotels Mumbais bietet das St. Regis Mumbai einen spektakulären Blick auf die Skyline der Stadt und das Arabische Meer. Das Hotel ist bekannt für seine luxuriösen Unterkünfte, den persönlichen Butlerservice und die kulinarischen Gourmet-Erlebnisse. Das Hotel liegt in Lower Parel und ist ideal für Reisende, die hochwertige Annehmlichkeiten mit einfachem Zugang zu gehobenen Einkaufsmöglichkeiten und Restaurants suchen.

Kosten: €350 - €600/Nacht
Webseite: https://www.marriott.com/en-us/hotels/bomst-the-st-regis-mumbai/overview/
Telefon: +91 22 6162 8000
Adresse: 462 Senapati Bapat Marg, Unterer Teil, Mumbai, Maharashtra 400013

10. Aktivitäten in der Nähe von Hilton Shillim Estate Retreat & Spa
Eingebettet in die Western Ghats in der Nähe von Pune bietet das Hilton Shillim Estate Retreat & Spa einen ruhigen Rückzugsort mit luxuriösen Villen inmitten der Natur. Das Retreat ist bekannt für seine umfangreichen Wellnessprogramme, Bio-Küche und verjüngenden Spa-Behandlungen. Es ist ein ideales Ziel für diejenigen, die Entspannung und ganzheitliches Wohlbefinden abseits der Hektik des Stadtlebens suchen.

Kosten: €300 - €550/Nacht

Webseite: https://www.hilton.com/en/hotels/pnqshhi-hilton-shillim-estate-retreat-and-spa/
Telefon: +91 2114 712 468
Adresse: Shillim Dorf, Pawana Nagar, Taluka Maval, Pune, Maharashtra 410406

g) Tamil Nadu

1. Taj Coromandel, Chennai, Indien

Das Taj Coromandel liegt im Herzen von Chennai und ist eines der luxuriösesten Hotels in Südindien, das elegante südindische Architektur mit modernen Einrichtungen verbindet. Das Hotel bietet opulente Zimmer, gehobene Restaurants und ein ruhiges Spa. Seine erstklassige Lage macht es ideal für Geschäftsreisende und Touristen. Mit tadellosem Service und stilvollem Interieur ist dieses Hotel ein Wahrzeichen des Luxus in Chennai.

Kosten: €180 - €400/Nacht
Webseite: https://www.tajhotels.com/en-in/taj/taj-coromandel-chennai/
Telefon: +91 44 6600 2827
Adresse: 37, Mahatma Gandhi Rd, Nungambakkam, Chennai, Tamil Nadu 600034, Indien

2. Der Leela Palast, Chennai

Das luxuriöse 5-Sterne-Hotel Leela Palace Chennai liegt an der Küste und bietet einen atemberaubenden Blick auf den Golf von Bengalen. Mit seiner königlichen Architektur, dem luxuriösen Interieur und dem außergewöhnlichen Service sticht dieses Hotel als Symbol für Luxus hervor. Die Gäste können Gourmetgerichte genießen, im Infinity-Pool entspannen oder sich im Spa regenerieren, was es zu einem unvergesslichen Erlebnis macht.

Kosten: €200 - €500/Nacht
Webseite: https://www.theleela.com/the-leela-palace-chennai/
Telefon: +91 44 3366 1234
Anschrift: Adyar Seaface, MRC Nagar, Chennai, Tamil Nadu 600028, Indien

3. ITC Grand Chola, Chennai, Indien

ITC Grand Chola ist eines der größten und luxuriösesten Hotels in Chennai. Sein großartiges Design, inspiriert von der Chola-Dynastie, ist ein unvergesslicher Anblick. Das Hotel verfügt über exquisite Zimmer, ein luxuriöses Spa und mehrfach preisgekrönte Restaurants. Ob geschäftlich oder privat, das ITC Grand Chola bietet eine perfekte Mischung aus Opulenz und Komfort.

Kosten: €180 - €380/Nacht
Webseite: https://www.itchotels.com/in/en/itcgrandchola-chennai/
Telefon: +91 44 2220 0000
Adresse: 63, Mount Rd, Guindy, Chennai, Tamil Nadu 600032, Indien

4. Park Hyatt Chennai

Eingebettet im Geschäftsviertel von Chennai bietet das Park Hyatt einen ruhigen und luxuriösen Rückzugsort. Bekannt für seine eleganten Zimmer, exquisiten Restaurants und persönlichen Service, ist das Hotel eine ideale Wahl für Geschäfts- und Urlaubsreisende. Der Infinity-Pool und das Spa auf dem Dach bieten den perfekten Ort, um nach einem anstrengenden Tag zu entspannen.

Kosten: €150 - €300/Nacht

Webseite: https://www.hyatt.com/en-US/hotel/india/park-hyatt-chennai/chenp
Telefon: +91 44 7177 1234
Adresse: 39 Velachery Rd, Guindy, Chennai, Tamil Nadu 600032, Indien

5. Radisson Blu Hotel, Frankfurt am Main - jetzt buchen;
Das Radisson Blu GRT liegt in der Nähe des Flughafens Chennai und ist ein stilvolles Hotel mit modernen Zimmern und modernen Annehmlichkeiten. Das Hotel ist bekannt für seinen exzellenten Service, geräumige Zimmer und Wellnesseinrichtungen, darunter ein Spa und ein Außenpool. Mit seiner günstigen Lage ist es eine ausgezeichnete Wahl für Geschäftsreisende.

Kosten: €120 - €250/Nacht
Webseite: https://www.radissonhotels.com/en-us/hotels/radisson-blu-chennai-grt
Telefon: +91 44 2231 0101
Adresse: 531 GST Straße, St. Thomas Berg, Chennai, Tamil Nadu 600016

6. Vivanta Coimbatore
Das luxuriöse Hotel Vivanta in Coimbatore ist bekannt für seine modernen Annehmlichkeiten, sein anspruchsvolles Interieur und seine hervorragende Gastfreundschaft. Mit seinen eleganten Zimmern, einem großzügigen Spa und Gourmetrestaurants ist es ein ausgezeichneter Ausgangspunkt für Geschäfts- und Urlaubsreisende, die das Industriezentrum von Tamil Nadu besuchen.

Kosten: €100 - €250/Nacht
Webseite: https://www.tajhotels.com/en-in/vivanta/coimbatore/
Telefon: +91 422 668 1000
Adresse: 105 Rennstrecke Rd, Coimbatore, Tamil Nadu 641018, Indien

7. Welcomhotel von ITC Hotels, Chennai
Das Welcomhotel by ITC Hotels liegt im Geschäftsviertel von Chennai und ist eine perfekte Mischung aus Luxus und Funktionalität. Es verfügt über elegante Zimmer, erstklassige Annehmlichkeiten und erstklassige Restaurants. Entspannen Sie im Pool auf der Dachterrasse oder genießen Sie ayurvedische Anwendungen im Spa, was es zu einer Oase des Komforts in der geschäftigen Stadt macht.

Kosten: €130 - €280/Nacht
Webseite: https://www.itchotels.com/in/en/welcomhotel-chennai/
Telefon: +91 44 2815 6000
Adresse: Kathedrale Rd, Gopalapuram, Chennai, Tamil Nadu 600086

8. Suchen Taj Fisherman's Cove Resort & Spa, Chennai
Dieses luxuriöse Strandresort liegt an der wunderschönen Ostküstenstraße und bietet einen erholsamen Rückzugsort mit herrlichem Blick auf den Golf von Bengalen. Das Resort verfügt über elegante Cottages, einen Privatstrand und eine große Auswahl an Aktivitäten, darunter Wassersport. Perfekt für diejenigen, die stilvoll am Meer entspannen möchten.

Kosten: €200 - €400/Nacht
Webseite: https://www.tajhotels.com/en-in/taj/taj-fishermans-cove-chennai/
Telefon: +91 44 6741 3333
Adresse: Covelong Beach, Bezirk Kancheepuram, Tamil Nadu 603112

9. Heritage Madurai
Das Heritage Madurai ist ein Luxusresort, das die architektonische Pracht des traditionellen tamilischen Designs widerspiegelt und ein authentisches Erlebnis mit modernem Komfort bietet. Das Hotel liegt in der antiken Stadt Madurai und verfügt über einen weitläufigen Pool, gut ausgestattete Villen und wunderschön angelegte Gärten, die es zu einer Oase der Ruhe machen.

Kosten: €150 - €300/Nacht
Webseite: https://www.heritagemadurai.com/
Telefon: +91 452 238 5455
Adresse: 11 Melakkal Hauptstraße, Kochadai, Madurai, Tamil Nadu 625016

10. Das Gateway Hotel, Madurai
Das Gateway Hotel liegt auf dem Hügel Pasumalai und bietet einen Panoramablick auf die Tempelstadt Madurai. Mit seiner Architektur im Kolonialstil, ruhigen Gärten und luxuriösen Zimmern ist es ein ausgezeichneter Ausgangspunkt, um das reiche kulturelle Erbe der Stadt zu erkunden und gleichzeitig einen ruhigen und komfortablen Aufenthalt zu genießen.

Kosten: €120 - €280/Nacht
Webseite: https://www.tajhotels.com/en-in/gateway/madurai/
Telefon: +91 452 237 1601
Anschrift: Pasumalai Hill, Madurai, Tamil Nadu 625004, Indien

h) Westbengalen
1. Das Oberoi Grand, Kalkutta
Bekannt als die "Grande Dame von Kalkutta", bietet das Oberoi Grand zeitlosen Luxus und Eleganz im Herzen der Stadt. Die koloniale Architektur, die opulenten Zimmer und die raffinierten Restaurants spiegeln ein reiches Erbe wider und bieten moderne Annehmlichkeiten. Die ruhige Atmosphäre und der tadellose Service des Hotels machen es zu einer prestigeträchtigen Wahl für Besucher von Kalkutta.

Kosten: €200 - €400/Nacht
Webseite: https://www.oberoihotels.com/hotels-in-kolkata/
Telefon: +91 33 2249 2323
Adresse: 15 Jawaharlal Nehru Rd, Chowringhee, Kalkutta, Westbengalen 700013

2. Taj Bengal, Kalkutta
Das Taj Bengal liegt im gehobenen Viertel von Kalkutta und verbindet Luxus mit modernem Komfort. Das Hotel bietet geräumige Zimmer mit Blick auf die Stadt, üppige Gärten und ausgezeichnete Restaurants. Das elegante Design und der aufmerksame Service machen es zu einer bevorzugten Wahl für Geschäfts- und Urlaubsreisende, die Kalkutta besuchen.

Kosten: €180 - €350/Nacht
Webseite: https://www.tajhotels.com/en-in/taj/taj-bengal-kolkata/
Telefon: +91 33 6612 3232
Adresse: 34 B, Belvedere Rd, Alipore, Kalkutta, Westbengalen 700027

3. ITC Sonar, Kalkutta
Bekannt für seine moderne Architektur und luxuriöse Unterkünfte, ist das ITC Sonar eine Top-Wahl für diejenigen, die einen High-End-Aufenthalt in Kalkutta

suchen. Das Hotel verfügt über geräumige Zimmer, ein erstklassiges Spa und eine Vielzahl von gastronomischen Einrichtungen. Die ruhige Umgebung und der außergewöhnliche Service machen es ideal für Entspannung und Geschäftsreisen.

Kosten: €150 - €300/Nacht
Webseite: https://www.itchotels.com/in/en/itc-sonar-kolkata
Telefon: +91 33 2345 4545
Adresse: 1 JBS Haldane Avenue, Kalkutta, Westbengalen 700046

4. Der Park Kalkutta
Das Park Kolkata ist ein modernes Hotel, das für sein schickes Design und seine lebendige Atmosphäre bekannt ist. Es liegt im Herzen der Stadt und bietet stilvolle Zimmer, eine Reihe von gastronomischen Einrichtungen und einen beliebten Nachtclub. Seine modernen Annehmlichkeiten und die zentrale Lage machen es zu einer großartigen Wahl für Reisende, die ein lebendiges Erlebnis suchen.

Kosten: €120 - €250/Nacht
Webseite: https://www.theparkhotels.com/kolkata/
Telefon: +91 33 2226 2100
Adresse: 17 Park Street, Taltala, Kalkutta, Westbengalen 700016

5. Swissotel Kalkutta
Das moderne Swissotel Kolkata befindet sich im zentralen Geschäftsviertel und bietet einen luxuriösen Aufenthalt mit modernen Annehmlichkeiten. Das Hotel verfügt über stilvolle Zimmer, einen Pool auf dem Dach und mehrere gastronomische Einrichtungen. Seine Geschäftseinrichtungen und die Nähe zu wichtigen Standorten machen es ideal für Geschäfts- und Urlaubsreisende.

Kosten: €130 - €280/Nacht
Webseite: https://www.swissotel.com/hotels/kolkata/
Telefon: +91 33 6626 6666
Adresse: Stadtzentrum 2, Neustadt, Kalkutta, Westbengalen 700157

6. Radisson Kalkutta Ballygunge
Das Radisson Kolkata liegt im pulsierenden Viertel Ballygunge und bietet eine Mischung aus Luxus und Komfort. Das Hotel verfügt über geräumige Zimmer, ein modernes Fitnesscenter und eine Vielzahl von gastronomischen Einrichtungen. Die Nähe zu Einkaufs- und Unterhaltungsvierteln macht es zu einer großartigen Wahl für Reisende, die Kalkutta erkunden.

Kosten: €100 - €220/Nacht
Webseite: https://www.radissonhotels.com/en-us/hotels/radisson-kolkata-ballygunge
Telefon: +91 33 6626 1111

7. Das Oberoi Rajvilas, Jaipur
Das Oberoi Rajvilas bietet ein königliches Erlebnis inmitten eines weitläufigen 32 Hektar großen Anwesens. Das Design des Resorts spiegelt die Opulenz des königlichen Erbes von Rajasthan wider, mit luxuriösen Zelten und Villen, exquisiten Restaurants und einem ruhigen Spa. Seine üppigen Gärten und das palastartige Ambiente machen es zu einem perfekten Zufluchtsort in eine Welt des Luxus und der Ruhe.

Kosten: €300 - €600/Nacht
Webseite: https://www.oberoihotels.com/hotels-in-jaipur/
Telefon: +91 141 268 0101
Adresse: Goner Rd, Rajasthan 303012

8. Rambagh Palast, Jaipur
Das luxuriöse Hotel Rambagh Palace, eine ehemalige königliche Residenz, verbindet historische Pracht mit modernen Annehmlichkeiten. Die Gäste können palastartige Zimmer, üppige Gärten und tadellosen Service genießen, während Sie den königlichen Lebensstil der Könige von Rajasthan erleben. Die kunstvolle Architektur und das opulente Interieur des Hotels machen es zu einem herausragenden Reiseziel.

Kosten: €250 - €500/Nacht
Webseite: https://www.tajhotels.com/en-in/taj/rambagh-palace-jaipur/
Telefon: +91 141 238 5700
Adresse: Bhagat Singh Marg, Rambagh, Jaipur, Rajasthan 302050, Indien

9. Der Leela Palast, Udaipur
Das Leela Palace Udaipur liegt am Ufer des Pichola-Sees und bietet atemberaubende Ausblicke und unvergleichlichen Luxus. Das Hotel verfügt über kunstvolle Architektur, großzügige Zimmer und ein ruhiges Ambiente. Genießen Sie erstklassige Küche, erholen Sie sich im Spa und erkunden Sie die wunderschöne Umgebung von Udaipur von diesem exquisiten Hotel aus.

Kosten: €300 - €700/Nacht
Webseite: https://www.theleela.com/the-leela-palace-udaipur/
Telefon: +91 294 670 1234
Adresse: Pichola See, Udaipur, Rajasthan 313001

10. Devi Garh
Das in den Aravalli-Hügeln gelegene Devi Garh ist ein atemberaubender Palast aus dem 18.Jahrhundert, der in ein luxuriöses Boutique-Hotel umgewandelt wurde. Mit seinen wunderschön restaurierten Innenräumen, exquisiten Restaurants und seiner ruhigen Umgebung bietet es eine einzigartige und intime Erfahrung des königlichen Erbes von Rajasthan. Das ruhige Ambiente und der persönliche Service des Hotels machen es zu einem unvergesslichen Aufenthalt.

Kosten: €180 - €400/Nacht
Webseite: https://www.devi-garh.com/
Telefon: +91 294 251 2401
Adresse: Dorf Delwara, Udaipur, Rajasthan 313202

Indiens Luxushotels und -resorts bieten unvergleichlichen Komfort und Raffinesse. Von den königlichen Palästen von Rajasthan bis zu den ruhigen Strandresorts von Goa bietet jedes Reiseziel ein einzigartiges Erlebnis, das traditionellen Charme mit modernem Luxus verbindet. Wenn Sie sich für eine dieser Top-Unterkünfte entscheiden, stellen Sie sicher, dass Ihr Aufenthalt Ihre Erwartungen nicht nur erfüllt, sondern übertrifft, und bieten einen perfekten Ausgangspunkt, um die vielfältigen Landschaften und das reiche kulturelle Erbe Indiens zu erkunden.

6.3: BUDGETFREUNDLICHE OPTIONEN

Begeben Sie sich auf ein budgetfreundliches Abenteuer in Indien? Von den belebten Straßen Delhis bis zu den ruhigen Backwaters von Kerala bietet Indien eine Fülle erschwinglicher Unterkünfte, die den Bedürfnissen jedes Reisenden gerecht werden. Egal, ob Sie historische Festungen in Rajasthan erkunden, die Sonne in Goa genießen oder die pulsierende Kultur von Kalkutta erleben, es wartet ein perfekter Budget-Aufenthalt auf Sie. Dieser Leitfaden bietet wertvolle Einblicke in die besten budgetfreundlichen Optionen in den wichtigsten Regionen Indiens, einschließlich Insidertipps und lokaler Ratschläge, damit Sie Ihre Reisen optimal nutzen können, ohne die Bank zu sprengen.

a) Delhi - Top 5 budgetfreundliche Unterkünfte

1. Joey's Hostel, Delhi - hier
Joeys Hostel ist perfekt für Rucksacktouristen und Alleinreisende. In der Nähe der U-Bahn-Station Laxmi Nagar gelegen, bietet es lebhafte Schlafsäle, Gemeinschaftsräume und eine soziale Atmosphäre, in der Sie Mitreisende treffen können. Sie organisieren auch Stadtrundfahrten und verfügen über eine Dachterrasse zum Entspannen nach einem erlebnisreichen Tag.

Geschätzte Kosten: €5 - €15/Nacht
Webseite: https://joeyshostel.com/
Telefon: +91 11 4950 1259
Adresse: 1/49 Lalita Park, Laxmi Nagar, Delhi, 110092, Indien

2. Der Backpacker Panda, Paharganj
Das Backpacker Panda ist ein lebhaftes Hostel im Herzen von Paharganj und bietet sowohl Schlafsäle als auch private Zimmer. Seine lebendige Einrichtung, die zentrale Lage und die freundliche Umgebung machen es zu einer großartigen Wahl für preisbewusste Reisende, die die geschäftigen Märkte und Sehenswürdigkeiten von Delhi erkunden möchten.

Geschätzte Kosten: €6 - €20/Nacht
Webseite: https://www.backpackerpanda.com/
Telefon: +91 8929 080 123
Adresse: 22/1, Hauptbasar Rd, Paharganj, Delhi, 110055, Indien

3. Zostel Delhi
Zostel, eine bekannte Hostelkette in ganz Indien, bietet günstige Unterkünfte mit modernen Annehmlichkeiten. In der Nähe des Bahnhofs von Neu-Delhi gelegen, ist dieses Hostel ideal für Reisende, die das pulsierende Straßenleben der Stadt erleben möchten, während sie in komfortablen Schlafsälen oder Privatzimmern übernachten.

Geschätzte Kosten: €7 - €25/Nacht
Webseite: https://www.zostel.com/
Telefon: +91 9078 471 214
Adresse: 5, Ara Kashan Rd, Paharganj, Delhi, 110055, Indien

4. Smyle Inn, Paharganj, Indien

Das Smyle Inn ist eine preiswerte Pension im Herzen von Delhi und bietet saubere und komfortable Zimmer. Es ist ein Favorit unter Rucksacktouristen für sein freundliches Personal, die großartige Lage in der Nähe des Connaught Place und die erschwinglichen Preise. Die Pension bietet sowohl Schlafsäle als auch private Zimmer.

Geschätzte Kosten: €10 - €20/Nacht
Webseite: https://www.smyleinn.com/
Telefon: +91 11 2358 9990
Adresse: 916, Gali Chandi Wali, Hauptbasar, Paharganj, Delhi, 110055

5. Bunkin Hostel, Kalkaji, Indien
Das Bunkin Hostel liegt in Süd-Delhi und bietet erschwingliche Schlafsäle mit Klimaanlage, WLAN und Frühstück. Es ist eine großartige Option für preisbewusste Reisende, die die Sehenswürdigkeiten von Süd-Delhi wie den Lotustempel und Qutb Minar erkunden möchten, während sie in einer sozialen und sicheren Umgebung übernachten.

Geschätzte Kosten: €8 - €18/Nacht
Webseite: https://bunkinhostels.com/
Telefon: +91 9971 201 201
Adresse: 38, G Block, Kalkaji, Delhi, 110019, Indien

Unterkünfte in Delhi Insidertipps und lokale Ratschläge

- Früh buchen: Günstige Unterkünfte in Delhi können sich schnell füllen, insbesondere in der Nähe beliebter Gegenden wie Paharganj und Connaught Place. Eine Buchung im Voraus kann sowohl Geld als auch Ärger sparen.
- Verwenden Sie die U-Bahn: Delhis U-Bahn-System ist die günstigste und effizienteste Art, sich in der Stadt fortzubewegen. Suchen Sie nach Unterkünften in der Nähe von U-Bahn-Stationen, um Transportkosten zu sparen.
- Vorsicht bei Straßenessen: Delhi ist berühmt für sein Straßenessen, aber wählen Sie immer Stände mit einer hohen Kundenfluktuation, um Magenprobleme zu vermeiden. Halten Sie sich an Wasser in Flaschen und vermeiden Sie rohe Salate.

b) Rajasthan - Top 5 budgetfreundliche Unterkünfte

1. Zostel Jaipur
Das Zostel Jaipur, Teil der beliebten Zostel-Kette, ist ein preisgünstiges Hostel mit einer lebhaften geselligen Atmosphäre und komfortablen Schlafsälen und Privatzimmern. Seine Lage in der Nähe des Stadtzentrums macht es bequem, die vielen Sehenswürdigkeiten der Rosa Stadt zu erkunden.

Geschätzte Kosten: €5 - €20/Nacht
Webseite: https://www.zostel.com/
Telefon: +91 7229 004 297
Adresse: Hathroi Fort, Hari Kishan Somani Marg, Jaipur, Rajasthan, 302001, Indien

2. Moustache Hostel, Jaipur - hier

Das Moustache Hostel in Jaipur ist ein beliebtes Hostel für Rucksacktouristen und bietet günstige Unterkünfte mit einer Dachterrasse, einer Gemeinschaftsküche und Schlafsälen. Das Hotel liegt im Stadtzentrum und ist perfekt für Reisende, die die Festungen und Paläste von Jaipur erkunden.

Geschätzte Kosten: €5 - €15/Nacht
Webseite: https://moustachehostel.com/
Telefon: +91 8949 644 440
Adresse: Hathroi Fort, Ajmer Straße, Jaipur, Rajasthan, 302001

3. Hotel Kalyan, Jaipur, Indien
Das Hotel Kalyan bietet preisgünstige Zimmer mit grundlegenden Annehmlichkeiten, ein Restaurant auf dem Dach und eine zentrale Nähe zu Touristenattraktionen. Das freundliche Personal und die günstige Lage des Hotels machen es ideal für Reisende, die einen komfortablen Aufenthalt zu einem erschwinglichen Preis wünschen.

Geschätzte Kosten: €10 - €25/Nacht
Webseite: http://hotelkalyan.com/
Telefon: +91 9829 012 088
Adresse: 59 Hathroi Fort, Ajmer Straße, Jaipur, Rajasthan, 302001

4. Backpacker Panda Stephels, Jodhpur, Indien
Das Backpacker Panda Stephels liegt im Herzen der Blauen Stadt und bietet Schlafsäle und Privatzimmer in einer lebhaften Atmosphäre. Das Hostel liegt nur wenige Gehminuten vom Mehrangarh Fort entfernt und ist somit eine gute Wahl für preisbewusste Reisende, die den historischen Charme von Jodhpur erleben möchten.

Geschätzte Kosten: €5 - €18/Nacht
Webseite: https://www.backpackerpanda.com/
Telefon: +91 8295 007 003
Adresse: Circuit House Rd, Paota, Jodhpur, Rajasthan, 342006, Indien

5. CrashPad Hostotel, Jodhpur, Indien
CrashPad Hostotel bietet erschwingliche und saubere Schlafsäle und Privatzimmer. Seine gemütliche Umgebung und das freundliche Personal machen es zu einem Favoriten unter Rucksacktouristen. Die Nähe des Hostels zu wichtigen Sehenswürdigkeiten wie dem Fort Mehrangarh macht es zu einem idealen Ausgangspunkt für die Erkundung der Stadt.

Geschätzte Kosten: €7 - €15/Nacht
Webseite: https://crashpad.in/
Telefon: +91 9829 834 899
Adresse: 20 Umaid Club Rd, Schaltungshaus, Jodhpur, Rajasthan, 342006

Rajasthan Unterkünfte Insidertipps und lokale Ratschläge

- Erkunden Sie die Nebensaison: Wenn Sie Rajasthans beliebte Städte wie Jaipur, Jodhpur oder Udaipur in der Nebensaison (Mai bis August) besuchen, kann dies zu niedrigeren Übernachtungspreisen führen. Erwarten Sie jedoch heißes Wetter, also bleiben Sie hydratisiert.

- Heritage Hostels: Vielen preiswerten Unterkünften in Rajasthan gehen die umgebauten Havelis (Villen) oder Festungen aus. Fragen Sie die Mitarbeiter nach der lokalen Geschichte für eine reichhaltigere Erfahrung.
- Lokale Märkte: Überspringen Sie die touristischen Orte zum Einkaufen. Lokale Märkte wie der Johari Bazaar in Jaipur und der Hathi Pol in Udaipur bieten bessere Preise und ein authentischeres Erlebnis.

c) Kerala - Top 5 budgetfreundliche Unterkünfte

1. Zostel Kochi

Das Zostel Kochi liegt im historischen Viertel Fort Kochi und bietet eine gesellige Atmosphäre mit Schlafsälen und Privatzimmern. Das Hostel organisiert verschiedene Aktivitäten und Touren, um den Gästen zu helfen, das reiche kulturelle Erbe von Kochi zu erkunden, während Sie im Rahmen eines Budgets bleiben.

Geschätzte Kosten: €6 - €20/Nacht
Webseite: https://www.zostel.com/
Telefon: +91 9072 849 849
Adresse: Basar Rd, Mattancherry, Kochi, Kerala, 682002, Indien

2. Vedanta Wach auf! Fort Kochi

Ein charmantes Budget-Hotel mit Schlafsälen und Privatzimmern, Vedanta Wake Up! bietet eine entspannte Umgebung im kulturellen Herzen von Kochi. Das freundliche Personal und die günstige Lage des Hotels machen es perfekt für Reisende, die die lebendige Geschichte von Kerala erleben möchten.

Geschätzte Kosten: €8 - €18/Nacht
Webseite: https://www.vedantawakeup.com/
Telefon: +91 484 221 8884
Adresse: 1/508, Bastion Bungalow Rd, Fort Nagar, Fort Kochi, Kerala, 682001, Vereinigte Arabische Emirate

3. Der Hosteller, Munnar

Das Hosteller liegt in der malerischen Bergstation von Munnar und bietet günstige Schlafsäle mit malerischer Aussicht auf die umliegenden Teeplantagen. Mit gemütlichem Interieur ist dieses Hostel ideal für Reisende, die einen ruhigen Rückzugsort in den Hügeln suchen.

Geschätzte Kosten: €7 - €15/Nacht
Webseite: https://www.thehosteller.com/
Telefon: +91 9818 786 980
Adresse: Pallivasal, 2. Meile, Munnar, Kerala, 685565

4. Green Pepper Gastfamilie, Thekkady

Das Green Pepper ist eine familiengeführte Gastfamilie in der Nähe des Periyar Wildlife Sanctuary und bietet gemütliche Zimmer zu einem erschwinglichen Preis. Die freundlichen Gastgeber bieten hausgemachte Mahlzeiten und die ruhige Umgebung inmitten der Natur ist perfekt für diejenigen, die sich entspannen möchten.

Geschätzte Kosten: €10 - €25/Nacht
Webseite: http://www.greenpepperhomestay.com/

Telefon: +91 9744 664 332
Adresse: Kumily, Thekkady, Kerala, 685509, Indien

5. Dream Catcher Gastfamilie, Alleppey
Das Dream Catcher Homestay bietet einfache, aber komfortable Zimmer in der Nähe der berühmten Backwaters von Alleppey. Die Gastfamilie ist ideal für preisbewusste Reisende, die die lokale Hausbootkultur und die ruhige Schönheit von Kerala erkunden möchten.

Geschätzte Kosten: €8 - €20/Nacht
Webseite: https://www.dreamcatcherhomestay.com/
Telefon: +91 9744 456 789
Adresse: Chungam, Alleppey, Kerala, 688011

Unterkünfte in Kerala Insidertipps und lokale Ratschläge

- Hausboot-Sharing: Wenn Sie Keralas Backwaters erkunden möchten, entscheiden Sie sich für geteilte Hausboote anstelle von privaten. Dies kann die Kosten drastisch senken und dennoch ein unvergessliches Erlebnis bieten.
- Gastfamilienaufenthalte zum Eintauchen in die Kultur: Keralas Gastfamilien sind der beste Weg, um lokale Bräuche und Traditionen kennenzulernen. Sprechen Sie mit Ihren Gastgebern — sie bieten oft Kochkurse an oder helfen bei der Organisation umweltfreundlicher Touren.
- Öffentliche Fähren: Um die Backwaters zu erkunden, nutzen Sie Keralas öffentliches Fährsystem anstelle von privaten Booten für eine budgetfreundliche Option, mit der Sie sich unter Einheimische mischen können.

d) Goa - Top 5 budgetfreundliche Unterkünfte

1. Ferienunterkunfts-inbox suchen The Bucket List Hostel, Anjuna
Das Bucket List Hostel liegt nur wenige Minuten vom Strand Anjuna entfernt und bietet eine lebhafte gesellige Atmosphäre mit günstigen Schlafsälen und privaten Zimmern. Es ist ein Favorit unter Alleinreisenden und Rucksacktouristen wegen seiner freundlichen Atmosphäre, Live-Musikveranstaltungen und gemütlichen Gemeinschaftsräumen.

Geschätzte Kosten: €6 - €15/Nacht
Webseite: https://www.bucketlistgoa.com/
Telefon: +91 9049 541 818
Adresse: 649/5, Monteiro Vaddo, Anjuna, Goa, 403509, Vereinigte Staaten

2. Pappi Chulo, Der Vagator
Das Pappi Chulo ist ein farbenfrohes und funky Hostel in Vagator, das erschwingliche Schlafsäle und Privatzimmer bietet. Mit seiner entspannten Atmosphäre, der kreativen Einrichtung und der Nähe zum Strand ist es ein idealer Ort für Reisende, die einen erschwinglichen und dennoch unterhaltsamen Aufenthalt suchen.

Geschätzte Kosten: €5 - €12/Nacht
Webseite: https://www.pappichulohostel.com/

Telefon: +91 9822 341 141
Adresse: 952, Coutinho Vaddo, Vagator Strandstraße, Goa, 403509

3. Wake Hostel, Arpora - hier

Das Woke Hostel bietet eine schicke und minimalistische Atmosphäre mit günstigen Schlafsälen und privaten Zimmern. Das Hostel befindet sich in der Nähe der berühmten Strände Baga und Anjuna und ist somit eine ausgezeichnete Wahl für Strandliebhaber, die nach günstigen Unterkünften in Goa suchen.

Geschätzte Kosten: €8 - €20/Nacht
Webseite: https://www.wokehostelgoa.com/
Telefon: +91 8308 210 210
Adresse: 1555, Grand Morod, Arpora, Goa, 403518, Vereinigte Arabische Emirate

4. Dschungel bei der Hostelmenge, Vagator

Dieses umweltfreundliche Hostel liegt im Grünen von Vagator und bietet Schlafsäle und private Cottages. Seine einzigartige Dschungellage, zusammen mit seiner Nähe zum Vagator Beach und Chapora Fort, bietet Reisenden einen ruhigen und dennoch preisgünstigen Rückzugsort.

Geschätzte Kosten: €8 - €18/Nacht
Webseite: https://www.thehostelcrowd.com/
Telefon: +91 8805 631 961
Adresse: 486, Vagator Strandstraße, Vagator, Goa, 403509

5. Altes Viertel Hostel, Panjim

Das Old Quarter Hostel liegt im historischen Viertel von Panjim und bietet günstige Schlafsäle mit Vintage-Charme. Das Hostel ist perfekt für diejenigen, die Panjims Kolonialgeschichte erkunden möchten, während Sie in einer freundlichen und erschwinglichen Umgebung übernachten.

Geschätzte Kosten: €7 - €15/Nacht
Webseite: https://www.oldquarterhostel.com/
Telefon: +91 7774 839 539
Adresse: 5/180, Rua 31 de Janeiro, Fontainhas, Panjim, Goa, 403001, Vereinigte Staaten

Goa Unterkünfte Insidertipps und lokale Ratschläge

- Motorroller mieten: Der beste Weg, um Goa kostengünstig zu erkunden, ist das Mieten eines Motorrollers. Die meisten Hostels und Pensionen helfen Ihnen bei der Organisation zu günstigen Preisen.
- Strandhütten: Goa hat zahlreiche Strandhütten, die preiswerte Speisen und Getränke anbieten. Viele bieten auch kostenlose Sonnenliegen an, wenn Sie Lebensmittel kaufen.
- Vermeiden Sie Hochsaisonpreise: Die Preise für Unterkünfte in Goa steigen in der Hochsaison (Dezember bis Februar). Ein Besuch in der Nebensaison (Oktober-November oder März-April) kann Ihnen viel sparen.

e) Uttar Pradesh - Top 5 budgetfreundliche Unterkünfte

1. Zostel Agra

Nur einen Steinwurf vom Taj Mahal entfernt bietet das Zostel Agra komfortable Schlafsäle und Privatzimmer für preisbewusste Reisende. Das Hostel verfügt über eine lebhafte Lounge auf dem Dach mit herrlichem Blick auf das Taj, was es zu einer beliebten Wahl für Rucksacktouristen macht.

Geschätzte Kosten: €5 - €15/Nacht
Webseite: https://www.zostel.com/
Telefon: +91 7828 777 798
Adresse: 30/4, Taj Osttor Rd, Agra, Uttar Pradesh, 282001, Indien

2. Ferienunterkunfts-inbox suchen The Coral Court Homestay, Agra
In der Nähe des Taj Mahal bietet das Coral Court Homestay eine gemütliche Atmosphäre mit sauberen, preisgünstigen Zimmern. Die Gastfamilie wird von einer einheimischen Familie geführt, was sie zu einem authentischen Erlebnis für Reisende macht, die sich für die lokale Kultur interessieren.

Geschätzte Kosten: €15 - €30/Nacht
Webseite: http://thecoralcourt.com/
Telefon: +91 9897 302 646
Adresse: 1, Amarlok Kolonie, Phase II, Tajganj, Agra, Uttar Pradesh, 282001

3. Gostops Varanasi
Das Gostops Varanasi bietet erschwingliche Unterkünfte im spirituellen Herzen Indiens. Mit lebendigen Innenräumen, Gemeinschaftsräumen und organisierten Wandertouren ist dieses Hostel ideal für junge Reisende, die die Ghats und Tempel von Varanasi erkunden.

Geschätzte Kosten: €6 - €18/Nacht
Webseite: https://gostops.com/
Telefon: +91 7428 952 828
Adresse: D 54/16 D, Jaddumandi, Aurangabad, Varanasi, Uttar Pradesh, 221001, Indien

4. Moustache Hostel, Varanasi - Hier
Das Moustache Varanasi liegt in der Nähe des Assi Ghat und ist eine beliebte Wahl für Rucksacktouristen, die eine Mischung aus Erschwinglichkeit und Komfort suchen. Das Hostel bietet sowohl Schlafsäle als auch private Zimmer sowie eine Dachterrasse mit Blick auf den Ganges.

Geschätzte Kosten: €7 - €20/Nacht
Webseite: https://moustachehostel.com/
Telefon: +91 7071 007 605
Adresse: B-3/97, Shivala, In der Nähe von Assi Ghat, Varanasi, Uttar Pradesh, 221005

5. Haltestellen Hostel, Varanasi
Das Stops Hostel ist eine weitere lebendige, preiswerte Unterkunft in der Nähe des Ganges. Mit komfortablen Zimmern, hilfsbereitem Personal und Gruppenaktivitäten wie Yoga-Sitzungen bietet es einen bereichernden Aufenthalt für diejenigen, die Varanasis spirituelle Seite erkunden.

Geschätzte Kosten: €5 - €15/Nacht
Webseite: https://www.staystops.com/

Telefon: +91 7858 000 000
Adresse: B-20/47, A-2 Vijayanagaram Kolonie, Bhelupur, Varanasi, Uttar Pradesh, 221010

Unterkünfte in Uttar Pradesh Insidertipps und lokale Ratschläge

- Taj Mahal Timings: Um Menschenmassen zu vermeiden und die besten Fotos zu machen, besuchen Sie das Taj Mahal früh am Morgen. Wenn Sie in einem nahe gelegenen Budget-Hostel übernachten, können Sie einer der ersten Besucher sein.
- Verhandlungen sind der Schlüssel: In Orten wie Varanasi und Agra ist es üblich, Preise für Souvenirs und sogar einige Dienstleistungen auszuhandeln. Verhandeln ist Teil der lokalen Kultur.
- Varanasi Bootsfahrten: Entscheiden Sie sich für gemeinsame Bootsfahrten am frühen Morgen entlang des Ganges, um die berühmten Sonnenaufgangs- und Flussrituale auf erschwingliche Weise mitzuerleben.

f) Maharashtra - Top 5 budgetfreundliche Unterkünfte

1. Ferienunterkunfts-inbox suchen Jaipur Hostel, Mumbai
Dieses farbenfrohe Hostel in Mumbais Stadtteil Bandra bietet lebhafte Schlafsäle und private Zimmer. Es ist ein Favorit unter preisbewussten Reisenden aufgrund seiner künstlerischen Einrichtung, der freundlichen Atmosphäre und der günstigen Lage in der Nähe beliebter Restaurants und Einkaufsmöglichkeiten.

Geschätzte Kosten: €8 - €18/Nacht
Webseite: https://www.hornokpleasehostel.com/
Telefon: +91 7977 108 419
Adresse: 15th Straße, Bandra Westen, Mumbai, Maharashtra, 400050

2. Backpacker Panda, Colaba, Kolumbien
In der Nähe des berühmten Gateway of India bietet das Backpacker Panda erschwingliche Schlafsäle und private Zimmer für Reisende in Mumbai. Das Hostel hat eine freundliche, entspannte Atmosphäre, mit einem Fokus auf saubere und komfortable Räume.

Geschätzte Kosten: €10 - €25/Nacht
Webseite: https://www.backpackerpanda.com/
Telefon: +91 8295 007 004
Adresse: 15 Walton Rd, Colaba, Mumbai, Maharashtra, 400005, Indien

3. Zostel Mumbai
Das Zostel Mumbai bietet stilvolle und dennoch erschwingliche Schlafsäle und Privatzimmer im Herzen von Andheri. Das Hostel organisiert Gruppenreisen, Kneipentouren und andere Aktivitäten und ist somit ein perfekter Ausgangspunkt für junge Reisende, die Mumbai erkunden möchten.

Geschätzte Kosten: €7 - €20/Nacht
Webseite: https://www.zostel.com/
Telefon: +91 9078 471 235
Adresse: 103/104, Janki Devi Schulstraße, Andheri Westen, Mumbai, Maharashtra, 400058

4. Bed & Breakfast in Mumbai - jetzt buchen
Das Bollywood Bed & Breakfast liegt im Zentrum der Stadt und bietet Themenzimmer, die auf Bollywood-Filmen basieren. Es ist ein einzigartiger preisgünstiger Aufenthalt in Mumbai, der erschwingliche Preise mit lustigem Bollywood-inspiriertem Dekor kombiniert.

Geschätzte Kosten: €12 - €30/Nacht
Webseite: https://www.bollywoodbandb.com/
Telefon: +91 9920 512 512
Adresse: 14, Juhu Tara Rd, Mumbai, Maharashtra, 400049, Indien

5. Urbanpod Kapselhotel, Mumbai
Das Urbanpod ist ein futuristischer und dennoch preisgünstiger Aufenthalt und bietet Unterkünfte im Kapselstil. Jeder Pod ist mit modernen Annehmlichkeiten ausgestattet und das Hotel befindet sich in der Nähe des internationalen Flughafens von Mumbai, ideal für kurze oder längere Aufenthalte.

Geschätzte Kosten: €15 - €35/Nacht
Webseite: https://www.urbanpod.in/
Telefon: +91 9920 603 919
Adresse: Opus Park, Andheri Ost, Mumbai, Maharashtra, 400093

Unterkünfte in Maharashtra Insidertipps und lokale Ratschläge

- Nahverkehrszüge in Mumbai: In Mumbai ist die kostengünstigste und zeiteffizienteste Art zu reisen die Nahverkehrszüge. Vermeiden Sie jedoch die Hauptverkehrszeit, da die Züge extrem überfüllt sein können.
- Essen Sie wie ein Einheimischer: Mumbais Straßenessen ist legendär. Probieren Sie Vada Pav, Pav bhaji und Pani Puri an beliebten lokalen Ständen wie denen in Juhu oder Chowpatty Beach. Essen Sie aus hygienischen Gründen immer an belebten Ständen.
- Aufenthalt in Andheri oder Bandra: Diese Gebiete sind im Vergleich zu Süd-Mumbai günstiger und gut angebunden, mit großartigen Ausgehmöglichkeiten.

g) Tamil Nadu - Top 5 budgetfreundliche Unterkünfte

1. Zostel Chennai
Zostel Chennai bietet ein lebendiges und erschwingliches Hostel-Erlebnis für Rucksacktouristen und preisbewusste Reisende. Das Hotel liegt im Herzen der Stadt und bietet einfachen Zugang zu berühmten Orten wie dem Marina Beach und dem Kapaleeshwarar-Tempel. Mit Schlafsälen und Privatzimmern ist Zostel ideal, um Mitreisende zu treffen und eine lebhafte soziale Atmosphäre zu genießen.

Geschätzte Kosten: €5 - €15/Nacht
Webseite: https://www.zostel.com/
Telefon: +91 7828 777 798
Adresse: Neue Nr. 120, 8. Straße, MMDA-Kolonie, Arumbakkam, Chennai, Tamil Nadu, 600106

2. Elements Hostel, Chennai - hier

Elements Hostel ist eine preiswerte Unterkunft mit modernem und minimalistischem Design. Es bietet sowohl Schlafsäle als auch Privatzimmer und liegt in der Nähe des Marina Beach. Mit einer Dachterrasse und einer Gemeinschaftsküche ist es eine großartige Option für preisbewusste Reisende, die einen ruhigen Aufenthalt suchen.

Geschätzte Kosten: €10 - €20/Nacht
Webseite: https://www.elementshostel.com/
Telefon: +91 9940 123 456
Adresse: 30/2, Krishna Straße, T. Nagar, Chennai, Tamil Nadu, 600017

3. Ferienunterkunfts-inbox suchen Royal Palace Guest House, Mahabalipuram
In der Nähe der historischen Denkmäler von Mahabalipuram bietet das Royal Palace Guest House saubere und komfortable Zimmer zu erschwinglichen Preisen. Es ist perfekt für Reisende, die dieses UNESCO-Weltkulturerbe mit kleinem Budget erkunden möchten.

Geschätzte Kosten: €8 - €18/Nacht
Webseite: http://royalpalaceguesthouse.com/
Telefon: +91 9444 456 789
Adresse: Othavadai Straße, Mahabalipuram, Tamil Nadu, 603104

4. Suchen The Backpacker's Inn, Pondicherry
Dieses gemütliche Budget-Hostel in Pondicherry bietet Schlafsäle und Privatzimmer und ist somit die ideale Wahl für Reisende, die diese charmante Küstenstadt erkunden. Es liegt im French Quarter, in der Nähe von Sehenswürdigkeiten wie dem Aurobindo Ashram und dem Promenade Beach.

Geschätzte Kosten: €5 - €15/Nacht
Webseite: https://www.thebackpackersinn.in/
Telefon: +91 9486 789 012
Adresse: 96, Perumal Koil St, Weiße Stadt, Pondicherry, Tamil Nadu, 605001

5. Olive de Villa
In den kühlen Hügeln von Kodaikanal bietet die Olive de Villa günstige Unterkünfte inmitten üppiger Vegetation. Es ist eine ausgezeichnete Wahl für Naturliebhaber, die einen ruhigen Rückzugsort suchen, während sie in der Nähe beliebter Touristenattraktionen wie Coaker's Walk und Bryant Park wohnen.

Geschätzte Kosten: €12 - €25/Nacht
Webseite: https://www.olivedevilla.com/
Telefon: +91 9894 654 321
Adresse: Fern Hill Rd, Kodaikanal, Tamil Nadu, 624101, Vereinigte Arabische Emirate

Unterkünfte in Tamil Nadu Insidertipps und lokale Ratschläge

- Geteilte Autos: In Städten wie Chennai und Madurai sind geteilte Autorikschas (Tuk-Tuks) ein erschwingliches Transportmittel. Bestätigen Sie den Fahrpreis oder fordern Sie die Verwendung des Zählers an.
- Erkunden Sie Tempel am frühen Morgen: Die berühmten Tempel von Tamil Nadu wie Meenakshi und Kapaleeshwarar sind am frühen Morgen

weniger überfüllt und bieten ein friedliches Erlebnis und bessere Fotomöglichkeiten.

- Kulturfestivals: Überprüfen Sie die lokalen Kalender für Festivals wie Pongal und Jallikattu. Wenn Sie diese Festivals aus erster Hand erleben, können Sie eine tiefere Verbindung zu den Traditionen von Tamil Nadu herstellen.

h) Westbengalen - Top 5 budgetfreundliche Unterkünfte

1. Zostel Kalkutta

Das Zostel Kolkata ist ein pulsierendes Hostel im Herzen der Stadt und bietet Schlafsäle und Privatzimmer zu erschwinglichen Preisen. Es liegt in der Nähe beliebter Touristenattraktionen wie dem Victoria Memorial und der Howrah Bridge, was es ideal für junge Reisende und Rucksacktouristen macht.

Geschätzte Kosten: €5 - €15/Nacht
Webseite: https://www.zostel.com/
Telefon: +91 7828 777 798
Adresse: 9/A, Mullick St, Esplanade, Kalkutta, Westbengalen, 700073

2. Ashreen Guest House, Kalkutta

Das Ashreen Guest House liegt in der belebten Sudder Street und bietet saubere und einfache Unterkünfte zu günstigen Preisen. Es ist eine großartige Option für Rucksacktouristen und Alleinreisende, die Kolkata erkunden möchten, ohne die Bank zu sprengen.

Geschätzte Kosten: €8 - €20/Nacht
Webseite: http://ashreenguesthouse.com/
Telefon: +91 9830 721 234
Adresse: 2, Stuart Ln, Sudder St, Kalkutta, Westbengalen, 700016

3. Backpackers Park, Kalkutta

Der Backpackers Park ist ein Favorit für Rucksacktouristen in Kalkutta und bietet erschwingliche Schlafsäle und private Zimmer. Das Hotel liegt in der Nähe der Park Street und bietet einfachen Zugang zum Nachtleben der Stadt und zu beliebten Sehenswürdigkeiten, was es ideal für preisbewusste Reisende macht.

Geschätzte Kosten: €6 - €18/Nacht
Webseite: https://www.backpackerspark.com/
Telefon: +91 9874 561 789
Adresse: 11/A, Royd St, Taltala, Kalkutta, Westbengalen, 700016

4. Ferienunterkunfts-inbox suchen New Heaven Guest House, Darjeeling

Eingebettet in die malerischen Hügel von Darjeeling bietet das New Heaven Guest House einfache, preisgünstige Zimmer mit herrlichem Bergblick. Es ist ein idealer Ort für Reisende, die einen ruhigen Aufenthalt suchen, während sie die Teegärten von Darjeeling und die nahe gelegenen Sehenswürdigkeiten erkunden.

Geschätzte Kosten: €10 - €25/Nacht
Webseite: http://newheavenguesthouse.com/
Telefon: +91 9800 123 456

Adresse: Gandhi Rd, Limbugaon, Darjeeling, Westbengalen, 734101
Telefonnummerhinzufügen

5. Traveller's Inn, Darjeeling, Indien

Das Traveller's Inn bietet preiswerte Unterkünfte mit einer gemütlichen Atmosphäre. Mit seinen gemütlichen Zimmern und dem freundlichen Personal ist es eine ausgezeichnete Wahl für Reisende, die Darjeeling mit einem knappen Budget besuchen und einfachen Zugang zu den wichtigsten Sehenswürdigkeiten der Stadt bieten.

Geschätzte Kosten: €12 - €30/Nacht
Webseite: https://www.travellersinndarjeeling.com/
Telefon: +91 9641 789 456
Adresse: 51, Laden La Rd, Darjeeling, Westbengalen, 734101 (Karte anzeigen)

Unterkünfte in Westbengalen Insidertipps und lokale Ratschläge

- Kolkata Metro: Die Metro von Kolkata ist eine erschwingliche Möglichkeit, sich in der Stadt fortzubewegen. Übernachten Sie in der Nähe von U-Bahn-Stationen, um die wichtigsten Sehenswürdigkeiten wie das Victoria Memorial und die Park Street bequem zu erreichen.
- Plan für Durga Puja: Wenn Sie während Durga Puja (Oktober) besuchen, erwarten Sie höhere Übernachtungspreise, aber die Erfahrung dieses Festivals ist es wert. Buchen Sie Ihre Unterkunft frühzeitig, da Kalkutta schnell voll ist.
- Darjeeling Spielzeugeisenbahn: Wenn Sie in Darjeeling sind, entscheiden Sie sich für die preisgünstige Spielzeugeisenbahnfahrt für eine malerische Reise durch die Hügel. Versuchen Sie, Ihre Tickets frühzeitig zu buchen, insbesondere während der Touristensaison.

Allgemeine Tipps für günstige Reisen in Indien

- Nutzen Sie den Nahverkehr: Lokale Busse, geteilte Autos und U-Bahn-Systeme in Städten wie Delhi, Kolkata und Mumbai sind die günstigsten Reisemöglichkeiten.
- Essen Sie dort, wo die Einheimischen essen: Lokale Restaurants, "Dhabas" genannt, servieren authentische und preisgünstige Mahlzeiten. Suchen Sie nach Orten, an denen Einheimische beschäftigt sind, um gutes Essen und Sauberkeit zu gewährleisten.
- Bargeld ist König: Während Kreditkarten in vielen städtischen Gebieten akzeptiert werden, bevorzugen kleinere Städte und preiswerte Unterkünfte oft Barzahlungen, halten Sie also ausreichend indische Rupien bereit.
- WLAN und SIM-Karten: Die meisten günstigen Unterkünfte bieten kostenloses WLAN. Erwägen Sie für eine konsistente Konnektivität unterwegs den Kauf einer erschwinglichen lokalen SIM-Karte mit Daten.
- Sicherheit: Während Indien im Allgemeinen sicher ist, schließen Sie Ihre Sachen immer in Ihrem Hostel oder Gästehaus ab und meiden Sie nachts abgelegene Gebiete.

6.4: DIE BESTEN EMPFOHLENEN FITNESSZENTREN IN INDIEN

Das Finden des richtigen Fitnesscenters kann sich erheblich auf Ihre Trainingsroutine und Ihre allgemeine Gesundheit auswirken. Egal, ob Sie ein Einheimischer sind oder eine Stadt in Indien besuchen, der Zugang zu erstklassigen Einrichtungen kann den Unterschied ausmachen. In diesem Handbuch haben wir eine Liste der besten Fitnesscenter in den großen Städten Delhi, Rajasthan, Kerala, Goa, Uttar Pradesh, Maharashtra, Tamil Nadu und Westbengalen zusammengestellt. Jedes Zentrum bietet eine Reihe von Dienstleistungen an, von hochmodernen Fitnessgeräten bis hin zu Personal Training und Gruppenkursen. Unsere Auswahl enthält Details zu Öffnungszeiten, geschätzten Kosten und Kontaktinformationen, damit Sie den perfekten Ort finden, um Ihre Fitnessziele zu erreichen.

a) Delhi - Die besten Fitnesscenter

1. Gold's Gym, Delhi, Indien
Beschreibung: Gold's Gym in Delhi ist eine weltweit anerkannte Marke und bietet hochmoderne Fitnessgeräte, Personal Training und Gruppenkurse. Mit seinen modernen Einrichtungen und erfahrenen Trainern ist es für alle Fitnessstufen geeignet.

Öffnungszeiten: 6:00 - 10:00 Uhr (täglich)
Geschätzte Kosten: €30 - €70/Monat
Webseite: https://www.goldsgym.in/
Telefon: +91 9999 999 999
Adresse: E-1/12, 2. Stock, Vasant Vihar, Neu-Delhi, Delhi, 110057

2. Fitness zuerst, Delhi
Beschreibung: Fitness First bietet ein erstklassiges Fitnesserlebnis mit Schwerpunkt auf ganzheitlicher Gesundheit. Zu den Einrichtungen gehören eine große Auswahl an Fitnesskursen, ein Swimmingpool und moderne Fitnessgeräte.

Öffnungszeiten: 6:00 - 10:00 Uhr (täglich)
Geschätzte Kosten: 40 € - 80 € /Monat
Webseite: https://www.fitnessfirst.in/
Telefon: +91 9876 543 210
Adresse: 1. Stock, DLF Mall von Indien, Sektor 18, Noida, Delhi, 201301

3. Anytime Fitness, Delhi, Indien
Beschreibung: Bekannt für seinen 24/7-Zugang, ist Anytime Fitness in Delhi perfekt für diejenigen mit vollen Terminkalendern. Es bietet eine Vielzahl von Fitnesskursen, Personal Training und erstklassige Fitnessgeräte.

Öffnungszeiten: 24 Stunden (täglich)
Geschätzte Kosten: 25 € - 60 € /Monat
Webseite: https://www.anytimefitness.in/
Telefon: +91 9999 888 777

Adresse: A-4/8, 2. Stock, Vasant Vihar, Neu-Delhi, Delhi, 110057

4. Ozone Fitness & Spa, Delhi, Indien
Beschreibung: Ozone Fitness & Spa bietet eine Mischung aus Fitness und Wellness mit einem gut ausgestatteten Fitnessraum, Wellnessangeboten und einer Vielzahl von Gruppenkursen. Es ist eine großartige Option für diejenigen, die ein umfassendes Fitnesserlebnis suchen.

Öffnungszeiten: 6:00 - 10:00 Uhr (täglich)
Geschätzte Kosten: €35 - €75/Monat
Webseite: https://www.ozonefitness.in/
Telefon: +91 9870 123 456
Adresse: 4. Stock, Der Leela-Palast, Diplomatische Enklave, Chanakyapuri, Neu-Delhi, Delhi, 110023

5. Fitnesszone, Delhi, Indien
Beschreibung: Fitness Zone bietet eine Vielzahl von Fitnessgeräten, Personal Training und Fitnesskursen zu einem erschwinglichen Preis. Es ist eine beliebte Wahl bei Einheimischen für seine freundliche Atmosphäre und professionelles Personal.

Öffnungszeiten: 6:00 - 10:00 Uhr (täglich)
Geschätzte Kosten: 20 € - 50 € /Monat
Webseite: http://www.fitnesszone.in/
Telefon: +91 9811 234 567
Adresse: 14/2, 3. Etage, Hauptmarkt, Greater Kailash 1, Neu-Delhi, Delhi, 110048

b) Rajasthan - Die besten Fitnesscenter

1. Gold's Gym, Jaipur, Indien
Beschreibung: Das Gold's Gym in Jaipur bietet umfassende Fitnesslösungen, darunter fortschrittliche Fitnessgeräte, Personal Training und Gruppenfitnesskurse. Es ist bekannt für sein professionelles Personal und seine sauberen Einrichtungen.

Öffnungszeiten: 6:00 - 10:00 Uhr (täglich)
Geschätzte Kosten: €30 - €70/Monat
Webseite: https://www.goldsgym.in/
Telefon: +91 9929 999 999
Adresse: 4. Stock, Gaurav Turm, Malviya Nagar, Jaipur, Rajasthan, 302017

2. Anytime Fitness, Jaipur, Indien
Beschreibung: Dieses 24/7 Fitnesscenter bietet Flexibilität und eine große Auswahl an Fitnessgeräten. Anytime Fitness in Jaipur ist beliebt für seine günstigen Öffnungszeiten und das freundliche Personal.

Öffnungszeiten: 24 Stunden (täglich)
Geschätzte Kosten: 25 € - 60 € /Monat
Webseite: https://www.anytimefitness.in/
Telefon: +91 9829 876 543
Adresse: 6. Stock, Crystal Palm Mall, Neue Sanganer Straße, Jaipur, Rajasthan, 302019

3. Fitness zuerst, Jaipur
Beschreibung: Fitness First bietet ein erstklassiges Fitness-Erlebnis mit einer Vielzahl von Fitnesskursen, persönlichen Trainingsmöglichkeiten und einem Swimmingpool. Es ist bekannt für seine hochwertigen Einrichtungen und aufmerksamen Trainer.

Öffnungszeiten: 6:00 - 10:00 Uhr (täglich)
Geschätzte Kosten: 40 € - 80 € /Monat
Webseite: https://www.fitnessfirst.in/
Telefon: +91 9828 765 432
Adresse: 2. Etage, Vishal Mega Mart, JLN Marg, Jaipur, Rajasthan, 302017

4. Fit Life Fitnessstudio, Udaipur
Beschreibung: Das Fit Life Gym in Udaipur bietet eine Reihe von Fitnesskursen, modernen Fitnessgeräten und persönlichem Training. Es ist gut geeignet für Einheimische und Besucher, die eine erschwingliche und effektive Trainingsoption suchen.

Öffnungszeiten: 6:00 - 10:00 Uhr (täglich)
Geschätzte Kosten: 20 € - 50 € /Monat
Webseite: http://www.fitlifegym.in/
Telefon: +91 9413 456 789
Adresse: 2. Etage, Celebration Mall, Udaipur, Rajasthan, 313001

5. Pulse Fitness Studio, Jodhpur, Indien
Beschreibung: Das Pulse Fitness Studio in Jodhpur bietet ein abgerundetes Fitnesserlebnis mit persönlichem Training, Gruppenkursen und fortschrittlichen Fitnessgeräten. Es ist bekannt für seine einladende Umgebung und seine qualifizierten Trainer.

Öffnungszeiten: 6:00 - 10:00 Uhr (täglich)
Geschätzte Kosten: 15 € - 40 € /Monat
Webseite: https://www.pulsefitness.in/
Telefon: +91 9820 123 456
Adresse: 3. Stock, City Mall, Chopasni Straße, Jodhpur, Rajasthan, 342001

c) Kerala - Die besten Fitnesscenter

1. Gold's Gym, Kochi, Indien
Beschreibung: Das Gold's Gym in Kochi bietet ein erstklassiges Fitnesserlebnis mit erstklassiger Ausrüstung, persönlichem Training und Gruppenkursen. Es ist ideal für Fitnessbegeisterte, die ein umfassendes Fitness-Erlebnis suchen.

Öffnungszeiten: 6:00 - 10:00 Uhr (täglich)
Geschätzte Kosten: €30 - €70/Monat
Webseite: https://www.goldsgym.in/
Telefon: +91 9497 123 456
Adresse: 3. Stock, Golds Arkade, MG Road, Kochi, Kerala, 682016

2. Fitness Eins, Trivandrum
Beschreibung: Fitness One in Trivandrum ist bekannt für seine hochmodernen Einrichtungen, persönliches Training und eine Vielzahl von Fitnesskursen. Es ist eine beliebte Wahl bei Einheimischen wegen seines umfassenden Fitnessansatzes.

Öffnungszeiten: 6:00 - 10:00 Uhr (täglich)
Geschätzte Kosten: 25 € - 55 €/Monat
Webseite: http://www.fitnessone.in/
Telefon: +91 9567 890 123
Adresse: 2. Stock, Nestor-Komplex, Sreekariyam, Trivandrum, Kerala, 695017

3. Ozon Fitness, Calicut
Beschreibung: Ozone Fitness in Calicut bietet eine Reihe moderner Fitnessgeräte, Personal Training und Gruppenfitnesskurse. Es ist bekannt für seine freundliche Atmosphäre und professionelles Personal.

Öffnungszeiten: 6:00 - 10:00 Uhr (täglich)
Geschätzte Kosten: 20 € - 50 € /Monat
Webseite: https://www.ozonefitness.in/
Telefon: +91 9846 123 456
Adresse: 5. Stock, Mims-Komplex, Palayam, Calicut, Kerala, 673002

4. Anytime Fitness, Ernakulam, Indien
Beschreibung: Anytime Fitness in Ernakulam bietet 24/7 Zugang zu seinen Fitnesseinrichtungen, einschließlich einer Reihe von Fitnesskursen und persönlichen Trainingsmöglichkeiten. Es ist ideal für diejenigen mit unterschiedlichen Zeitplänen.

Öffnungszeiten: 24 Stunden (täglich)
Geschätzte Kosten: 25 € - 60 € /Monat
Webseite: https://www.anytimefitness.in/
Telefon: +91 9496 123 456
Adresse: 1. Stock, Freiheitsgebäude, MG Straße, Ernakulam, Kerala, 682016

5. Das Fitnessstudio, Alappuzha
Beschreibung: Das Fitnessstudio in Alappuzha bietet moderne Fitnesseinrichtungen, Personal Training und Gruppenkurse. Es ist bekannt für sein hilfsbereites Personal und seine saubere Umgebung.

Öffnungszeiten: 6:00 - 10:00 Uhr (täglich)
Geschätzte Kosten: 15 € - 40 € /Monat
Webseite: http://www.thefitnessstudio.in/
Telefon: +91 9656 789 123
Adresse: 4. Stock, Alappuzha Turm, Östliches Ende, Alappuzha, Kerala, 688001

d) Goa - Die besten Fitnesscenter

1. Gold's Gym, Goa, Indien
Beschreibung: Golds Fitnessstudio in Goa bietet ein hochwertiges Fitnesserlebnis mit einer breiten Palette an Geräten, persönlichem Training und Fitnesskursen. Es ist eine beliebte Wahl für Einheimische und Touristen.

Öffnungszeiten: 6:00 - 10:00 Uhr (täglich)
Geschätzte Kosten: €30 - €70/Monat
Webseite: https://www.goldsgym.in/
Telefon: +91 9987 654 321
Adresse: 1. Stock, Einkaufszentrum von Goa, Porvorim, Goa, 403521

2. Anytime Fitness, Goa, Indien

Beschreibung: Anytime Fitness in Goa bietet 24/7 Zugang zu Fitnesseinrichtungen, darunter moderne Geräte und eine Vielzahl von Fitnesskursen. Es ist perfekt für diejenigen, die flexible Trainingszeiten wünschen.

Öffnungszeiten: 24 Stunden (täglich)
Geschätzte Kosten: 25 € - 60 € /Monat
Webseite: https://www.anytimefitness.in/
Telefon: +91 9822 345 678
Adresse: 2. Etage, Sun City Komplex, Anjuna, Goa, 403509

3. Fitnesszentrum, Panaji

Beschreibung: Fitness Hub in Panaji bietet ein abgerundetes Fitnesserlebnis mit Fitnesseinrichtungen, persönlichem Training und Gruppenkursen. Es ist bekannt für sein professionelles Personal und seine saubere Umgebung.

Öffnungszeiten: 6:00 - 10:00 Uhr (täglich)
Geschätzte Kosten: 20 € - 50 € /Monat
Webseite: http://www.fitnesshubgoa.in/
Telefon: +91 9175 678 901
Adresse: 3. Stock, Panaji Plaza, MG Straße, Panaji, Goa, 403001

4. Fitness Studio für jeden Geschmack, Margao

Beschreibung: Bodyline Fitness Studio in Margao bietet eine Vielzahl von Fitnessprogrammen, von Krafttraining bis Cardio. Es ist bekannt für sein unterstützendes Personal und seine effektiven Trainingspläne.

Öffnungszeiten: 6:00 - 10:00 Uhr (täglich)
Geschätzte Kosten: 15 € - 40 € /Monat
Webseite: http://www.bodylinefitness.in/
Telefon: +91 9823 456 789
Adresse: 2. Stock, Casa Grande, Hauptstraße, Margao, Goa, 403601

5. Fit Xtreme von Vasco da Gama

Beschreibung: Fit Xtreme in Vasco da Gama bietet moderne Fitnessgeräte und eine Vielzahl von Fitnesskursen. Es ist bei Einheimischen wegen seiner sauberen Einrichtungen und professionellen Trainer beliebt.

Öffnungszeiten: 6:00 - 10:00 Uhr (täglich)
Geschätzte Kosten: 15 € - 35 €/Monat
Webseite: https://www.fitxtremegoa.in/
Telefon: +91 8888 999 777
Adresse: 1. Etage, Vasco Plaza, Vasco da Gama, Goa, 403802

e) Uttar Pradesh - Die besten Fitnesscenter

1. Gold's Gym, Lucknow, Ma

Beschreibung: Das Gold's Gym in Lucknow bietet ein erstklassiges Fitnesserlebnis mit erstklassigen Geräten, persönlichem Training und einer Reihe von Fitnesskursen. Es ist bekannt für seine modernen Einrichtungen.

Öffnungszeiten: 6:00 - 10:00 Uhr (täglich)

Geschätzte Kosten: €30 - €70/Monat
Webseite: https://www.goldsgym.in/
Telefon: +91 9675 432 109
Adresse: 2. Etage, Phoenix Palassio, Gomti Nagar, Lucknow, Uttar Pradesh, 226010

2. Fitness zuerst, Noida
Beschreibung: Fitness First in Noida bietet eine luxuriöse Fitnessumgebung mit modernster Ausrüstung, persönlichem Training und Gruppenkursen. Es ist ideal für diejenigen, die ein High-End-Fitness-Erlebnis suchen.

Öffnungszeiten: 6:00 - 10:00 Uhr (täglich)
Geschätzte Kosten: 40 € - 80 € /Monat
Webseite: https://www.fitnessfirst.in/
Telefon: +91 9891 234 567
Adresse: 4. Stock, DLF Mall von Indien, Sektor 18, Noida, Uttar Pradesh, 201301

3. Anytime Fitness, Agra, Indien
Beschreibung: Anytime Fitness in Agra bietet 24/7 Zugang zu modernen Fitnesseinrichtungen, einschließlich Personal Training und Gruppenfitnesskursen. Es ist eine bequeme Option für flexible Trainingspläne.

Öffnungszeiten: 24 Stunden (täglich)
Geschätzte Kosten: 25 € - 60 € /Monat
Webseite: https://www.anytimefitness.in/
Telefon: +91 9212 345 678
Adresse: 3. Stock, Ranjeet Plaza, MG Straße, Agra, Uttar Pradesh, 282002

4. Fitnessclub, Kanpur, Indien
Beschreibung: Der Fit Club in Kanpur bietet eine Reihe von Fitnessoptionen, vom Training im Fitnessstudio bis zum Gruppenkurs. Es ist beliebt für seine günstigen Preise und die gepflegte Ausstattung.

Öffnungszeiten: 6:00 - 10:00 Uhr (täglich)
Geschätzte Kosten: 20 € - 50 € /Monat
Webseite: http://www.fitclubkanpur.in/
Telefon: +91 9834 567 890
Adresse: 2. Stock, Anupam Plaza, Zivile Linien, Kanpur, Uttar Pradesh, 208001

5. Bodyworks Fitnessstudio, Varanasi
Beschreibung: Das Bodyworks Gym in Varanasi bietet moderne Fitnesseinrichtungen, darunter Cardio- und Krafttrainingsgeräte. Es ist bekannt für seine einladende Atmosphäre und sachkundige Trainer.

Öffnungszeiten: 6:00 - 10:00 Uhr (täglich)
Geschätzte Kosten: 15 € - 40 € /Monat
Webseite: http://www.bodyworksgym.in/
Telefon: +91 9152 678 901
Adresse: 1. Stock, Einkaufszentrum Varanasi, Sigra, Varanasi, Uttar Pradesh, 221010

f) Maharashtra - Die besten Fitnesscenter

1. Gold's Gym, Mumbai, Maharashtra
Beschreibung: Das Gold's Gym in Mumbai bietet ein erstklassiges Fitnesserlebnis mit fortschrittlichen Geräten, persönlichem Training und verschiedenen Fitnesskursen. Es ist eine Top-Wahl für Fitnessbegeisterte in der Stadt.

Öffnungszeiten: 6:00 - 10:00 Uhr (täglich)
Geschätzte Kosten: €30 - €70/Monat
Webseite: https://www.goldsgym.in/
Telefon: +91 9820 123 456
Adresse: 3. Stock, Einkaufszentrum Inorbit, Malad West, Mumbai, Maharashtra, 400064

2. Anytime Fitness, Pune, Indien
Beschreibung: Anytime Fitness in Pune bietet 24/7 Zugang zu seinen Fitnesseinrichtungen, darunter moderne Geräte und verschiedene Fitnesskurse. Es ist ideal für diejenigen, die flexible Trainingsoptionen suchen.

Öffnungszeiten: 24 Stunden (täglich)
Geschätzte Kosten: 25 € - 60 € /Monat
Webseite: https://www.anytimefitness.in/
Telefon: +91 9822 345 678
Adresse: 2. Stock, Amanora Einkaufszentrum, Hadapsar, Pune, Maharashtra, 411028

3. Mumbai, Mumbai, Maharashtra
Beschreibung: Fitness First in Mumbai bietet eine gehobene Fitnessumgebung mit modernster Ausrüstung, persönlichem Training und einer breiten Palette von Kursen. Es ist gut geeignet für diejenigen, die ein umfassendes Fitnesserlebnis suchen.

Öffnungszeiten: 6:00 - 10:00 Uhr (täglich)
Geschätzte Kosten: 40 € - 80 € /Monat
Webseite: https://www.fitnessfirst.in/
Telefon: +91 9920 123 456
Adresse: 5. Etage, Oberoi Mall, Goregaon Ost, Mumbai, Maharashtra, 400063

4. Ozone Fitness & Spa, Mumbai, Indien - hier
Beschreibung: Ozone Fitness & Spa bietet einen ganzheitlichen Fitnessansatz mit modernen Fitnesseinrichtungen, Wellnessangeboten und verschiedenen Fitnesskursen. Es ist bekannt für seine entspannte Umgebung und professionelle Trainer.

Öffnungszeiten: 6:00 - 10:00 Uhr (täglich)
Geschätzte Kosten: €35 - €75/Monat
Webseite: https://www.ozonefitness.in/
Telefon: +91 9999 111 222
Adresse: 4. Stock, Der königliche Garten, Worli, Mumbai, Maharashtra, 400030

5. Fitnessclub, Nagpur, Indien
Beschreibung: Der Fitnessclub in Nagpur bietet moderne Fitnessgeräte, Personal Training und eine Vielzahl von Gruppenfitnesskursen. Es ist bekannt für seine erschwinglichen Preise und effektiven Trainingspläne.

Öffnungszeiten: 6:00 - 10:00 Uhr (täglich)
Geschätzte Kosten: 20 € - 50 € /Monat
Webseite: http://www.fitnessclubnagpur.in/
Telefon: +91 9823 456 789
Adresse: 2. Stock, Kaiserin Mall, Sadar, Nagpur, Maharashtra, 440001

g) Tamil Nadu - Beste Fitnesscenter

1. Gold's Gym, Chennai, Indien
Beschreibung: Das Gold's Gym in Chennai bietet ein hochwertiges Fitnesserlebnis mit modernsten Geräten, persönlichem Training und Gruppenfitnesskursen. Es ist eine beliebte Wahl für Fitnessbegeisterte in der Stadt.

Öffnungszeiten: 6:00 - 10:00 Uhr (täglich)
Geschätzte Kosten: €30 - €70/Monat
Webseite: https://www.goldsgym.in/
Telefon: +91 9444 555 666
Adresse: 2. Stock, Phoenix Marktstadt, Velachery, Chennai, Tamil Nadu, 600042

2. Anytime Fitness, Coimbatore, Indien
Beschreibung: Anytime Fitness in Coimbatore bietet 24/7 Zugang zu Fitnesseinrichtungen, darunter eine Vielzahl von Fitnesskursen und Personal Training. Es ist ideal für diejenigen mit vollen oder unregelmäßigen Zeitplänen.

Öffnungszeiten: 24 Stunden (täglich)
Geschätzte Kosten: 25 € - 60 € /Monat
Webseite: https://www.anytimefitness.in/
Telefon: +91 9360 123 456
Adresse: 3. Stock, Brookefields Mall, Avinashi Straße, Coimbatore, Tamil Nadu, 641004

3. Fitness One, Chennai, Indien

Beschreibung: Fitness One in Chennai bietet ein erstklassiges Fitness-Erlebnis mit modernen Geräten, persönlichem Training und Gruppenfitnesskursen. Es ist bekannt für seine hohen Sauberkeitsstandards und sein professionelles Personal.

Öffnungszeiten: 6:00 - 10:00 Uhr (täglich)
Geschätzte Kosten: 25 € - 55 €/Monat
Webseite: http://www.fitnessone.in/
Telefon: +91 9710 123 456
Adresse: 1. Stock, Einkaufszentrum Express Avenue, Royapettah, Chennai, Tamil Nadu, 600014

4. Ozone Fitness & Spa, Chennai, Indien
Beschreibung: Ozone Fitness & Spa in Chennai bietet ein umfassendes Fitnesserlebnis mit fortschrittlichen Fitnessgeräten, persönlichem Training und Wellnessangeboten. Es ist ideal für diejenigen, die eine Mischung aus Fitness und Wellness suchen.

Öffnungszeiten: 6:00 - 10:00 Uhr (täglich)
Geschätzte Kosten: €35 - €75/Monat
Webseite: https://www.ozonefitness.in/

Telefon: +91 9840 123 456
Adresse: 2. Etage, Palladium Mall, Kilpauk, Chennai, Tamil Nadu, 600010

5. Fitness Planet, Madurai, Indien
Beschreibung: Fitness Planet in Madurai bietet eine Reihe von Fitnessgeräten und Kursen an. Es ist beliebt für seine günstigen Preise und die freundliche Atmosphäre, was es zu einer großartigen Wahl für Einheimische macht.

Öffnungszeiten: 6:00 - 10:00 Uhr (täglich)
Geschätzte Kosten: 15 € - 40 € /Monat
Webseite: http://www.fitnessplanetmadurai.in/
Telefon: +91 9629 876 543
Adresse: 4. Stock, Madurai Turm, West Masi Straße, Madurai, Tamil Nadu, 625001

h) Westbengalen - Beste Fitnesscenter

1. Gold's Gym, Kalkutta, Indien
Beschreibung: Das Gold's Gym in Kalkutta bietet ein erstklassiges Fitnesserlebnis mit modernen Geräten, persönlichem Training und einer Vielzahl von Gruppenkursen. Es ist bekannt für seine erstklassigen Einrichtungen und erfahrenen Trainer.

Öffnungszeiten: 6:00 - 10:00 Uhr (täglich)
Geschätzte Kosten: €30 - €70/Monat
Webseite: https://www.goldsgym.in/
Telefon: +91 9830 123 456
Adresse: 3. Stock, South City Mall, Prinz Anwar Shah Straße, Kalkutta, Westbengalen, 700068

2. Anytime Fitness, Kalkutta, Indien
Beschreibung: Anytime Fitness in Kalkutta bietet 24/7 Zugang zu Fitnesseinrichtungen, darunter moderne Geräte und eine Reihe von Fitnesskursen. Es ist eine großartige Option für diejenigen, die flexible Trainingszeiten benötigen.

Öffnungszeiten: 24 Stunden (täglich)
Geschätzte Kosten: 25 € - 60 € /Monat
Webseite: https://www.anytimefitness.in/
Telefon: +91 9876 543 210
Adresse: 2. Stock, Metro Plaza, Zentrale Avenue, Kalkutta, Westbengalen, 700012

3. Fitness First, Kalkutta, Indien
Beschreibung: Fitness First in Kalkutta bietet ein High-End-Fitnesserlebnis mit erstklassigen Geräten, persönlichem Training und verschiedenen Fitnesskursen. Es ist bekannt für seine erstklassigen Einrichtungen und sein kompetentes Personal.
Öffnungszeiten: 6:00 - 10:00 Uhr (täglich)
Geschätzte Kosten: 40 € - 80 € /Monat
Webseite: https://www.fitnessfirst.in/
Telefon: +91 9007 654 321
Adresse: 4. Etage, Quest Mall, Park Circus, Kalkutta, Westbengalen, 700017

4. Ozone Fitness & Spa, Kalkutta

Beschreibung: Ozone Fitness & Spa bietet eine Mischung aus Fitness und Entspannung mit fortschrittlichen Fitnessgeräten, persönlichem Training und Wellnessangeboten. Es ist ideal für diejenigen, die ein umfassendes Wellness-Erlebnis suchen.
Öffnungszeiten: 6:00 - 10:00 Uhr (täglich)
Geschätzte Kosten: €35 - €75/Monat
Webseite: https://www.ozonefitness.in/
Telefon: +91 9674 123 456
Adresse: 2. Stock, Internationale Schule in Südstadt, Prinz Anwar Shah Straße, Kalkutta, Westbengalen, 700068

5. Fit Studio, Siliguri, Thailand
Beschreibung: Das Fit Studio in Siliguri bietet moderne Fitnesseinrichtungen und eine Reihe von Fitnesskursen. Es ist beliebt für seine freundliche Atmosphäre und effektive Trainingsprogramme.
Öffnungszeiten: 6:00 - 10:00 Uhr (täglich)
Geschätzte Kosten: 15 € - 40 € /Monat
Webseite: http://www.fitstudiosiliguri.in/
Telefon: +91 9635 678 901
Adresse: 1. Stock, Cosmos Mall, Siliguri, Westbengalen, 734001

KAPITEL 7:

7.1: INDIEN TOP-STRÄNDE

Indien mit seiner ausgedehnten Küste, die sich über 7.500 Kilometer erstreckt, beherbergt einige der schönsten und abwechslungsreichsten Strände der Welt. Von den lebhaften Ufern von Goa über den ruhigen Sand von Kerala bis hin zum unberührten Paradies der Andamanen und Nikobaren bietet das Land eine breite Palette an Stranderlebnissen. Egal, ob Sie Abenteuer, Entspannung oder eine kulturelle Flucht suchen, Indiens Strände sind für alle Arten von Reisenden geeignet

1. Goa

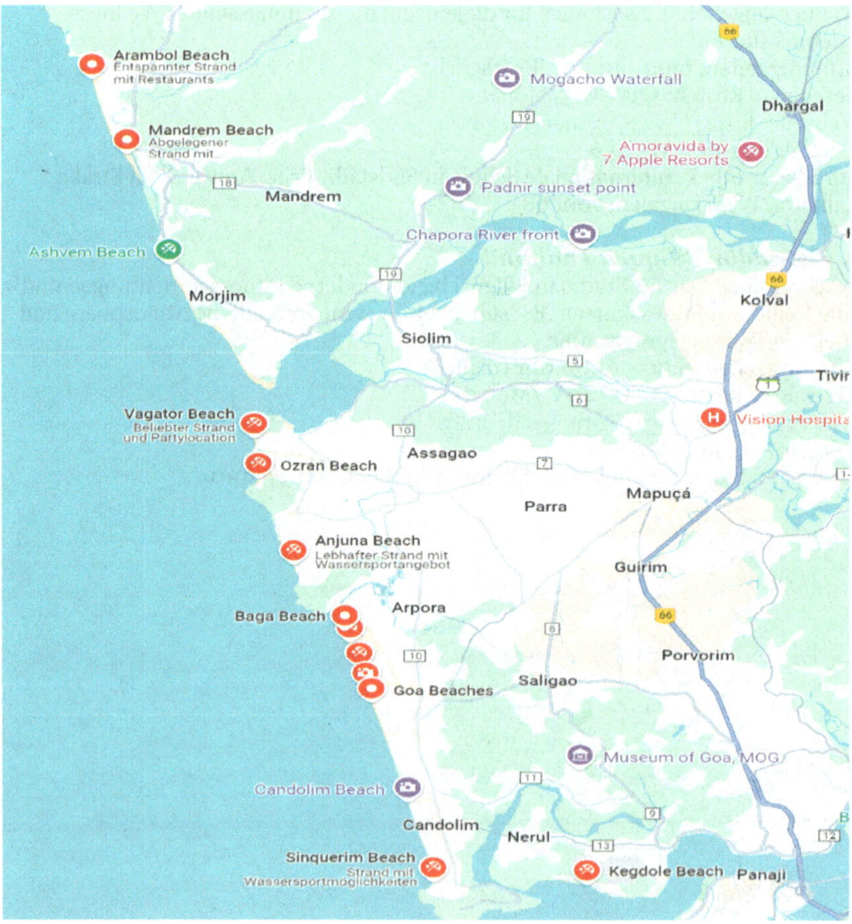

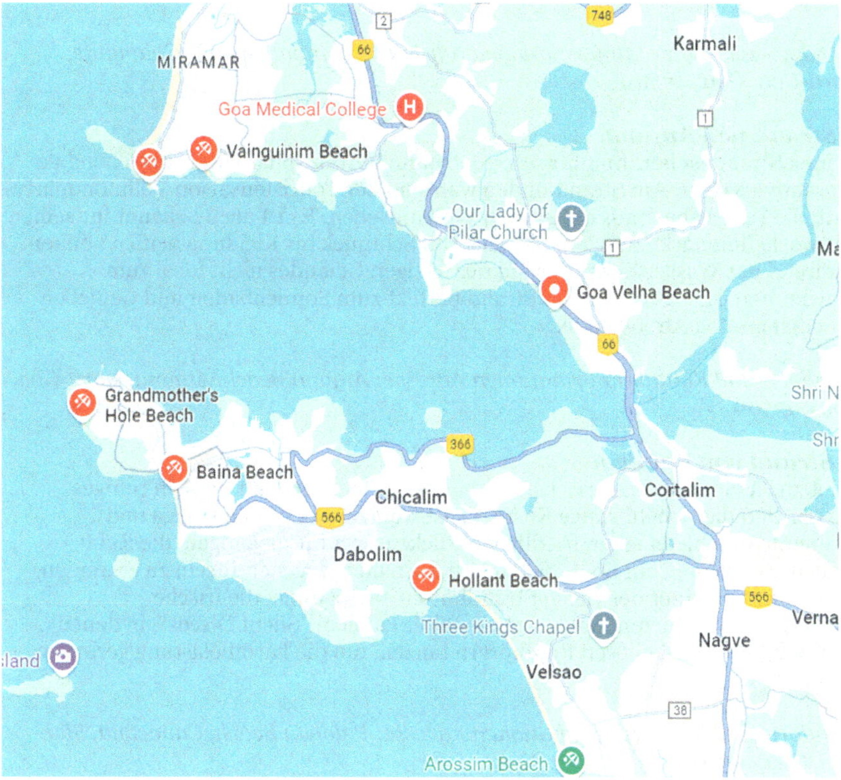

Goa ist die Strandhauptstadt Indiens, bekannt für ihre malerische Küste, ihr pulsierendes Nachtleben und eine perfekte Mischung aus ruhigen und energiegeladenen Stränden. Von Wassersport über Strandhütten bis hin zu Partys hat Goa für jeden etwas zu bieten.

a. Strand von Baga

Baga Strand ist einer der beliebtesten Strände in Goa, bekannt für seine lebhafte Atmosphäre, Wassersport und Strandpartys. Es ist ein ausgezeichneter Ort für Abenteuerliebhaber und bietet Aktivitäten wie Parasailing, Jetski und Bananenbootfahrten. Die Abende sind noch aufregender, da sich zahlreiche Nachtclubs und Strandhütten in Partyzonen verwandeln. Der Strand ist gesäumt von Restaurants, die authentische Gerichte aus Goa servieren, was ihn zu einem perfekten Ort macht, um Meeresfrüchte zu genießen.

Adresse: Strand von Baga, Baga, Nord-Goa, Goa 403519

b. Strand von Calangute

Calangute Strand, oft die Königin der Strände genannt, ist der größte Strand in Nord-Goa. Es zieht eine breite Palette von Touristen an, von Rucksacktouristen bis hin zu Familien. Der Strand bietet eine Vielzahl von Wassersportarten wie Windsurfen, Schnorcheln und Wasserski. Sie können Ihren Tag damit verbringen, in Strandhütten zu faulenzen oder die lokalen Kunsthandwerksmärkte in der Nähe zu erkunden. Der Strand wird nachts zu einem lebhaften Ort mit Bars und Restaurants, die Unterhaltung und Live-Musik anbieten.

Standort- und Kontaktinformationen Adresse: Calangute Beach, Calangute, Nord-Goa, Goa 403519

c. Strand von Anjuna

Anjuna Strand ist berühmt für seine entspannte Atmosphäre und eine lebendige alternative Kultur. Am Strand finden während der Touristensaison Vollmondpartys statt, die Partygänger aus der ganzen Welt anziehen. Es ist auch bekannt für seinen Mittwochsflohmarkt, auf dem Sie alles von Schmuck bis Kleidung kaufen können. Während das Wasser hier aufgrund des felsigen Geländes nicht ideal zum Schwimmen ist, eignet sich der Strand perfekt zum Sonnenbaden und Genießen der entspannten Atmosphäre.

Standort- und Kontaktinformationen Adresse: Anjuna Beach, Anjuna, Nord-Goa, Goa 403509

d. Strand von Palolem

Palolem ist einer der malerischsten Strände in Goa, berühmt für sein ruhiges Wasser und die sichelförmige Küste. Es ist weniger überfüllt als Baga und Calangute und bietet einen friedlichen Rückzugsort für diejenigen, die Ruhe suchen. Sie können ein Boot mieten, um die nahe gelegenen Inseln zu erkunden, oder einfach in einer der vielen Strandhütten entspannen, die frische Meeresfrüchte anbieten. Nachts veranstaltet Palolem "Silent Discos", in denen Partygänger mit kabellosen Kopfhörern tanzen, um die Lärmbelastung gering zu halten.

Standort- und Kontaktinformationen Adresse: Palolem Beach, Canacona, Süd-Goa, Goa 403702

e. Strand von Vagator

Vagator Strand bietet dramatische Klippen, rote Lateritfelsen und palmengesäumte Ufer, was ihn zu einem Favoriten für Fotografen macht. Der Strand ist in zwei Teile unterteilt: Big Vagator und Little Vagator, die beide einzigartige Erlebnisse bieten. Während Big Vagator überfüllter ist, bietet Little Vagator eine ruhigere, friedlichere Umgebung. Die Aussicht auf den Sonnenuntergang von den Klippen ist atemberaubend, und am Strand finden in der Hochsaison auch einige Strandpartys statt.

Standort- und Kontaktinformationen Adresse: Vagator Beach, Vagator, Nord-Goa, Goa 403509

f. Strand von Candolim

Candolim Strand ist weniger überlaufen als seine Nachbarstrände wie Baga und Calangute, was ihn ideal für Ruhesuchende macht. Der Strand ist ein langer, ruhiger Sandstrand mit weniger Strandhütten und luxuriöseren Resorts. Es bietet eine große Auswahl an Wassersportarten wie Parasailing, Windsurfen und Delfinbeobachtungstouren. Candolim liegt auch in der Nähe von Fort Aguada, einer portugiesischen Festung aus dem 17.Jahrhundert mit herrlichem Blick auf das Arabische Meer.

Standort- und Kontaktinformationen Adresse: Candolim Beach, Candolim, Nord-Goa, Goa 403515

g. Strand von Morjim

Morjim Strand ist bekannt für seine ruhige Umgebung und als geschützter Nistplatz für olivgrüne Ridley-Meeresschildkröten. Der Strand ist weniger kommerzialisiert und bietet einen ruhigen Rückzugsort, der bei Naturliebhabern beliebt ist. Es ist auch ein Favorit unter russischen Touristen, was ihm den Spitznamen "Kleinrussland" einbrachte." Der Strand bietet Wassersportarten wie Kitesurfen und Windsurfen, und es ist ein großartiger Ort für die Vogelbeobachtung, mit vielen wandernden Arten, die die Gegend besuchen.

Adresse: Morjim Strand, Morjim, Pernem, Nord-Goa, Goa 403512

2. Kerala

Kerala, oft "Gottes eigenes Land" genannt, bietet atemberaubende Strände entlang der Malabarküste. Diese Strände sind bekannt für ihre natürliche Schönheit, ruhiges Wasser und lebendige kulturelle Erlebnisse.

a. Strand von Kovalam

Kovalam ist einer der berühmtesten Strände Keralas, bekannt für sein flaches Wasser und Ebbe, was ihn perfekt zum Schwimmen macht. Der Strand ist in drei Abschnitte unterteilt: Lighthouse Beach, Hawa Beach und Samudra Beach. Lighthouse Beach ist der beliebteste Strand und bietet einen atemberaubenden Blick vom Leuchtturm auf einem Felsvorsprung. Kovalam ist auch ein großartiger Ort für ayurvedische Behandlungen und Yoga-Retreats.

Adresse: Strand von Kovalam, Thiruvananthapuram, Kerala 695527

b. Strand von Varkala

Varkala Strand, auch bekannt als Papanasam Beach, ist berühmt für seine dramatischen Klippen und therapeutischen Mineralquellen. Der Strand ist ein beliebtes Ziel für diejenigen, die geistige und körperliche Verjüngung suchen. Der nahe gelegene 2.000 Jahre alte Janardanaswamy-Tempel verleiht der Gegend eine religiöse und kulturelle Bedeutung. Es ist auch ein großartiger Ort für Paragliding, Surfen und entspannende Yoga-Retreats.

Anschrift: Varkala Beach, Varkala, Thiruvananthapuram, Kerala, Indien 695141

c. Strand von Marari

Marari Strand ist ein unberührter weißer Sandstrand im Bezirk Alleppey in Kerala. Es ist der perfekte Ort, um in einer ruhigen Umgebung zu entspannen, weg von der Hektik. Marari bietet einen Einblick in das traditionelle Dorfleben von Kerala mit Fischerbooten an den Ufern und Kokospalmen, die sich im Wind wiegen. Der Strand ist weniger überlaufen und eignet sich daher ideal zum Sonnenbaden, Schwimmen und Genießen ayurvedischer Behandlungen.

Adresse: Marari Strand, Mararikulam, Alappuzha, Kerala 688523

d. Strand von Alappuzha

Der Strand von Alappuzha, der oft als Venedig des Ostens bezeichnet wird, liegt im Herzen der Backwaters von Kerala. Der Strand ist bekannt für seinen alten Pier, der sich ins Meer erstreckt und einen großartigen Ort zum Fotografieren bietet. Der Strand von Alappuzha ist auch berühmt für sein jährliches Schlangenbootrennen Nehru Trophy. Besucher können auch den nahe gelegenen

Leuchtturm erkunden und sich Strandaktivitäten wie Volleyball und Picknicks hingeben.

Adresse: Strand von Alappuzha, Alappuzha, Kerala 688012

e. Strand von Bekal

Bekal Strand liegt in der Nähe des berühmten Bekal Fort und bietet eine Mischung aus Geschichte und natürlicher Schönheit. Der Strand ist bekannt für seine Sauberkeit und gepflegte Umgebung, was ihn zu einem Favoriten für Familien und Paare macht. Die Aussicht vom Bekal Fort mit Blick auf das Arabische Meer ist spektakulär, besonders bei Sonnenuntergang. Besucher können auch Strandspaziergänge, Schwimmen und Picknicken genießen.

Adresse: Bekal Strand, Kasaragod, Kerala 671319

f. Strand von Cherai

Cherai Strand, in der Nähe von Kochi gelegen, ist eines der versteckten Juwelen von Kerala. Dieser goldene Sandstrand ist ein großartiger Ort zum Schwimmen und für Delfinsichtungen. Die nahe gelegenen Backwaters machen es zu einem einzigartigen Reiseziel, das eine Kombination aus Strand- und Backwater-Erlebnissen bietet. Der Strand ist gesäumt von Resorts und Hütten, was ihn zu einem ruhigen Zufluchtsort für Familien und Paare macht.

Adresse: Cherai Strand, Insel Vypin, Kochi, Kerala 683514

g. Kappad Strand

Kappad Beach ist historisch bedeutsam als Landeplatz von Vasco da Gama im Jahr 1498. Dieser Strand ist weniger überlaufen und bietet eine ruhige Atmosphäre zum Entspannen. Der Strand ist ideal für abendliche Spaziergänge und Picknicks, mit ruhigem Wasser und einer ruhigen Umgebung. Die nahe gelegenen Felsen und Kokospalmen tragen zu seiner landschaftlichen Schönheit bei.

Adresse: Kappad Strand, Kappad, Kozhikode, Kerala 673304

3. Tamil Nadu

Die Küste von Tamil Nadu entlang der Bucht von Bengalen ist berühmt für ihre landschaftliche Schönheit, ihr reiches kulturelles Erbe und ihre lebhaften Strandfestivals. Der Staat bietet eine Mischung aus historischer Bedeutung und natürlichem Charme, was seine Strände bei Touristen beliebt macht.

a. Strand von Marina

Marina Beach in Chennai ist der längste Stadtstrand Indiens und erstreckt sich über 13 km. Der Strand ist bekannt für sein breites Sandufer, ikonische Wahrzeichen und die lebendige lokale Kultur. Während das Schwimmen aufgrund starker Strömungen verboten ist, eignet sich der Marina Beach perfekt für einen morgendlichen oder abendlichen Spaziergang. Es ist ein großartiger Ort, um den Sonnenaufgang zu beobachten, Drachen steigen zu lassen oder Straßenessen wie Sundal (gewürzte Kichererbsen) und Murukku zu genießen. Der Strand beherbergt auch mehrere Denkmäler, darunter die berühmter indischer Führer. Der Leuchtturm am südlichen Ende des Strandes bietet einen Panoramablick auf Chennai.

Adresse: Marina Beach, Triplicane, Chennai, Tamil Nadu 600005 Telefonnummerhinzufügen

b. Strand von Mahabalipuram
Der Strand von Mahabalipuram ist bekannt für seine Mischung aus historischen Denkmälern und natürlicher Schönheit. Der Strand befindet sich in der Nähe des UNESCO-Weltkulturerbes, mit alten Felsentempeln und Skulpturen, die einen einzigartigen Charme verleihen. Besucher können den ikonischen Ufertempel erkunden, am goldenen Sandstrand entspannen oder Wassersportarten wie Windsurfen und Schwimmen nachgehen. Mahabalipuram ist auch für seine Strandresorts bekannt, was es zu einem beliebten Wochenendausflug für Einheimische und Touristen macht.

Adresse: Strand von Mahabalipuram, Mahabalipuram, Tamil Nadu 603104

c. Covelong Strand
Covelong Beach, auch bekannt als Kovalam Beach (Tamil Nadu), ist berühmt für seine ruhige Umgebung und hervorragende Surfbedingungen. Der Strand liegt etwa 40 km von Chennai entfernt und ist ein großartiger Ort für Abenteuersportarten wie Windsurfen, Parasailing und Kajakfahren. In Covelong befindet sich ein Fischerdorf, das den Besuchern einen Einblick in die lokale Kultur gibt. Der Strand hat auch luxuriöse Resorts und Ayurveda-Zentren, was ihn zu einem großartigen Ort für Entspannung und Wellness macht.

Anschrift: Covelong Beach, Covelong, Tamil Nadu, Indien 603112

d. Strand von Rameswaram
Rameswaram Beach ist ein ruhiger Ort in der Nähe eines der wichtigsten Pilgerziele Indiens, des Rameswaram-Tempels. Der Strand ist bekannt für sein ruhiges, flaches Wasser, ideal zum Schwimmen und Bootfahren. Die unberührte Küste und die nahe gelegene Pamban-Brücke tragen zur landschaftlichen Schönheit der Gegend bei. Rameswaram ist auch berühmt für seine Korallenriffe, was es zu einem guten Ort zum Schnorcheln und für Meereserkundungen macht.

Anschrift: Rameswaram Beach, Rameswaram, Tamil Nadu, Indien 623526

e. Elliots Strand (Besant Nagar Strand)
Elliot's Beach befindet sich in der Gegend von Besant Nagar in Chennai und ist bekannt für seine ruhige, saubere Umgebung. Im Gegensatz zum geschäftigen Marina Beach bietet Elliot's Beach ein friedlicheres Erlebnis und ist daher bei Einheimischen für morgendliche Spaziergänge und Wochenendentspannung beliebt. Der Strand hat eine Reihe von Cafes und Restaurants in der Nähe, wo Besucher lokale Snacks genießen können. Hier befindet sich das Karl-Schmidt-Denkmal, das einem niederländischen Seemann gewidmet ist, der bei der Rettung eines ertrinkenden Schwimmers ums Leben kam.

Adresse: Elliots Strand, Besant Nagar, Chennai, Tamil Nadu 600090

f. Silberner Strand
Silver Beach befindet sich in Cuddalore und ist einer der längsten Strände an der Coromandel Coast. Der Strand ist bekannt für seinen silberfarbenen Sand und das ruhige, flache Wasser, was ihn ideal zum Schwimmen macht. Silver Beach bietet eine abgeschiedenere Erfahrung im Vergleich zu den belebteren Stränden in

Chennai, was es zu einem großartigen Ort für einen ruhigen Familienausflug oder einen friedlichen Rückzugsort macht. Besucher können an diesem Strand auch Ausritte und Bootstouren unternehmen.

Anschrift: Silver Beach, Cuddalore, Tamil Nadu 607001
Telefonnummerhinzufügen

g. Tharangambadi Strand
Auch bekannt als Tranquebar Beach, befindet sich dieser ruhige Ort in einer historischen Stadt, die einst eine dänische Kolonie war. Der Strand ist berühmt für seine ruhige Umgebung und die dänische Festung aus dem 17.Jahrhundert, die das Ufer überblickt. Der Strand von Tharangambadi bietet eine einzigartige Mischung aus Geschichte und natürlicher Schönheit. Besucher können die koloniale Architektur der Stadt erkunden oder einfach am Meer entspannen. Das nahe gelegene Flussufer trägt zum landschaftlichen Charme bei und ist ein idealer Ort für Geschichtsinteressierte und Fotografen.

Adresse: Strand von Tharangambadi, Tharangambadi, Tamil Nadu 609313

4. Maharashtra

Maharashtras Küste entlang des Arabischen Meeres ist gesäumt von wunderschönen Stränden, von denen viele weniger überlaufen sind und eine

Mischung aus Abenteuer und Entspannung bieten. Hier sind die Top 7 Strände in Maharashtra:

a. Strand von Juhu
Juhu Beach ist einer der berühmtesten Strände Mumbais, bekannt für seine lebhafte Atmosphäre und den atemberaubenden Blick auf den Sonnenuntergang. Der Strand ist ein beliebter Ort für Einheimische und Touristen gleichermaßen und bietet eine große Auswahl an Straßenessen, darunter Mumbais berühmtes Pav Bhaji und Bhel Puri. Obwohl Schwimmen aufgrund starker Strömungen nicht zu empfehlen ist, können Besucher Pferde- und Kamelritte unternehmen oder am Drachenfliegen teilnehmen. Der Strand ist gesäumt von Luxushotels und Bollywood-Promi-Häusern, was ihn zu einer Hauptattraktion macht.

Adresse: Juhu Strand, Juhu Tara Straße, Juhu, Mumbai, Maharashtra 400049

b. Strand von Aksa
Der Aksa Beach in Malad, Mumbai, ist im Vergleich zum beliebteren Juhu Beach ein relativ ruhiger und sauberer Strand. Es ist bekannt für seine Gelassenheit und die malerische Aussicht, was es zu einem Favoriten für Naturliebhaber und diejenigen macht, die Einsamkeit suchen. Der Strand hat begrenzte kommerzielle Aktivitäten, was dazu beiträgt, sein friedliches Ambiente zu erhalten. Besuchern wird empfohlen, sich aufgrund starker Strömungen nicht zu weit ins Wasser zu wagen, aber es ist ein perfekter Ort für einen entspannten Strandtag mit Familie und Freunden.

Adresse: Aksa Strand, Malad Westen, Mumbai, Maharashtra 400095

c. Strand von Ganpatipule
Ganpatipule Beach befindet sich in der Region Konkan in Maharashtra und ist bekannt für seinen sauberen, goldenen Sand und das türkisfarbene Wasser. Der Strand befindet sich in der Nähe des berühmten Ganpatipule-Tempels, einem beliebten Wallfahrtsort, der Lord Ganesha gewidmet ist. Der Strand von Ganpatipule bietet Wassersportarten wie Jetski, Parasailing und Bootfahren. Die nahe gelegenen Hügel bieten eine malerische Aussicht und sind ein großartiger Ort für Spaziergänge in der Natur und Picknicks. Der Strand ist relativ wenig überlaufen und bietet einen ruhigen Rückzugsort.

Adresse: Strand von Ganpatipule, Ratnagiri, Maharashtra 415615

d. Strand von Alibaug
Alibaug Beach ist ein beliebter Wochenendausflug für Einwohner von Mumbai und Pune und bietet saubere Strände, Wassersport und historische Sehenswürdigkeiten. Der Strand ist bekannt für seinen schwarzen Sand und bietet einen Blick auf die Festung Kolaba, die bei Ebbe zugänglich ist. Besucher können auch Wassersportarten wie Jetski und Bananenbootfahrten genießen. Alibaug ist berühmt für seine Küstenküche mit vielen Strandbuden, die frische Meeresfrüchte servieren.

Adresse: Alibaug Strand, Alibaug, Maharashtra 402201

e. Strand von Tarkarli
Der Strand von Tarkarli in der Region Malvan ist bekannt für sein kristallklares Wasser und seine Korallenriffe. Es ist einer der besten Orte in Maharashtra für

Wassersportarten wie Tauchen und Schnorcheln. Der Strand ist ideal zum Schwimmen, Sonnenbaden und Delfinbeobachtungstouren. Tarkarli bietet auch Hausbootaufenthalte in den nahe gelegenen Backwaters an, was es zu einem einzigartigen Reiseziel macht. Der Strand ist von Kasuarinabäumen gesäumt, was zu seiner landschaftlichen Schönheit beiträgt.

Adresse: Tarkarli Strand, Malvan, Maharashtra 416606

f. Kaschid Strand

Der Kashid Beach liegt zwischen Mumbai und Alibaug und bietet einen ruhigen Rückzugsort mit weißem Sand und klarem Wasser. Der Strand ist perfekt für diejenigen, die einen weniger überfüllten Ort zum Entspannen suchen. Wassersportarten wie Surfen, Parasailing und Bananenbootfahrten werden angeboten. Kashid ist von üppigem Grün und Hügeln umgeben und somit ein idealer Ort für ein Picknick oder einen gemütlichen Spaziergang.

Adresse: Kashid Strand, Kashid, Maharashtra 402201

g. Strand von Diveagar

Diveagar Beach ist ein unberührter Strand im Stadtteil Raigad in Maharashtra. Es ist bekannt für sein ruhiges Wasser, was es ideal zum Schwimmen und Entspannen macht. Der Strand ist weniger kommerzialisiert und bietet eine ruhige Umgebung für einen ruhigen Kurzurlaub. Diveagar ist auch berühmt für seine Kokosnuss- und Betelnussplantagen, die zur landschaftlichen Schönheit der Gegend beitragen. Erkunden Sie den nahe gelegenen Tempel Suvarna Ganesh und genießen Sie frische Meeresfrüchte aus lokalen Restaurants.

Adresse: Strand von Diveagar, Diveagar, Maharashtra 402404

5. Andamanen & Nikobaren

Die Andamanen und Nikobaren sind berühmt für ihr kristallklares Wasser, ihr reiches Meeresleben und ihre unberührten Strände, was sie zu einem der exotischsten Strandziele in Indien macht.

a. Strand von Radhanagar
Der Strand von Radhanagar auf der Insel Havelock gilt als einer der besten Strände Asiens. Bekannt für seinen pudrigen weißen Sand, das türkisfarbene Wasser und die üppig grüne Umgebung, ist dieser Strand ein Paradies für Naturliebhaber. Es ist ein idealer Ort zum Schwimmen, Sonnenbaden und Fotografieren. Der Strand ist gut gepflegt und bietet eine ruhige Umgebung zum Entspannen. Die Sonnenuntergänge hier sind besonders atemberaubend und machen es zu einem Muss für alle Besucher der Andamanen.

Adresse: Radhanagar Beach, Havelock Island, Andamanen und Nikobaren 744211

b. Elefantenstrand
Elephant Beach ist ein weiterer atemberaubender Strand auf Havelock Island, der für seine lebhaften Korallenriffe und Meereslebewesen bekannt ist. Es ist ein beliebter Ort zum Schnorcheln und Tauchen, an dem Besucher die Unterwasserwelt erkunden können. Der Strand ist auch über eine kurze Wanderung durch einen Wald erreichbar, was das Abenteuer noch verstärkt. Elephant Beach ist ideal für diejenigen, die Wasseraktivitäten genießen und die natürliche Schönheit der Andamanen erleben möchten.

Adresse: Elephant Beach, Havelock Island, Andamanen und Nikobaren 744211

c. Strand von Vijaynagar
Vijaynagar Beach, ebenfalls auf Havelock Island gelegen, ist ein ruhigerer Strand, der für seine ruhige Umgebung bekannt ist. Es ist perfekt für lange Spaziergänge am Ufer entlang, zur Vogelbeobachtung und einfach zum Eintauchen in die natürliche Schönheit. Das ruhige, flache Wasser macht es zu einem guten Ort zum Schwimmen. Dieser Strand ist weniger überlaufen, was ihn ideal für Reisende macht, die Ruhe und Einsamkeit suchen.

Adresse: Vijaynagar Beach, Havelock Island, Andamanen und Nikobaren 744211

d. Strand von Kala Pathar
Kala Pathar Beach ist ein verstecktes Juwel auf Havelock Island, bekannt für seine schwarzen Felsen (Kala Pathar) und weißen Sandstrände. Der Kontrast zwischen den schwarzen Felsen, dem weißen Sand und dem blauen Wasser macht es zu einem großartigen Ort für die Fotografie. Der Strand ist relativ unberührt und weniger kommerzialisiert, was eine friedliche Atmosphäre bietet. Es ist perfekt für diejenigen, die den Massen entfliehen und einen ruhigen Tag am Meer genießen möchten.

Adresse: Kala Pathar Beach, Havelock Island, Andamanen und Nikobaren 744211

e. Corbyns Bucht Strand
Corbyn's Cove ist ein beliebter Strand in der Nähe von Port Blair, der Hauptstadt der Andamanen und Nikobaren. Der Strand ist von Kokospalmen gesäumt und bietet eine malerische Kulisse zum Entspannen. Wassersportarten wie Jetski und Schnellboot werden hier angeboten, was es zu einem unterhaltsamen Ort für Abenteuerliebhaber macht. Der Strand ist auch ein großartiger Ort, um den Sonnenuntergang zu genießen und die nahe gelegene Schlangeninsel zu erkunden, die für ihre vielfältige Unterwasserwelt bekannt ist.

Adresse: Corbyn's Cove Beach, Port Blair, Andamanen und Nikobaren 744101

f. Strand von Laxmanpur

Der Strand von Laxmanpur liegt auf Neil Island und ist bekannt für seinen langen weißen Sand und das flache Wasser, was ihn perfekt zum Schwimmen und Schnorcheln macht. Der Strand ist auch berühmt für seine natürlichen Korallenformationen und ein großartiger Ort, um die Unterwasserwelt zu erkunden. Der Strand von Laxmanpur ist weniger überfüllt und bietet eine ruhige Umgebung zum Entspannen. Der Strand ist besonders schön bei Sonnenuntergang, was ihn zu einem beliebten Ort für Fotografie macht.

Vollständige Adresse: Laxmanpur Beach, Neil Island, Andamanen und Nikobaren 744104

g. Strand von Sitapur

Sitapur Beach, ebenfalls auf Neil Island gelegen, ist berühmt für seine landschaftliche Schönheit und Ruhe. Der Strand ist von Palmen gesäumt und bietet Reisenden einen ruhigen Rückzugsort. Der Strand von Sitapur ist bekannt für seine atemberaubenden Sonnenaufgänge, was ihn zu einem großartigen Ort für Spaziergänge am frühen Morgen macht. Der Strand ist weniger kommerzialisiert, so dass Besucher die natürliche Schönheit der Andamanen ohne Menschenmassen genießen können.

Adresse: Sitapur Beach, Neil Island, Andamanen und Nikobaren 744104

7.2: EMPFOHLENE TRANSPORTMITTEL IN INDIEN

Wenn Sie durch Indien reisen, kann die Auswahl des richtigen Transportmittels Ihre Reise erheblich verbessern, egal ob Sie durch geschäftige Städte navigieren oder abgelegene Gebiete erkunden. Indien bietet eine Vielzahl von Transportmöglichkeiten für jedes Budget und Reisebedürfnis. Vom ausgedehnten Schienennetz, das Städte und Gemeinden verbindet, bis hin zur Effizienz von Inlandsflügen für lange Strecken gibt es zahlreiche Möglichkeiten, sich fortzubewegen. Lokale Busse und Taxis bieten Flexibilität innerhalb der Städte, während Autorikschas ideal für kurze Fahrten sind. Für zusätzlichen Komfort bieten U-Bahn-Systeme in Großstädten, Autovermietungen und sogar malerische Fähren einzigartige Erlebnisse. Wenn Sie diese Optionen verstehen, können Sie das beste Transportmittel für eine reibungslose und angenehme Reise durch Indien auswählen.

1. Züge (Indische Eisenbahnen)
Indiens ausgedehntes Eisenbahnnetz ist eines der effizientesten und wirtschaftlichsten Transportmittel und verbindet fast jede Stadt im ganzen Land. Die Zugklassen variieren von der budgetfreundlichen Schlafklasse bis zur luxuriösen First-Class-Klimaanlage. Für Fernreisen sind die Rajdhani und Shatabdi Express für Komfort und Geschwindigkeit sehr zu empfehlen. Schlafklasse ist viel billiger, obwohl es überfüllt sein kann.

Geschätzte Kosten: € 5 – € 20 für Mittelstreckenfahrten in der Schlafwagenklasse; € 30 – € 80 für erstklassige Klimaanlage in Premiumzügen.
Buchungslink: https://www.irctc.co.in/nget/

2. Inlandsflug
Inlandsflüge sind ideal für Langstreckenreisen zwischen indischen Großstädten. Fluggesellschaften wie IndiGo, Air India und SpiceJet bieten zahlreiche tägliche Flüge an, die wichtige Orte wie Delhi, Mumbai, Chennai und Kolkata verbinden. Flüge sind relativ günstig, wenn sie im Voraus gebucht werden.

Geschätzte Kosten: € 30 - € 100 je nach Strecke und Fluggesellschaft.

Buchungslinks:
IndiGo: https://www.goindigo.in/
Flüge nach Indien: https://www.airindia.in/
SpiceJet: https://www.spicejet.com/

3. Busse (staatliche und private Betreiber)
Busse sind ein zuverlässiges und wirtschaftliches Transportmittel in Indien. Sie können sich für staatliche Busse wie KSRTC, MSRTC oder private Betreiber wie RedBus entscheiden. Diese Busse bieten sowohl Intercity- als auch Intracity-Reisen mit Optionen, die von einfachen bis hin zu luxuriösen Dienstleistungen reichen.

Geschätzte Kosten: € 2 - € 5 für Kurzstrecken; € 10 – € 30 für Fernbusse mit Klimaanlage.

Buchungslinks:
Roter Bus: https://www.redbus.in/
KSRTC: https://ksrtc.in/
MSRTC: https://msrtc.maharashtra.gov.in/

4. Taxis (Ola, Uber und lokale Taxis)
Taxis sind in indischen Städten weit verbreitet und eine bequeme Möglichkeit, sich fortzubewegen. App-basierte Dienste wie Ola und Uber bieten erschwingliche Preise und einfache Buchung. Sie sind besonders in Ballungsräumen nützlich. Für Intercity-Reisen können Sie die Außenstationsdienste von Ola nutzen.

Geschätzte Kosten: € 5 - € 15 für eine 10 km lange Fahrt innerhalb der Städte.

Buchungslinks:
Ola: https://www.olacabs.com/
Fahrdienst: https://www.uber.com/in/en/

5. Auto-Rikschas
Autorikschas sind eine beliebte Wahl für kurze Fahrten innerhalb von Städten. Sie sind ideal, um durch enge Straßen zu navigieren und Strecken zurückzulegen, die für Taxis zu kurz sind. Während Autorikschas in den meisten Städten keine Online-Buchung haben, sind Dienste wie Ola Auto oder Uber Auto in einigen Ballungsräumen verfügbar.

Geschätzte Kosten: 0,50 € - 3 € für kurze Fahrten (5 km bis 10 km).
Buchungslink: In bestimmten Städten in Ola- und Uber-Apps verfügbar.

6. U-Bahn-Systeme (Delhi, Mumbai, Kalkutta, Bangalore)
Indiens Großstädte wie Delhi, Mumbai, Kolkata und Bangalore verfügen über umfangreiche U-Bahn-Systeme. Diese U-Bahn-Netze werden dringend empfohlen, um Verkehr zu vermeiden und schnell durch städtische Gebiete zu reisen. Sie sind sauber, effizient und erschwinglich.

Geschätzte Kosten: 0,20 € - 2 €, abhängig von der zurückgelegten Strecke.

Buchungslinks:
U-Bahn von Delhi: http://www.delhimetrorail.com/
U-Bahn von Mumbai: https://www.mmrcl.com/
U-Bahn von Bangalore: http://english.bmrc.co.in/

7. Mietwagen und Motorräder
Ein Auto oder Motorrad zu mieten bietet große Flexibilität für die Erkundung Indiens, insbesondere in touristischen Hotspots wie Goa, Kerala und Rajasthan. Unternehmen wie Zoomcar bieten Mietwagen für Selbstfahrer und Chauffeure an. Motorräder können in touristischen Gebieten wie Goa und Leh für Autofahrten und ausgefallene Reisen gemietet werden.

Geschätzte Kosten: € 15 - € 50 pro Tag für Mietwagen; € 5 – € 15 pro Tag für Motorräder.

Buchungslinks:
Zoomauto: https://www.zoomcar.com/

Königliche Brüder: https://www.royalbrothers.com/

8. Fähren und Boote
In Regionen wie Kerala, Goa und den Andamanen und Nikobaren sind Fähren und Boote eine einzigartige Art zu reisen. Keralas Hausboote in den Backwaters sind eine beliebte Attraktion. Fähren in Goa verkehren zwischen verschiedenen Küstenpunkten und bieten ein landschaftlich reizvolles Reiseerlebnis.

Geschätzte Kosten: € 1 – € 10 für Fährfahrten; € 50 – € 150 für Hausboot-Erlebnisse.
Buchungslinks:
Kerala Hausboote: https://www.keralahouseboat.com/
Goa Tourismus Fähren: https://www.goa-tourism.com/

Diese Transportmöglichkeiten machen das Reisen in Indien bequem und bieten je nach Entfernung und bevorzugtem Komfort eine Auswahl für jedes Budget.

KAPITEL 8:

8.1: ALLGEMEINE SICHERHEITSTIPPS AUF INDIEN

Die Navigation durch die Komplexität dieses riesigen Landes erfordert einen durchdachten Sicherheitsansatz. Von geschäftigen Städten bis hin zu abgelegenen Dörfern kann die Vorbereitung und das Bewusstsein für mögliche Herausforderungen dazu beitragen, eine reibungslose und angenehme Reise zu gewährleisten. Dieser Leitfaden enthält wichtige Sicherheitstipps, die verschiedene Aspekte des Reisens in Indien abdecken, einschließlich Wachsamkeit in überfüllten Gebieten, Achtung der örtlichen Gepflogenheiten, Transportmanagement und Schutz Ihrer Gesundheit.

1. Bleiben Sie in überfüllten Bereichen wachsam
Indiens geschäftige Städte, Märkte und Verkehrsknotenpunkte können überwältigend sein. Taschendiebstahl und geringfügiger Diebstahl sind an überfüllten Orten häufig, daher ist es wichtig, wachsam zu bleiben. Bewahren Sie Ihre Sachen sicher auf, vorzugsweise in einer Umhängetasche mit Reißverschlüssen. Vermeiden Sie das Flashen teurer Geräte oder großer Geldsummen. Achten Sie in überfüllten Räumen wie Zügen, Bussen oder Märkten auf Ihre Umgebung und vermeiden Sie es, sich mit Fremden zu beschäftigen, die Sie ablenken könnten.

2. Seien Sie vorsichtig mit Essen und Wasser
Indien ist bekannt für seine reichhaltige und abwechslungsreiche Küche, aber Reisende sollten vorsichtig sein, wo sie essen und trinken. Vermeiden Sie den Konsum von Leitungswasser und entscheiden Sie sich für abgefülltes Wasser, das versiegelt ist. Wenn Sie sich über die Sauberkeit von Lebensmittelbetrieben nicht sicher sind, halten Sie sich an gut bewertete Restaurants oder essen Sie dort, wo es Einheimische tun. Straßenessen ist verlockend, aber stellen Sie sicher, dass es frisch gekocht und heiß serviert wird, um das Risiko von lebensmittelbedingten Krankheiten zu minimieren. Tragen Sie Händedesinfektionsmittel und waschen Sie Ihre Hände häufig, insbesondere vor den Mahlzeiten.

3. Respektieren Sie lokale Bräuche und Traditionen
Indien ist ein vielfältiges Land mit tief verwurzelten Traditionen und Bräuchen. Um kulturelle Missverständnisse zu vermeiden, kleiden Sie sich bescheiden, insbesondere in ländlichen Gebieten und an religiösen Stätten. Frauen sollten in Betracht ziehen, Kleidung zu tragen, die ihre Schultern und Knie bedeckt. Ziehen Sie immer Ihre Schuhe aus, bevor Sie Tempel oder Häuser betreten. Bei der Begrüßung ist ein einfaches "Namaste" mit zusammengepressten Handflächen höflich und respektvoll. Vermeiden Sie außerdem öffentliche Liebesbekundungen, da diese in bestimmten Regionen verpönt sein können.

4. Verwenden Sie einen zuverlässigen Transport
Der Transport in Indien kann chaotisch sein, aber es ist wichtig, die Sicherheit bei der Auswahl der Fortbewegungsmittel zu priorisieren. Entscheiden Sie sich für lizenzierte Taxis oder Hageldienste wie Uber oder Ola, die GPS-Tracking anbieten.

Vermeiden Sie es, nachts alleine zu reisen, insbesondere in unbekannten Gebieten. Wenn Sie öffentliche Verkehrsmittel wie Busse oder Züge benutzen, halten Sie Ihre Sachen in der Nähe und achten Sie auf Überfüllung. Wenn Sie ein Auto oder ein Motorrad mieten, stellen Sie sicher, dass Sie über den entsprechenden Führerschein verfügen und beim Fahren immer einen Helm tragen.

5. Schützen Sie Ihre Gesundheit

Indiens Klima- und Umweltbedingungen können Ihre Gesundheit beeinträchtigen, wenn Sie nicht vorbereitet sind. Führen Sie ein grundlegendes Erste-Hilfe-Set mit sich, einschließlich verschreibungspflichtiger Medikamente, da diese möglicherweise nicht in allen Bereichen ohne weiteres verfügbar sind. Stellen Sie sicher, dass Sie eine Reiseversicherung haben, die medizinische Notfälle abdeckt. Um sich vor durch Mücken übertragenen Krankheiten wie Dengue und Malaria zu schützen, verwenden Sie Insektenschutzmittel und schlafen Sie bei Bedarf unter Moskitonetzen. Es ist auch ratsam, sich vor der Reise nach Indien bei Ihrem Arzt über empfohlene Impfungen zu erkundigen.

6. Seien Sie sich der Betrügereien bewusst

Betrügereien gegen Touristen sind in Indien weit verbreitet, Daher ist es wichtig, sich möglicher roter Flaggen bewusst zu sein. Vermeiden Sie unaufgeforderte Hilfsangebote oder übermäßig freundliche Fremde, die versuchen könnten, Sie auszunutzen. Seien Sie vorsichtig bei überhöhten Gebühren durch Taxifahrer oder Ladenbesitzer und vereinbaren Sie immer vorher einen Preis. Wenn Sie Geld umtauschen, tun Sie dies an seriösen Orten und vermeiden Sie Straßenverkäufer, die möglicherweise Falschgeld anbieten. Wenn jemand mit einer schluchzenden Geschichte oder einem Verkaufsgespräch auf Sie zukommt, das zu gut scheint, um wahr zu sein, ist es am besten, höflich abzulehnen und wegzugehen.

7. Bleiben Sie in Verbindung und informiert

Es ist wichtig, auf Reisen in Indien mit Familie oder Freunden in Verbindung zu bleiben. Stellen Sie sicher, dass Ihr Telefon aufgeladen ist und Sie über eine lokale SIM-Karte oder einen internationalen Roaming-Tarif verfügen. Teilen Sie Ihre Reiseroute mit jemandem zu Hause und checken Sie regelmäßig bei ihm ein. Bleiben Sie über lokale Nachrichten und mögliche Sicherheitsbedenken in den Gebieten, die Sie besuchen möchten, auf dem Laufenden. Es ist auch eine gute Idee, sich bei Ihrer Botschaft oder Ihrem Konsulat bei der Ankunft anzumelden, damit sie Ihnen im Notfall helfen können.

8. Respektieren Sie die Tierwelt und die Natur

Indien beherbergt eine vielfältige Tierwelt und atemberaubende Naturlandschaften, aber es ist wichtig, die Umwelt zu respektieren. Befolgen Sie beim Besuch von Nationalparks oder Naturschutzgebieten die Richtlinien der Parkbehörden und halten Sie einen Sicherheitsabstand zu Tieren ein. Vermeiden Sie es, Wildtiere zu füttern oder zu stören, da dies sowohl für Sie als auch für die Tiere gefährlich sein kann. Bleiben Sie beim Wandern oder Trekking auf ausgewiesenen Wegen und tragen Sie viel Wasser mit sich. Entsorgen Sie Ihren Abfall ordnungsgemäß und vermeiden Sie Müll, um die natürliche Schönheit Indiens für zukünftige Generationen zu erhalten.

9. Planen Sie Ihre Unterkunft mit Bedacht

Achten Sie bei der Auswahl einer Unterkunft in Indien auf Sicherheit und Hygiene. Entscheiden Sie sich für gut bewertete Hotels, Pensionen oder Hostels in sicheren Gegenden. Wenn möglich, buchen Sie im Voraus, um Last-Minute-Probleme zu vermeiden, insbesondere in Großstädten oder touristischen Hotspots. Stellen Sie bei Ihrer Ankunft sicher, dass Ihr Zimmer über sichere Schlösser verfügt und dass auch alle Fenster oder Balkone sicher sind. Es ist ratsam, die Visitenkarte des Hotels bei der Erkundung mitzunehmen, da dies nützlich sein kann, wenn Sie einem Taxifahrer eine Wegbeschreibung geben müssen oder wenn Sie sich verlaufen.

10. Achten Sie auf die Sicherheit von Frauen

Während Indien ein faszinierendes Reiseziel ist, sollten weibliche Reisende zusätzliche Vorsichtsmaßnahmen treffen. Frauen ist es ratsam, nachts nicht alleine zu gehen, insbesondere in schlecht beleuchteten oder verlassenen Gebieten. Erwägen Sie, Abteile nur für Frauen in Zügen zu buchen und sich für frauenfreundliche Unterkünfte zu entscheiden. Wenn Sie Hageldienste nutzen, teilen Sie Ihre Fahrtdetails mit einem vertrauenswürdigen Kontakt und halten Sie Ihr Telefon in Reichweite. Bescheidene Kleidung zu tragen und unerwünschte Aufmerksamkeit zu vermeiden, kann auch dazu beitragen, sich in die lokale Kultur einzufügen. Vertraue deinen Instinkten und wenn du dich jemals unwohl fühlst, entferne dich aus der Situation.

11. Sorgsam mit Geld umgehen

Währungsmanagement ist bei Reisen in Indien von entscheidender Bedeutung. Es ist eine gute Idee, eine Mischung aus Bargeld und Karten bei sich zu haben, aber bewahren Sie nicht Ihr gesamtes Geld an einem Ort auf. Teilen Sie es zwischen Ihrer Brieftasche, einem Geldgürtel oder einer versteckten Tasche auf. Verwenden Sie Geldautomaten an sicheren, gut beleuchteten Orten wie Banken oder Einkaufszentren und vermeiden Sie es, große Beträge auf einmal abzuheben. Seien Sie vorsichtig, wenn Sie mit Karten bezahlen, und stellen Sie sicher, dass die Transaktion vor Ihnen durchgeführt wird, um Skimming zu vermeiden. Halten Sie Kleingeld für Trinkgeld und kleinere Einkäufe immer bereit, da größere Scheine schwer zu knacken sein können.

12. Lokale Gesetze und Vorschriften verstehen

Machen Sie sich mit den indischen Gesetzen und Vorschriften vertraut, um rechtliche Probleme während Ihres Aufenthalts zu vermeiden. Zum Beispiel sind Drogenbesitz und -konsum in Indien illegal und können zu schweren Strafen führen. In vielen Städten ist das Rauchen auch an öffentlichen Orten verboten. Achten Sie daher auf ausgewiesene Raucherbereiche. Tragen Sie jederzeit einen Ausweis mit sich, insbesondere beim Einchecken in Hotels oder bei Reisen mit dem Zug, da dies gesetzlich vorgeschrieben ist. Vermeiden Sie es auch, Fotos in Sperrgebieten wie Flughäfen, Militärstützpunkten oder einigen religiösen Stätten zu machen, da dies zu Problemen mit den Behörden führen kann.

13. Achten Sie auf die Verkehrssicherheit

Straßen in Indien können chaotisch sein, mit einer Mischung aus Fahrzeugen, Fußgängern und Tieren, die sich den Raum teilen. Wenn Sie vorhaben zu fahren, stellen Sie sicher, dass Sie über einen internationalen Führerschein verfügen und mit den indischen Verkehrsregeln vertraut sind. Schnallen Sie sich im Auto immer an, und wenn Sie Motorrad oder Roller fahren, ist ein Helm ein Muss. Seien Sie besonders vorsichtig beim Überqueren von Straßen, da der Verkehr unvorhersehbar sein kann und die Fahrer möglicherweise nicht immer den Signalen folgen. Es wird empfohlen, Fußgängerüberwege oder Überführungen zu benutzen, sofern verfügbar.

14. Bereiten Sie sich auf das Klima vor
Indiens Klima variiert von Region zu Region erheblich, daher ist es wichtig, auf unterschiedliche Wetterbedingungen vorbereitet zu sein. Im Sommer können die Temperaturen steigen, besonders in den nördlichen Ebenen, also bleiben Sie hydratisiert und tragen Sie leichte, atmungsaktive Kleidung. Die Monsunzeit bringt starke Regenfälle mit sich und kann in einigen Gebieten zu Überschwemmungen führen. Packen Sie daher wasserdichte Ausrüstung ein und überprüfen Sie die Wetterberichte, bevor Sie reisen. Im Winter, besonders in den nördlichen Regionen, können die Temperaturen stark sinken, also packen Sie warme Kleidung ein. Verwenden Sie unabhängig von der Jahreszeit immer Sonnenschutzmittel und tragen Sie einen Hut oder Regenschirm, um sich vor der Sonne zu schützen.

15. Lernen Sie grundlegende Sätze in lokalen Sprachen
Während Englisch in städtischen Gebieten und Touristenattraktionen weit verbreitet ist, kann das Erlernen einiger grundlegender Sätze in Hindi oder der Landessprache in ländlichen Gebieten oder kleineren Städten viel bewirken. Einfache Grüße, Dankeschöns und Sätze wie "Wie viel?" oder "Wo ist...?" kann bei alltäglichen Interaktionen helfen. Einheimische wissen den Aufwand oft zu schätzen und können Ihr Reiseerlebnis reibungsloser gestalten. Darüber hinaus kann eine Übersetzungs-App auf Ihrem Telefon in Situationen nützlich sein, in denen die Kommunikation schwierig ist.

16. Bleiben Sie über Gesundheitshinweise informiert
Indien ist ein vielfältiges Land mit je nach Region unterschiedlichen gesundheitlichen Herausforderungen. Konsultieren Sie vor Ihrer Reise einen Reisedoktor oder suchen Sie in Online-Ressourcen nach Gesundheitshinweisen zu Ihrem Reiseziel. Häufige Probleme sind durch Mücken übertragene Krankheiten wie Dengue und Malaria, also packen Sie Insektenschutzmittel ein und erwägen Sie die Einnahme von Malariamedikamenten, falls empfohlen. Seien Sie sich der Risiken eines Hitzschlags in heißen Gebieten bewusst und stellen Sie sicher, dass Sie die erforderlichen Impfungen gegen Krankheiten wie Typhus, Hepatitis und Tetanus haben.

17. Notrufnummern kennen
Für unvorhergesehene Situationen ist es wichtig, mit den lokalen Notrufnummern vertraut zu sein. In Indien ist die allgemeine Notrufnummer 112, die Sie mit Polizei, Feuerwehr und medizinischen Diensten verbindet. Speichern Sie außerdem die Kontaktinformationen der Botschaft oder des Konsulats Ihres Landes für jegliche diplomatische Unterstützung, die Sie möglicherweise benötigen. Viele Städte haben auch Touristenpolizei, die bei Sicherheitsbedenken oder Betrug behilflich sein kann. Bewahren Sie diese Nummern leicht zugänglich auf, entweder auf Ihrem Telefon oder notieren Sie sie, falls der Akku Ihres Telefons leer ist.

18. Respektieren Sie die Umwelt
Indiens natürliche Schönheit ist eine seiner größten Attraktionen, aber mit zunehmendem Tourismus geht das Risiko einer Umweltzerstörung einher. Seien Sie ein verantwortungsbewusster Reisender, indem Sie Ihre Auswirkungen auf die Umwelt minimieren. Vermeiden Sie die Verwendung von Einwegkunststoffen und entsorgen Sie Ihren Abfall ordnungsgemäß. Wenn Sie umweltsensible Gebiete besuchen, befolgen Sie die Richtlinien der örtlichen Behörden, z. B. keine Störung der Tierwelt oder Entnahme von Gegenständen aus natürlichen Lebensräumen. Unterstützen Sie umweltfreundliche Unterkünfte und Unternehmen, die nachhaltige Tourismuspraktiken fördern.

19. In unerwarteten Situationen ruhig bleiben
Reisen in Indien kann eine zutiefst bereichernde Erfahrung sein, aber es ist auch ein Land der Kontraste, in dem die Dinge nicht immer nach Plan verlaufen. Ob es sich um einen verspäteten Zug, eine Sprachbarriere oder ein Missverständnis handelt, ruhig und geduldig zu bleiben, kann Ihnen helfen, unerwartete Herausforderungen zu meistern. Sei offen und bereite dich auf Situationen vor, die anders sein könnten als das, was du gewohnt bist. Wenn Sie sich in einer schwierigen Situation befinden, suchen Sie Hilfe bei Einheimischen oder Mitreisenden, da die meisten Menschen bereit sind zu helfen.

20. Reiseversicherung ist unerlässlich
Unterschätzen Sie niemals die Bedeutung einer Reiseversicherung. Indien ist ein großes und vielfältiges Land, und Unfälle, Krankheiten oder unvorhergesehene Ereignisse können passieren. Eine gute Reiseversicherung deckt medizinische Notfälle, Reiserücktritte, verlorenes Gepäck und andere unerwartete Kosten ab. Lesen Sie unbedingt das Kleingedruckte und verstehen Sie, was Ihre Police abdeckt, insbesondere wenn Sie Aktivitäten wie Trekking, Wassersport oder Motorradfahren planen. Tragen Sie immer eine Kopie Ihrer Versicherungspolice und Notfallkontaktnummern bei sich.

Wenn Sie diese Sicherheitstipps befolgen, können Sie Ihre Reise durch Indien mit Zuversicht genießen und in die reichen kulturellen Wandteppiche und Naturwunder eintauchen, die das Land bietet.

8.2: TOP NACHTCLUBS UND BARS IN INDIEN

Die Navigation durch das pulsierende Nachtleben Indiens bietet eine einzigartige und aufregende Erfahrung, die sich durch eine Mischung aus traditionellen und modernen Einflüssen auszeichnet. Von gehobenen Nachtclubs in kosmopolitischen Städten bis hin zu lebhaften Bars mit lokalem Charme bietet jeder Veranstaltungsort seine eigene Atmosphäre und sein eigenes Angebot. Egal, ob Sie ein Anwohner oder ein Besucher sind, der das vielfältige Nachtleben erkundet, eine gute Vorbereitung kann Ihren Genuss verbessern und ein reibungsloses Erlebnis gewährleisten.

1. Kitty Su
Beschreibung: Kitty Su ist einer der bekanntesten Nachtclubs in Delhi, der für sein luxuriöses Ambiente und sein pulsierendes Nachtleben bekannt ist. Es befindet sich im Lalit Hotel und bietet eine Mischung aus elektronischer Musik und Live-Auftritten, die sowohl Einheimische als auch internationale Besucher anzieht. Das zeitgenössische Design und das gehobene Publikum des Clubs machen ihn zu einem Muss für Liebhaber des Nachtlebens.
Anschrift: The Lalit Hotel, Barakhamba Avenue, Connaught Place, Neu-Delhi, Delhi 110001, Indien
Webseite: www.kittysu.com
Telefonieren: +91 1144447777

2. Privatisieren
Beschreibung: Privee ist ein High-End-Nachtclub im Herzen von Delhi, der eine anspruchsvolle Atmosphäre mit erstklassigen DJs, exklusiven Partys und einem glamourösen Publikum bietet. Das hochmoderne Sound- und Beleuchtungssystem des Clubs in Kombination mit seiner schicken Einrichtung machen ihn zu einem der begehrtesten Ausgehziele der Stadt.
Anschrift: Shangri-La's Eros Hotel, Ashoka Road, Connaught Place, Neu-Delhi, Delhi 110001, Indien
Webseite: www.priveedelhi.com
Telefonieren: +91 8595900555

3. Spielzeugzimmer
Beschreibung: Toy Room ist eine international bekannte Nachtclub-Marke mit einer Präsenz in Großstädten weltweit. Die Filiale in Delhi ist bekannt für ihr exzentrisches Dekor und ihr lebendiges Ambiente, was sie zu einem Favoriten unter Partygängern macht. Mit einem Fokus auf Hip-Hop- und R & B-Musik bietet Toy Room ein einzigartiges und unvergessliches Nachtleben.
Anschrift: Aloft Hotel, Asset No 5B, Aerocity, Neu-Delhi, Delhi 110037, Indien
Webseite: www.toyroomdxb.com
Telefonieren: +91 9205059980

4. Keya
Beschreibung: Keya ist eine stilvolle und trendige Bar in Vasant Kunj, die für ihr schickes Ambiente und ihre beeindruckende Cocktailkarte bekannt ist. Die Bar bietet eine Mischung aus Sitzgelegenheiten im Innen- und Außenbereich mit einer

lebhaften Atmosphäre, die ein modisches Publikum anzieht. Es ist ein großartiger Ort für einen Abend mit Freunden, mit DJ-Sets und einer lebhaften Tanzfläche.
Anschrift: DLF Promenade Mall, Nelson Mandela Marg, Vasant Kunj, Neu-Delhi, Delhi 110070, Indien
Webseite: www.keyadelhi.com
Telefonieren: +91 1146117474

5. Der elektrische Raum
Beschreibung: Der Electric Room ist ein beliebter Veranstaltungsort für das Nachtleben im Lodhi Hotel und bietet Live-Musik und ein trendiges Publikum. Bekannt für seine Underground-Atmosphäre und seine vielseitige Musikauswahl, ist es ein Hotspot für diejenigen, die eine Alternative zur typischen Clubszene suchen. Der Electric Room ist ideal für Musikliebhaber und diejenigen, die ein intimeres Nachtleben suchen.
Anschrift: The Lodhi, Lodhi Road, Neu-Delhi, Delhi 110003, Indien
Webseite: www.thelodhi.com
Telefonieren: +91 1143633333

6. Soziale Netzwerke offline
Beschreibung: Social Offline ist eine einzigartige Mischung aus Cafe, Bar und Coworking Space, die es zu einem vielseitigen Ort für Arbeit und Freizeit macht. Mit mehreren Standorten in Delhi, Social ist bekannt für sein skurriles Dekor, innovative Cocktails, und lebhaftes Ambiente. Es ist ein beliebter Treffpunkt für junge Berufstätige und Kreative und bietet eine entspannte und dennoch energiegeladene Umgebung.
Adresse: 9A & 12, Hauz Khas Village, Hirschpark, Neu-Delhi, Delhi 110016, Indien
Webseite: www.socialoffline.in
Telefonieren: +91 7838652815

Top Nachtclubs und Bars in Rajasthan

1. Bar Palladio Jaipur
Beschreibung: Die Bar Palladio Jaipur ist eine atemberaubende Bar im Narain Niwas Palace Hotel. Bekannt für sein elegantes Design, das von der italienischen Renaissance-Architektur inspiriert ist, bietet es eine anspruchsvolle Atmosphäre mit einer Auswahl an erlesenen Cocktails und Gourmetküche. Der Sitzbereich der Bar im Freien, umgeben von üppigen Gärten, bietet eine ruhige und romantische Umgebung.
Anschrift: Narain Niwas Palace, Kanota Bagh, Narain Singh Straße, Jaipur, Rajasthan 302004, Indien
Webseite: www.barpalladio.com
Telefonieren: +91 1412560296

2. Die Forresta Küche & Bar
Beschreibung: Die Forresta Kitchen & Bar in Jaipur ist bekannt für ihre Sitzgelegenheiten im Freien unter Baumkronen, die eine entspannte und einladende Atmosphäre schaffen. Die Bar mit Schwerpunkt auf kontinentaler und indischer Küche bietet eine große Auswahl an Getränken, die das Essen ergänzen. Es ist ein großartiger Ort für einen entspannten Abend mit Freunden oder ein romantisches Abendessen.
Anschrift: Devraj Niwas, Bani Park, Khasa Kothi Kreis, Jaipur, Rajasthan 302016, Indien
Webseite: www.theforresta.com

Telefonieren: +91 1412200183

3. Dampf - Taj Rambagh Palace

Beschreibung: Steam ist eine einzigartige Bar, die sich in einer restaurierten Dampfmaschine und einem Eisenbahnwaggon im luxuriösen Taj Rambagh Palace befindet. Der Vintage-Charme der Bar, kombiniert mit einer Auswahl an erlesenen Weinen, Cocktails und Gourmet-Snacks, macht sie zu einem herausragenden Reiseziel in Jaipur. Das Ambiente ist perfekt für diejenigen, die ein einzigartiges Erlebnis suchen.
Anschrift: Rambagh Palace, Bhawani Singh Road, Jaipur, Rajasthan 302005, Indien
Webseite: www.tajhotels.com
Telefonieren: +91 1412211919

4. Sperrtermine

Beschreibung: Blackout ist eine beliebte Bar auf dem Dach in Jaipur und bietet einen Panoramablick auf die Skyline der Stadt. Die schicke Einrichtung der Bar, die lebendige Musik und die umfangreiche Cocktailkarte machen sie zu einem Favoriten bei jungen Einheimischen und Touristen. Es ist ein idealer Ort für einen Abend mit Freunden, mit einer lebhaften Atmosphäre, die die Party bis spät in die Nacht am Laufen hält.
Anschrift: Hotel Golden Oak, C Schema, Jaipur, Rajasthan 302001, Indien
Webseite: www.blackoutjaipur.com
Telefonieren: +91 9828088868

5. Suvarna-Mahal-Bar

Beschreibung: Die Suvarna Mahal Bar im Taj Rambagh Palace ist eine opulente Bar, die ein königliches Ambiente mit einer Auswahl an Premium-Getränken bietet. Das luxuriöse Ambiente der Bar mit aufwendigen Fresken und Kristallleuchtern versetzt die Gäste in eine vergangene Ära der Könige. Es ist eine ausgezeichnete Wahl für diejenigen, die ein raffinierteres und eleganteres Nachtleben suchen.
Anschrift: Rambagh Palace, Bhawani Singh Road, Jaipur, Rajasthan 302005, Indien
Webseite: www.tajhotels.com
Telefonieren: +91 1412211919

6. Haus der Menschen (HOP)

Beschreibung: House of People, auch bekannt als HOP, ist eine trendige Bar und Lounge auf dem Dach in Jaipur. HOP ist bekannt für sein lebhaftes Ambiente, Live-DJ-Auftritte und leckeres Essen und ein beliebter Ort für Einheimische und Touristen. Das moderne Design und die entspannte Atmosphäre der Bar machen sie zu einem idealen Ort, um sich zu entspannen und den Abend zu genießen.
Anschrift: A1, Sehkar Marg, Bais Godam, Jaipur, Rajasthan 302001, Indien
Webseite: www.houseofpeoplejaipur.com
Telefonieren: +91 9828088868

Top Nachtclubs und Bars in Kerala

1. Kashi Art Cafe

Beschreibung: Das Kashi Art Cafe in Fort Kochi ist eher ein entspanntes Cafe und eine Bar, die Kunst mit Essen und Trinken verbindet. Das vielseitige Ambiente mit zeitgenössischer Kunst und bequemen Sitzgelegenheiten macht es zu einem

beliebten Ort bei Reisenden und Einheimischen. Die Bar serviert eine Auswahl an Weinen und Bieren und ist damit der perfekte Ort, um nach einem erlebnisreichen Tag in den historischen Straßen von Fort Kochi zu entspannen.
Anschrift: Burgher Street, Fort Kochi, Kerala 682001, Indien
Webseite: www.kashiartcafe.com
Telefonieren: +91 4842215769

2. Loungebar Skygrill
Beschreibung: Die Sky Grill Lounge Bar im Crowne Plaza in Kochi bietet einen atemberaubenden Blick auf die Backwaters und die Skyline der Stadt. Diese Bar auf dem Dach mit modernem und schickem Ambiente ist bekannt für ihre köstlichen Grillgerichte, einzigartigen Cocktails und Live-Musik. Die elegante Umgebung macht es zu einem Favoriten für diejenigen, die einen anspruchsvollen Abend verbringen möchten.
Anschrift: Crowne Plaza, Maradu, Kochi, Kerala 682304, Indien
Webseite: www.ihg.com
Telefonieren: +91 4847115000

3. Mezzosopran
Beschreibung: Mezzo ist eine lebhafte Loungebar in Kochi, die eine großartige Mischung aus Speisen, Getränken und Unterhaltung bietet. Mit einem schicken Interieur und einer umfangreichen Cocktailkarte ist das Mezzo ein beliebter Treffpunkt für das junge und trendige Publikum. In der Bar finden häufig Live-Musikaufführungen und DJ-Abende statt, was sie zu einem aufregenden Ort für Nachtschwärmer macht.
Anschrift: Avenue Regent, MG Road, Ernakulam, Kochi, Kerala 682016, Indien
Webseite: www.avenuehotels.in
Telefonieren: +91 4842374411

4. Längengrad 76
Beschreibung: Longitude 76 ist eine gehobene Bar im Le Méridien in Kochi. Diese Bar ist für ihr elegantes Design und ihr luxuriöses Ambiente bekannt und bietet eine große Auswahl an Cocktails, Premium-Spirituosen und erlesenen Weinen. Die ruhige und entspannte Atmosphäre macht es zu einem perfekten Ort für einen ruhigen Abend oder einen Aperitif.
Anschrift: Le Méridien, Maradu, Kochi, Kerala 682304, Indien
Webseite: www.marriott.com
Telefonieren: +91 4842705777

5. Die Lounge der Voyager
Beschreibung: Die Voyager's Lounge befindet sich im Raviz Resort in Kollam und bietet eine entspannende und ruhige Umgebung. Die Loungebar bietet eine gemütliche Einrichtung mit Plüschsitzen und einer beeindruckenden Auswahl an Getränken. Es ist ein ausgezeichneter Ort für einen ruhigen Drink, und der Blick auf den Ashtamudi-See trägt zum Charme bei.
Anschrift: The Raviz Resort, Thevally, Kollam, Kerala 691601, Indien
Webseite: www.theraviz.com
Telefonieren: +91 4742751111

6. Malabar-Kreuzung
Beschreibung: Malabar Junction ist ein elegantes Restaurant und eine Bar im Malabar House Hotel in Fort Kochi. Die Bar bietet eine kuratierte Auswahl an Weinen und Spirituosen, gepaart mit köstlicher mediterraner und keralanischer

Küche. Die Architektur im Kolonialstil und das ruhige Ambiente machen es zu einem herrlichen Ort für einen gemütlichen Abend.
Adresse: Das Malabar House, 1/268, Parade Road, Fort Kochi, Kerala 682001, Indien
Webseite: www.malabarhouse.com
Telefonieren: +91 4842216666

Top Nachtclubs und Bars in Goa

1. Titos Club
Beschreibung: Titos Club ist einer der berühmtesten und ältesten Nachtclubs in Goa, bekannt für seine lebhaften Partys und seine lebhafte Atmosphäre. Das Tito's in Baga bietet eine großartige Mischung aus Musik, von Bollywood bis EDM. Der Club verfügt auch über mehrere Tanzflächen, einen VIP-Bereich und eine Bar, die eine große Auswahl an Getränken serviert.
Anschrift: Tito's Lane, Baga Beach, Goa 403516, Indien
Webseite: www.titosgoa.com
Telefonieren: +91 9822765002

2. Café Mambos
Beschreibung: Das Café Mambos befindet sich neben Titos und ist ein weiterer beliebter Nachtclub in Goa. Mambos ist bekannt für seine Open-Air-Umgebung und bietet eine entspannte und dennoch energiegeladene Atmosphäre mit einer Vielzahl von Musikgenres, die von lokalen und internationalen DJs gespielt werden. Der Club ist bekannt für seine Themenpartys und Live-Auftritte, was ihn zu einem Favoriten bei Touristen und Einheimischen gleichermaßen macht.
Anschrift: Tito's Lane, Baga Beach, Goa 403516, Indien
Webseite: www.titosgoa.com
Telefonieren: +91 9822765002

3. SinQ Nachtclub
Beschreibung: Der SinQ Nachtclub in Candolim ist ein schicker und moderner Veranstaltungsort, der für seine Partys am Pool, die lebhafte Atmosphäre und die stilvolle Einrichtung bekannt ist. Der Club verfügt über eine geräumige Tanzfläche, eine Poolbar und eine Lounge auf dem Dach und ist damit eines der gefragtesten Ausgehziele in Goa. Die Musik hier reicht von EDM bis hin zu kommerziellen Hits und bietet für jeden Geschmack etwas.
Anschrift: Opposite Taj Holiday Village, Candolim, Goa 403515, Indien
Webseite: www.sinq.in
Telefonieren: +91 9823485684

4. Club Cubana
Beschreibung: Der Club Cubana liegt auf einem Hügel in Arpora und ist als "Nachtclub am Himmel" bekannt." Dieser einzigartige Veranstaltungsort bietet eine atemberaubende Aussicht, einen großen Außenpool und mehrere Ebenen von Tanzflächen. Der Club Cubana ist berühmt für seine All-Inclusive-Eintrittsgebühr, die unbegrenzte Getränke für die Nacht abdeckt. Die Mischung aus elektronischer Musik und atemberaubender Aussicht macht den Club zu einem Muss.
Anschrift: Arpora Hill, Nord-Goa, Goa 403507, Indien
Webseite: www.clubcubana.net
Telefonieren: +91 9823539000

5. LPK Waterfront

Beschreibung: LPK Waterfront (Love Passion Karma) ist ein einzigartiger Nachtclub am Ufer des Flusses Nerul in Candolim. Die einzigartige Architektur des Clubs mit Skulpturen und Wandgemälden unterscheidet ihn von anderen Veranstaltungsorten. LPK ist bekannt für seine lebendige Partyszene, die eine Mischung aus kommerzieller, Bollywood- und EDM-Musik spielt und damit bei Partygängern ein Hit ist.
Anschrift: Riverfront, Nerul-Candolim Road, Candolim, Goa 403114, Indien
Webseite: www.lpk.in
Telefonieren: +91 9923178236

6. Cohiba
Beschreibung: Cohiba, in der Nähe des Aguada Fort in Candolim gelegen, ist eine beliebte Bar und Lounge, die für ihre Live-Musik und ihre lebhafte Atmosphäre bekannt ist. Die Bar bietet eine große Auswahl an Cocktails, Spirituosen und leckerem Essen, was sie zu einem großartigen Ort für Einheimische und Touristen macht. Die Open-Air-Umgebung und die entspannte Atmosphäre von Cohiba machen es zu einem perfekten Ort, um nach einem Tag am Strand zu entspannen.
Anschrift: Aguada - Siolim Rd, Sinqurim, Candolim, Goa 403515, Indien
Webseite: www.cohibagoa.com
Telefonieren: +91 9850452010

Top Nachtclubs und Bars in Uttar Pradesh

1. Sky Hilton
Beschreibung: Sky Hilton ist eine beliebte Bar auf dem Dach in Meerut, Uttar Pradesh. Die Bar ist für ihr luxuriöses Ambiente und den Panoramablick bekannt und bietet eine große Auswahl an Cocktails und Spirituosen. Die elegante Einrichtung und das lebendige Ambiente machen es zu einer Top-Wahl für diejenigen, die einen stilvollen Abend verbringen möchten. Die Live-Musikaufführungen tragen zum Gesamterlebnis bei.
Anschrift: Prabhat Nagar, Meerut, Uttar Pradesh 250004, Indien
Webseite: www.skyhiltonhotel.com
Telefonieren: +91 8191000066

2. Der fliegende Holländer
Beschreibung: Das Flying Dutchman in Noida ist eine Piratenbar mit einem einzigartigen und aufregenden Ambiente. Die Bar serviert eine große Auswahl an Getränken, darunter Themencocktails, und bietet Live-DJ-Auftritte und Unterhaltung. Die lebhafte Atmosphäre und das skurrile Dekor machen es zu einem Hit unter den jüngeren Zuschauern.
Adresse: Sektor 32, Noida, Uttar Pradesh 201301, Indien
Webseite: www.theflyingdutchman.in
Telefonieren: +91 1204274740

3. Himmelhaus
Beschreibung: SkyHouse ist eine trendige Bar und Lounge auf dem Dach in Noida. Die Bar ist für ihre moderne Einrichtung und ihr schickes Ambiente bekannt und bietet eine Auswahl an Cocktails und internationale Küche. Die Dachterrasse bietet einen atemberaubenden Blick auf die Stadt, was sie zu einem beliebten Ort für Verabredungen und Partys macht.
Adresse: Sektor 104, Noida, Uttar Pradesh 201301, Indien
Webseite: www.skyhousenoida.com
Telefonieren: +91 9871002000

4. Pind Balluchi

Beschreibung: Pind Balluchi ist eine bekannte Kette von Restaurants und Bars in Uttar Pradesh, die eine Mischung aus traditioneller Punjabi-Küche und einer großen Auswahl an alkoholischen Getränken anbietet. Die rustikale Einrichtung und die lebhafte Atmosphäre machen es zu einem großartigen Ort, um sich zu entspannen und einen Drink mit Freunden zu genießen. In der Bar finden auch Live-Musikaufführungen und Themenabende statt.
Adresse: Sektor 18, Noida, Uttar Pradesh 201301, Indien
Webseite: www.pindballuchi.com
Telefonieren: +91 1204222444

Top Nachtclubs und Bars in Maharashtra

1. Trilogie Lounge

Beschreibung: Die Trilogy Lounge befindet sich in Mumbais luxuriösem Hotel mit Meerblick und ist bekannt für ihr stilvolles Design und ihr energiegeladenes Ambiente. Die Lounge bietet eine Mischung aus elektronischer und kommerzieller Musik, eine große Auswahl an Cocktails und ein elegantes Interieur mit herrlichem Blick auf das Arabische Meer. Es ist eine Top-Wahl für diejenigen, die ein anspruchsvolles Nachtleben suchen.
Anschrift: Hotel Sea Princess, Juhu Beach, Mumbai, Maharashtra 400049, Indien
Webseite: www.trilogylounge.com
Telefonieren: +91 9820420099

2. Die Bombay-Kantine

Beschreibung: Die Bombay Canteen in Lower Parel bietet eine moderne Interpretation traditioneller indischer Küche und Cocktails. Bekannt für seine lebendige Atmosphäre und innovative Getränkekarte, ist diese Bar ein Favorit unter Mumbais Trendsettern. Das vielseitige Dekor und die kreativen Cocktails machen es zu einem großartigen Ort für einen gehobenen Abend.
Anschrift: 1. Stock, Gokul Arcade, Kamala Mills Compound, Unterer Teil, Mumbai, Maharashtra 400013, Indien
Webseite: www.thebombaycanteen.com
Telefonieren: +91 9820408812

3. Hakkasan

Beschreibung: Das Hakkasan im ITC Grand Central ist ein High-End-Restaurant und eine Bar, die für ihr anspruchsvolles Ambiente und die erstklassige kantonesische Küche bekannt sind. Die Bar bietet eine beeindruckende Auswahl an Cocktails und erlesenen Weinen und das elegante Ambiente macht sie zu einer Top-Wahl für einen luxuriösen Abend in Mumbai.
Anschrift: ITC Grand Central, Parel, Mumbai, Maharashtra 400012, Indien
Webseite: www.hakkasan.com
Telefonieren: +91 9004960000

4. Vre

Beschreibung: Aer ist eine Bar auf dem Dach des Four Seasons Hotels in Mumbai mit Panoramablick auf die Skyline der Stadt. Bekannt für sein schickes Dekor, die umfangreiche Cocktailkarte und Live-DJ-Auftritte, ist Aer ein beliebtes Ziel für Einheimische und Touristen. Die Open-Air-Umgebung und die atemberaubende Aussicht sorgen für ein unvergessliches Nachtleben.

Anschrift: Four Seasons Hotel, Dr. E. Moses Road, Worli, Mumbai, Maharashtra 400018, Indien Telefonnummerhinzufügen
Webseite: www.fourseasons.com
Telefonieren: +91 9820460460

5. Das irische Haus

Beschreibung: Das Irish House mit mehreren Standorten in Mumbai bietet eine entspannte Pub-Atmosphäre mit einer großen Auswahl an Bieren, Spirituosen und herzhaftem Pub-Essen. Bekannt für seine lebhafte Umgebung, Live-Sportübertragungen und ungezwungene Atmosphäre, ist es ein großartiger Ort, um sich mit Freunden zu entspannen oder einen ungezwungenen Abend zu genießen.
Anschrift: Phoenix Mills, Lower Parel, Mumbai, Maharashtra 400013, Indien
Webseite: www.irishhouse.in
Telefonieren: +91 9820447084

6. Café Prato

Beschreibung: Das Café Prato im zentralen Geschäftsviertel von Mumbai ist bekannt für sein gehobenes Ambiente und die raffinierte Auswahl an Weinen und Cocktails. Die Bar bietet ein anspruchsvolles Ambiente mit bequemen Sitzgelegenheiten und einem tollen Blick auf die Stadt. Es ist ein perfekter Ort für Geschäftstreffen, gesellschaftliche Zusammenkünfte oder einen stilvollen Abend.
Adresse: Die Hauptstadt, G Block, Bandra-Kurla Komplex, Mumbai, Maharashtra 400051, Indien
Webseite: www.cafeprato.com
Telefonieren: +91 9820460000

Top Nachtclubs und Bars in Tamil Nadu

1. Pascha

Beschreibung: Pasha ist ein renommierter Nachtclub in Chennais The Park Hotel, der eine lebendige Atmosphäre mit modernem Dekor und energiegeladener Musik bietet. Der Club bietet internationale DJs, eine stilvolle Tanzfläche und eine Auswahl an Cocktails. Es ist eine beliebte Wahl für diejenigen, die das Nachtleben von Chennai erleben möchten.
Adresse: Der Park Chennai, 601, Nungambakkam High Road, Chennai, Tamil Nadu 600034, Indien
Webseite: www.theparkhotels.com
Telefonieren: +91 4428301234

2. Downing Street 10

Beschreibung: 10 Downing Street ist eine beliebte Kneipe und Bar in Chennai, die für ihr britisch inspiriertes Dekor und ihre entspannte Atmosphäre bekannt ist. Die Bar bietet eine Auswahl an Cocktails, Bieren und klassischen Pub-Speisen. Mit seinem gemütlichen Interieur und Live-Musik ist es ein großartiger Ort für einen entspannten Abend.
Adresse: 10, 11 und 12, Alsa Mall, 1. Stock, Harrington Road, Chetpet, Chennai, Tamil Nadu 600031, Indien
Webseite: www.10dsindia.com
Telefonieren: +91 9840444412

3. Der fliegende Elefant

Beschreibung: Der fliegende Elefant befindet sich im Park Hyatt Chennai und ist ein einzigartiger Ort, der mehrere Speise- und Barerlebnisse bietet. Die Bar verfügt

über ein modernes Design, eine umfangreiche Getränkekarte und Live-Unterhaltung. Es ist ein großartiger Ort, um einen stilvollen Abend mit einer Reihe von Optionen zu genießen, von gehobener Küche bis hin zu ungezwungenen Getränken.
Anschrift: Park Hyatt, 39, Velachery Road, Chennai, Tamil Nadu 600032, Indien
Webseite: www.parkhyatt.com
Telefonieren: +91 4443701234

4. Gewölbe
Beschreibung: The Vault ist eine schicke und trendige Bar in Chennais ITC Grand Chola. Bekannt für sein anspruchsvolles Ambiente und seine umfangreiche Cocktailkarte, ist The Vault ein Favorit unter der Elite der Stadt. Die stilvolle Einrichtung, kombiniert mit erstklassigem Service und einer Auswahl an feinen Spirituosen, macht es zu einem perfekten Ort für einen eleganten Abend.
Anschrift: ITC Grand Chola, 63, Mount Road, Guindy, Chennai, Tamil Nadu 600032, Indien
Webseite: www.itchotels.com
Telefonieren: +91 4444950000

5. Shao
Beschreibung: Shao ist eine Bar und ein Restaurant auf dem Dach im Radisson Blu in Chennai. Die Bar bietet einen Panoramablick auf die Stadt, ergänzt durch eine Auswahl an chinesischer Küche und Cocktails. Die stilvolle und komfortable Umgebung macht es zu einem idealen Ort für einen entspannten und angenehmen Abend.
Anschrift: Radisson Blu, 531, GST Road, Chennai, Tamil Nadu 600016, Indien
Webseite: www.radissonblu.com
Telefonieren: +91 4449455555

6. Börse Bar
Beschreibung: Die Bar Stock Exchange in Chennai bietet ein dynamisches und interaktives Trinkerlebnis. Die Bar verfügt über ein Börsen-Themen-Setup, bei dem die Getränkepreise je nach Nachfrage schwanken. Mit einem lebhaften Ambiente, innovativen Cocktails und einer Auswahl an Snacks ist es ein unterhaltsamer Ort für einen Abend mit Freunden.
Adresse: 1. Stock, Neue Nr. 65, Alte Nr. 105, TTK Road, Alwarpet, Chennai, Tamil Nadu 600018, Indien
Webseite: www.bseindia.com
Telefonieren: +91 7358297365

Top Nachtclubs und Bars in Westbengalen

1. Roxys
Beschreibung: Roxy ist ein trendiger und gehobener Nachtclub im Park Hotel in Kalkutta. Das Roxy ist für sein schickes Dekor und seine lebhafte Atmosphäre bekannt und bietet Live-Musik, DJ-Sets und eine Auswahl an Cocktails. Das stilvolle Interieur und die energiegeladene Atmosphäre des Clubs machen ihn zu einem beliebten Ziel für Liebhaber des Nachtlebens.
Adresse: Der Park, 17, Parkstraße, Kalkutta, Westbengalen 700016, Indien
Webseite: www.theparkhotels.com
Telefonieren: +91 3322800080

2. Irgendwo anders

Beschreibung: Someplace Else, im Park Kalkutta gelegen, ist ein beliebter Veranstaltungsort für Live-Musik und eine Bar. Die Bar ist für ihre gemütliche Atmosphäre und die vielfältigen Musikveranstaltungen bekannt und bietet eine entspannte Atmosphäre, in der die Gäste eine Auswahl an Getränken und Live-Auftritten genießen können. Es ist ein großartiger Ort für Musikliebhaber, die einen entspannten Abend verbringen möchten.
Adresse: Der Park, 17, Parkstraße, Kalkutta, Westbengalen 700016, Indien
Webseite: www.theparkhotels.com
Telefonieren: +91 3322800080

3. Olypub
Beschreibung: Olypub ist ein historisches und ikonisches Pub in Kalkutta, das für seinen Charme der alten Welt und seine entspannte Atmosphäre bekannt ist. Die Bar bietet eine Auswahl an traditionellen und modernen Cocktails sowie eine Auswahl an Snacks. Seine klassische Einrichtung und entspannte Atmosphäre machen es zu einem beliebten Ort für Einheimische und Besucher.
Adresse: 18A, Park Street, Kalkutta, Westbengalen 700071, Indien
Webseite: www.olypub.com
Telefonieren: +91 33 22293236

4. Das irische Haus
Beschreibung: Das Irish House in Kalkutta bietet ein warmes, pubartiges Ambiente mit einer großen Auswahl an Bieren, Spirituosen und herzhaften Speisen. Die Bar bietet Live-Musik, Sportvorführungen und eine entspannte Atmosphäre, was sie zu einem großartigen Ort für einen ungezwungenen Abend mit Freunden macht.
Adresse: 2nd Floor, 12/1, 1st Lane, New Alipore, Kalkutta, Westbengalen 700053, Indien
Webseite: www.irishhouse.in
Telefonieren: +91 3324178700

5. Der Myx
Beschreibung: Das Myx ist ein stilvoller Nachtclub in Kalkutta, der für sein modernes Dekor und seine lebhaften Partys bekannt ist. Die Bar bietet eine Auswahl an Cocktails, internationale Musik und eine lebhafte Tanzfläche. Es ist eine beliebte Wahl für diejenigen, die einen energiegeladenen Abend genießen möchten.
Adresse: 57A, 3. Etage, Parkstraße, Kalkutta, Westbengalen 700016, Indien
Webseite: www.themix.in
Telefonieren: +91 3322800080

6. Der summende Baum
Beschreibung: Das Humming Tree ist ein beliebter Veranstaltungsort für Live-Musik und eine Bar in Kalkutta, die für ihr vielseitiges Dekor und ihr lebendiges Ambiente bekannt ist. Der Veranstaltungsort beherbergt eine Vielzahl von Musikaufführungen, Kunstausstellungen und kulturellen Veranstaltungen und ist damit ein Zentrum für Kreativität und Nachtleben in der Stadt.
Adresse: 2nd Floor, 518, 14th A Cross, Indiranagar, Kalkutta, Westbengalen 700032, Indien
Webseite: www.thehummingtree.com
Telefonieren: +91 9741343444

Insidertipps für den Besuch von Nachtclubs und Bars in Indien

Kleiderordnung:
Tipp: Viele gehobene Nachtclubs und Bars in Indien haben eine strenge Kleiderordnung. Für Männer bedeutet dies oft, elegante Freizeitkleidung zu tragen — Hemden mit Kragen und geschlossene Schuhe sind in der Regel erforderlich. Von Frauen wird normalerweise erwartet, dass sie Kleider oder stilvolle Outfits tragen. Überprüfen Sie immer die Kleiderordnung des Veranstaltungsortes, bevor Sie losfahren, um Unannehmlichkeiten zu vermeiden.

Eintritts- und Deckungsgebühren:
Tipp: Einige Nachtclubs und Bars in Indien erheben möglicherweise eine Eintrittsgebühr oder eine Schutzgebühr, insbesondere an Wochenenden oder bei besonderen Veranstaltungen. Es ist eine gute Idee, im Voraus zu prüfen, ob es eine Schutzgebühr gibt und wie hoch diese sein wird. Die Reservierung eines Tisches im Voraus kann manchmal kostenlosen Eintritt beinhalten.

Timing:
Tipp: Nachtclubs und Bars in Indien sind in der Regel spät abends geöffnet, Die meisten beginnen gegen 9 Uhr oder 10 Uhr und bleiben bis 1 Uhr oder später geöffnet. Wenn Sie Live-Musik oder DJ-Auftritte genießen möchten, kommen Sie am besten früh an, um sich einen guten Platz zu sichern.

ID-Anforderungen:
Tipp: Sie müssen einen gültigen Ausweis mit sich führen, da die meisten Nachtclubs und Bars Altersbeschränkungen haben und einen Altersnachweis verlangen. Akzeptable Ausweise umfassen normalerweise einen Reisepass, einen Führerschein oder eine Aadhaar-Karte. Einige Orte können auch Einreisebeschränkungen für Ausländer haben, also stellen Sie sicher, dass Sie die richtigen Unterlagen haben.

Reservations:
Tipp: Eine Reservierung, insbesondere an Wochenenden oder in der Hochsaison, kann von entscheidender Bedeutung sein. Beliebte Veranstaltungsorte können sich schnell füllen, so dass eine Buchung im Voraus Ihnen einen Platz garantieren kann und manchmal zusätzliche Vergünstigungen wie Prioritätseintritt oder einen reservierten Tisch bietet.

Lokale Bräuche und Etikette:
Tipp: Das indische Nachtleben ist vielfältig und von lokalen Bräuchen beeinflusst. Respektieren Sie kulturelle Normen und Praktiken. Zum Beispiel, Öffentliche Liebesbekundungen werden in traditionellen Umgebungen im Allgemeinen vermieden. Höflich zu sein und den örtlichen Gepflogenheiten zu folgen, wird für eine positive Erfahrung sorgen.

Safe:
Tipp: Stellen Sie sicher, dass Sie die Lage der Ausgänge und Notfallverfahren kennen. Nutzen Sie vertrauenswürdige Transportmöglichkeiten, um nach Hause zu kommen, besonders spät in der Nacht. Es ist auch ratsam, Ihre Sachen im Auge zu behalten und keine Getränke von Fremden anzunehmen.

Verantwortungsbewusst trinken:
Tipp: Während indische Nachtclubs und Bars eine große Auswahl an alkoholischen Getränken anbieten, ist es wichtig, verantwortungsbewusst zu trinken. Seien Sie

sich der Auswirkungen von Alkohol bewusst und stellen Sie sicher, dass Sie einen Plan für den sicheren Rücktransport zu Ihrer Unterkunft haben.

Bargeld und Karten:
Tipp: Während viele Orte Kredit- und Debitkarten akzeptieren, ist es immer eine gute Idee, etwas Bargeld mitzunehmen, da kleinere Veranstaltungsorte oder Einrichtungen in weniger städtischen Gebieten möglicherweise keine Kartenzahlungen akzeptieren.

Lokale Spezialitäten:
Tipp: Entdecken Sie lokale Cocktails und Getränke, die in der Region, die Sie besuchen, einzigartig sind. Indische Bars bieten oft Signature Drinks an, die lokale Aromen und Zutaten präsentieren. Wenn Sie diese ausprobieren, können Sie Ihrem Abend eine zusätzliche Ebene des Vergnügens hinzufügen.

Respektieren Sie die Hausordnung:
Tipp: Jeder Nachtclub oder jede Bar hat möglicherweise eigene Regeln, z. B. Einschränkungen beim Fotografieren oder bestimmte Verhaltenskodizes. Stellen Sie sicher, dass Sie sich an diese Regeln halten, um sich und anderen ein angenehmes Erlebnis zu bieten.

Sozialmittel:
Tipp: Informieren Sie sich auf den Social-Media-Seiten des Veranstaltungsortes über Neuigkeiten zu Veranstaltungen, besonderen Abenden und Werbeaktionen. Das Folgen dieser Seiten kann Ihnen auch eine Vorstellung von der Atmosphäre und dem, was Sie während Ihres Besuchs erwartet, geben.
Wenn Sie diese Insidertipps beachten, können Sie das Beste aus Ihren Nachtclub- und Barerlebnissen in Indien machen und einen unvergesslichen Abend genießen.

KAPITEL 9:

9.1: TOP FAMILIENFREUNDLICHE AKTIVITÄTEN IN INDIEN 2025

Indien ist ein pulsierendes Land mit einem reichen kulturellen Erbe, das eine breite Palette von Aktivitäten bietet, die sich perfekt für Familienausflüge eignen. Von Wildtiersafaris und Themenparks bis hin zu historischen Erkundungen und Küstenausflügen ist für jeden etwas dabei. Hier finden Sie eine detaillierte Anleitung zu den besten familienfreundlichen Aktivitäten in Indien für 2025.

1. Safari im Jim Corbett Nationalpark, Uttarakhand
Beschreibung: Der Jim Corbett National Park am Fuße des Himalaya ist einer der ältesten Nationalparks Indiens und ein ausgezeichnetes Ziel für Familien-Wildtiersafaris. Der Park beherbergt bengalische Tiger, Leoparden, Elefanten und über 600 Vogelarten. Familien können geführte Jeep-Safaris, Vogelbeobachtungstouren und Naturwanderungen durch die dichten Wälder genießen. Übernachten Sie in einer der vielen umweltfreundlichen Lodges im Park für einen unvergesslichen Urlaub voller Natur.

Beste Reisezeit: November bis Juni
Hauptattraktionen: Tigersichtungen, Vogelbeobachtung, Tierfotografie und Corbett-Wasserfälle.

2. Besuch der Filmstadt Ramoji, Hyderabad
Beschreibung: Ramoji Film City ist der größte Filmstudiokomplex der Welt und ein perfektes Ziel für Familien. Es erstreckt sich über 2.000 Hektar und bietet verschiedene Aktivitäten wie Live-Shows, Filmsets, Fahrgeschäfte und geführte Studiotouren. Die Themenbereiche und Abenteuerparks sowie farbenfrohe Gärten und interaktive Exponate machen es zu einem aufregenden Ziel für Kinder und Erwachsene gleichermaßen.

Beste Reisezeit: Oktober bis März
Hauptattraktionen: Studiotouren, Live-Shows, Abenteuerparks und Fahrgeschäfte.

3. Hausbootfahrt in Alleppey, Kerala
Beschreibung: Eine Hausbootfahrt durch die ruhigen Backwaters von Alleppey in Kerala bietet einen erholsamen und landschaftlich reizvollen Familienurlaub. Sie können die üppigen Landschaften erkunden, die traditionelle keralanische Küche genießen und das Dorfleben entlang der Wasserstraßen miterleben. Kinder werden es genießen, verschiedene Vögel und Wasserlebewesen zu beobachten, während die friedliche Umgebung es der ganzen Familie ermöglicht, sich zu entspannen.

Beste Reisezeit: September bis März
Hauptattraktionen: Backwater-Touren, Vogelbeobachtung und keralanische Küche.

4. Schneeaktivitäten in Gulmarg, Jammu und Kaschmir

Beschreibung: Gulmarg ist ein erstklassiges Skigebiet in Indien und ein perfekter familienfreundlicher Winterurlaub. Die schneebedeckten Berge und Gondelfahrten bieten atemberaubende Ausblicke auf den Himalaya. Familien können Skifahren, Snowboarden, Rodeln und Schneeballschlachten genießen. Für Nicht-Skifahrer bietet die Region auch Ausritte, Schneesafaris und Besuche der nahe gelegenen Seen. Die Winterlandschaft ist für Kinder magisch und macht sie zu einem unvergesslichen Erlebnis.

Beste Reisezeit: Dezember bis März
Hauptattraktionen: Skifahren, Snowboarden, Gondelfahrt und malerische Spaziergänge.

5. Entdecken Sie Hampi, Karnataka
Beschreibung: Die antiken Ruinen von Hampi bieten eine Mischung aus Geschichte, Kultur und Abenteuer und machen es zu einem ansprechenden Reiseziel für Familien. Kinder werden es lieben, die massiven Felsbrocken zu erkunden, auf Felsen zu klettern und alte Tempel zu entdecken, während die Eltern in die faszinierende Geschichte des Vijayanagara-Reiches eintauchen können. Hampis entspannte Atmosphäre und die malerische Umgebung machen es ideal für gemütliche Erkundungen mit der Familie.

Beste Reisezeit: Oktober bis März
Hauptattraktionen: Virupaksha-Tempel, Vittala-Tempel, Elefantenställe und Steinschnitzereien.

6. Genießen Sie bei Essel World und Water Kingdom, Mumbai
Beschreibung: Essel World ist zusammen mit dem angrenzenden Wasserreich einer der ältesten und beliebtesten Vergnügungsparks Indiens. Es bietet aufregende Fahrgeschäfte, Achterbahnen und Wasserrutschen, die sowohl für kleine Kinder als auch für Erwachsene geeignet sind. Familien können einen ganzen Tag damit verbringen, die Unterhaltungsmöglichkeiten des Parks zu genießen, von adrenalingeladenen Fahrten bis hin zu entspannenden Attraktionen zum Thema Wasser, die es zu einem aufregenden Tagesausflug in Mumbai machen.

Beste Reisezeit: Ganzjährig
Hauptattraktionen: Achterbahnen, Wasserrutschen und Familienfahrten.

7. Kamelsafari in Jaisalmer, Rajasthan
Beschreibung: Eine Kamelsafari in der Wüste Thar bei Jaisalmer ist ein unvergessliches Erlebnis für Familien. Reiten Sie auf Kamelen durch die goldenen Sanddünen, erkunden Sie traditionelle Rajasthani-Dörfer und genießen Sie kulturelle Darbietungen am Lagerfeuer. Wüstencamps bieten Aktivitäten wie Sternenbeobachtung und traditionelle Volksmusik und schaffen ein magisches Erlebnis für Kinder und Erwachsene. Das kulturelle Eintauchen und die weiten, offenen Wüstenlandschaften machen dies zu einem einzigartigen Familienabenteuer.

Beste Reisezeit: Oktober bis Februar
Hauptattraktionen: Kamelreiten, Wüstencamping und kulturelle Darbietungen.

8. Abenteuersport in Rishikesh, Uttarakhand

Beschreibung: Rishikesh, bekannt als die Abenteuerhauptstadt Indiens, ist ein großartiger Ort für Familien, die Spaß im Freien suchen. Sie können Rafting auf dem Ganges, Trekking in den Ausläufern des Himalaya, Seilrutschen und sogar Camping am Fluss genießen. Rishikesh bietet auch Yoga-Retreats an, die für Eltern eine entspannende Option sein können. Die Mischung aus Abenteuer und Natur macht dieses Reiseziel ideal für aktive Familien.

Beste Reisezeit: September bis November, März bis Mai
Hauptattraktionen: Rafting, Trekking, Seilrutschen und Camping.

9. Strandurlaub in Goa
Beschreibung: Goa ist mit seinen Sandstränden, der lebendigen Kultur und den zahlreichen Wassersportmöglichkeiten eines der familienfreundlichsten Strandziele in Indien. Familien können Parasailing, Bananenbootfahrten und Delfinbeobachtungstouren genießen. Die kinderfreundlichen Resorts und Strandhütten bieten Komfort und Spaß, während die entspannte Atmosphäre des goanischen Lebensstils es zu einem entspannenden Erlebnis für alle macht.

Beste Reisezeit: November bis Februar
Hauptattraktionen: Wassersport, Strandhütten und Familienresorts.

10. Spielzeugeisenbahnfahrt in Darjeeling, Westbengalen
Beschreibung: Die ikonische Darjeeling Himalayan Railway, im Volksmund als Spielzeugeisenbahn bekannt, gehört zum UNESCO-Weltkulturerbe und bietet eine malerische Fahrt durch die Hügel. Familien werden die atemberaubende Aussicht auf Teeplantagen, neblige Hügel und ferne Berggipfel genießen. Die Zugfahrt ist eine Freude für Kinder, während die Eltern die Nostalgie und landschaftliche Schönheit genießen können.

Beste Reisezeit: März bis Mai, Oktober bis Dezember
Hauptattraktionen: Spielzeugeisenbahnfahrt, Teegärten und Blick auf den Berg Kanchenjunga.

11. Erkunden Sie die Ruinen von Mahabalipuram, Tamil Nadu
Beschreibung: Mahabalipuram ist berühmt für seine Felsentempel, antiken Skulpturen und Denkmäler aus der Pallava-Dynastie. Es ist ein UNESCO-Weltkulturerbe, das eine faszinierende Erkundung für Familien bietet, wobei Kinder den Strand genießen und Eltern die architektonischen Wunder bewundern. Der Standort befindet sich auch in der Nähe von Chennai, was ihn zu einem einfachen Tagesausflugsziel macht.

Beste Reisezeit: November bis Februar
Hauptattraktionen: Ufertempel, Pancha Rathas und Arjunas Buße.

12. Elefantenreiten im Amer Fort, Jaipur
Beschreibung: Das Amer Fort in Jaipur, Rajasthan, bietet majestätische Elefantenritte, die sich perfekt für ein familienfreundliches Abenteuer eignen. Das Fort selbst ist ein architektonisches Wunderwerk mit seinen komplizierten Designs und großen Innenhöfen. Kinder werden die Fahrt zum Fort lieben, während die Eltern die atemberaubende Aussicht auf die umliegenden Hügel und die historische Bedeutung des Forts genießen können.

Beste Reisezeit: Oktober bis März

Hauptattraktionen: Elefantenreiten, Palastbesichtigung und Licht- und Tonshow.

Indien bietet eine unglaubliche Vielfalt an familienfreundlichen Aktivitäten, die Abenteuer, Kultur, Natur und Geschichte verbinden. Von aufregenden Safaris und Wüstenabenteuern bis hin zu ruhigen Rückwasserkreuzfahrten und Strandurlauben ist für jede Familie etwas dabei. Die Vielfalt der Erlebnisse sorgt dafür, dass Familien wertvolle Erinnerungen schaffen können, egal ob sie antike Ruinen erkunden, Wildtiere beobachten oder unterhaltsame Abenteuersportarten betreiben. Planen Sie Ihren Familienurlaub 2025 in Indien, um diese bereichernden Reiseziele zu erkunden!

9.2: SPRACHEN UND GRUNDLEGENDE KOMMUNIKATIONSPRAKTIKEN AUF INDIEN

Indien ist ein sprachlich vielfältiges Land mit Hunderten von Sprachen, die in seinen Regionen gesprochen werden. Die Hauptsprachen und grundlegenden Kommunikationspraktiken in Indien variieren je nach Region, Kultur und Kontext. Nachfolgend finden Sie eine Übersicht über die wichtigsten Sprachen und Kommunikationspraktiken im ganzen Land:

1. Amts- und Hauptsprachen

Indien hat zwei Amtssprachen auf nationaler Ebene und zahlreiche regionale Sprachen, die in einzelnen Bundesstaaten offiziell sind.

A. Hindi (Devanagari-Schrift)
Region: Weit verbreitet in Nordindien, einschließlich Staaten wie Uttar Pradesh, Bihar, Rajasthan, Madhya Pradesh und Delhi.
Verwendung: Hindi ist die am häufigsten gesprochene Sprache in Indien und dient in vielen Teilen des Landes als Verbindungssprache.

Kommunikation:

- Gebräuchliche Ausdrücke:
- Hallo: "Namaste" (नमस्ते)
- Danke: "Dhanyavaad" (धन्यवाद)
- Ja: "Haan" (हाँ)
- Nr.: "Nahi" (नहीं)

Formelle Kommunikation beinhaltet oft Begrüßungen mit "Namaste", respektvolle Sprache und das Ansprechen von Ältesten mit Ehrungen wie "Ji".

B. Englisch
Region: Wird in ganz Indien gesprochen und verstanden, insbesondere in städtischen Gebieten und unter gebildeten Bevölkerungsgruppen.
Verwendung: Englisch wird für offizielle, rechtliche und geschäftliche Kommunikation verwendet und ist oft eine zweite Sprache.

Kommunikation:
Hallo und andere grundlegende englische Ausdrücke wie "Danke", "Bitte" und "Entschuldigung" werden häufig verwendet.
Im beruflichen Umfeld ist Englisch die bevorzugte Art der Kommunikation, insbesondere in multinationalen Unternehmen, Universitäten und Regierungsbüros.

2. Wichtige regionale Sprachen

Indien hat 22 offiziell anerkannte Sprachen, wobei jede Region ihre vorherrschende Sprache hat.

A. Bengalisch (বাংলা)
Region: Westbengalen, Teile von Assam und Tripura.
Verwendung: Zweithäufigste gesprochene Sprache in Indien.

Kommunikation:

- Hallo: "Nomoschkar" (নমস্কার)
- Vielen Dank: "Dhonnobad" (ধন্যবাদ)

engalische Sprecher verwenden formelle Begrüßungen und sind bekannt für ihre kulturelle Affinität zu Literatur und intellektueller Konversation.

B. Tamilisch (தமிழ்)
Region: Tamil Nadu, Puducherry.
Verwendung: Weit verbreitet in Tamil Nadu und von tamilischen Gemeinden weltweit gesprochen.

Kommunikation:

- Hallo: "Vanakkam" (வணக்கம்)
- Danke: "Nandri" (நன்றி)
- Ja: "Aamaa" (ஆம்)
- Nr.: "Illai" (இல்லை)

Höflichkeit und Ehrerbietung werden betont, insbesondere wenn Älteste oder Vorgesetzte angesprochen werden.

C. Telugu (తెలుగు)

Region: Andhra Pradesh, Telangana.
Verwendung: Telugu ist im Südosten Indiens weit verbreitet.

Kommunikation:

- Hallo: "Namaskaram" (నమస్కారం)
- Danke: "Danyavadamulu" (ధన్యవాదాలు)
- Ähnlich wie Tamil legt Telugu Wert auf respektvolle Sprache und Höflichkeit in formellen Gesprächen.

D. Marathi (मराठी), Deutsche Übersetzung
Region: Maharashtra, Goa.
Verwendung: Vorherrschende Sprache in Maharashtra, einschließlich Mumbai.

Kommunikation:

- Hallo: "Namaskar" (नमस्कार)
- Danke: "Dhanyawaad" (धन्यवाद)
- Höflichkeit und Verwendung von Ehrungen, wie das Hinzufügen von "Ji" nach Namen, ist üblich.

E. Kannada (ಕನ್ನಡ)
Region: Karnataka.

Verwendung: Amtssprache von Karnataka.

Kommunikation:

- Hallo: "Namaskara" (ನಮಸ್ಕಾರ)
- Danke: "Dhanyavadagalu" (ಧನ್ಯವಾದಗಳು)
- Wie bei anderen südindischen Sprachen wird der Respekt vor den Ältesten und die formelle Kommunikation priorisiert.

F. Malayalam (മലയാളം)

Region: Kerala.
Verwendung: In Kerala weit verbreitet.

Kommunikation:

- Hallo: "Namaskaram" (നമസ്കാരം)
- Danke: "Nanni" (നന്ദി)
- Kerala hat eine sehr gebildete Bevölkerung, und Malayalam-Sprecher integrieren oft höfliche und formelle Phrasen in alltägliche Konversationen.

G. Gujarati (ગુજરાતી)

Region: Gujarat.
Verwendung: Hauptsprache in Gujarat und gesprochen von Gujarati-Gemeinschaften weltweit.

Kommunikation:

- Hallo: "Kem Cho" (કેમ છો)
- Danke: "Aabhar" (આભાર)
- Höfliche und respektvolle Kommunikation ist besonders in formellen und geschäftlichen Umgebungen von Bedeutung.

H. Punjabi (ਪੰਜਾਬੀ)

Region: Punjab, Haryana, Teile von Delhi.
Verwendung: Punjabi wird hauptsächlich im Punjab und von großen Diasporagemeinschaften gesprochen.

Kommunikation:

- Hallo: "Sat Sri Akal" (ਸਤ ਸ੍ਰੀ ਅਕਾਲ)
- Danke: "Dhanwaad" (ਧੰਨਵਾਦ)
- Die Punjabi-Kultur betont Wärme und Direktheit in der Kommunikation.

3. Nonverbale Kommunikationspraktiken

Indien hat auch unverwechselbare nonverbale Kommunikationspraktiken, die wichtig zu verstehen sind:

- Namaste-Geste: Das Zusammenführen der Handflächen vor der Brust und das leichte Neigen des Kopfes ist eine respektvolle Begrüßung, die im ganzen Land verwendet wird, insbesondere in formelleren oder traditionelleren Kontexten.

- Kopfnicken / Schütteln: In Indien kann ein leichtes Nicken oder Neigen des Kopfes von einer Seite zur anderen auf Zustimmung oder Verständnis hinweisen, eine Geste, die manchmal diejenigen verwirren kann, die damit nicht vertraut sind.
- Persönlicher Raum: In überfüllten Städten und öffentlichen Verkehrsmitteln kann das Konzept des persönlichen Raums unterschiedlich sein, und Menschen können nahe beieinander stehen oder sitzen.
- Berührung: Körperlicher Kontakt, wie z. B. Händedruck, kann je nach Geschlecht und Region variieren. In konservativeren Regionen können Menschen in formellen Umgebungen körperlichen Kontakt mit dem anderen Geschlecht vermeiden.

4. Kulturelle Kommunikationsnormen

- Respekt vor den Ältesten: In vielen Teilen Indiens ist der Respekt vor den Ältesten tief in der Kultur verwurzelt. Bei der Ansprache älterer Personen werden häufig Ehrungen wie "Ji" verwendet.
- Indirekte Kommunikation: Insbesondere in Südindien und in traditionellen Kreisen kann die Kommunikation indirekt sein, wobei Höflichkeit und Vermeidung von Konfrontationen im Vordergrund stehen.
- Geschäftsetikette: In Geschäftsumgebungen ist Englisch die am häufigsten verwendete Sprache, und Pünktlichkeit wird erwartet. Smalltalk und Beziehungsaufbau sind jedoch auch wichtig, bevor Sie mit Geschäftsgesprächen beginnen.

Indiens Sprach- und Kommunikationslandschaft ist riesig, vielfältig und wird von regionalen, kulturellen und sozialen Faktoren beeinflusst. Während Hindi und Englisch als gemeinsame Kommunikationssprachen dienen, verbessert das Verständnis regionaler Sprachen und kultureller Praktiken die Fähigkeit, effektiv im ganzen Land zu kommunizieren, erheblich.

KAPITEL 10:

10.1: INDIEN TOP-SIGHTSEEING-KARTE

Indien ist ein Land mit vielfältigen Kulturen, reicher Geschichte und atemberaubenden Landschaften, das Reisenden eine Vielzahl von Besichtigungsmöglichkeiten bietet. Von der zeitlosen Schönheit des Taj Mahal bis zur spirituellen Gelassenheit der Ghats von Varanasi spiegelt jedes Reiseziel einen einzigartigen Aspekt des indischen Erbes wider. Majestätische Festungen, lebendige Tempel, unberührte Naturwunder und geschäftige Wahrzeichen der Stadt zeigen die architektonische Brillanz, die historische Tiefe und die spirituelle Essenz des Landes.

1. Taj Mahal, Agra (Uttar Pradesh), Indien

Anschrift: Dharmapuri, Waldkolonie, Tajganj, Agra, Uttar Pradesh 282001, Indien
Beschreibung: Das Taj Mahal, eines der sieben Weltwunder, ist ein Symbol für Indiens reiche Geschichte. Dieses Mausoleum aus weißem Marmor wurde von Kaiser Shah Jahan zum Gedenken an seine Frau Mumtaz Mahal erbaut und gehört zum UNESCO-Weltkulturerbe. Die Besucher sind fasziniert von der atemberaubenden Architektur, den komplizierten Intarsienarbeiten und den umliegenden Mogulgärten. Das Denkmal ist besonders atemberaubend bei Sonnenaufgang und Sonnenuntergang, wenn sich seine Farben ändern. Das Taj Mahal steht für ewige Liebe und gilt als eines der schönsten Gebäude der Welt.

2. Stadtpalast von Jaipur, Rajasthan
Anschrift: Jaleb Chowk, Tripolia Bazar, Jaipur, Rajasthan 302002, Indien
Beschreibung: Der Jaipur City Palace befindet sich im Herzen der Rosa Stadt und ist eine atemberaubende Mischung aus Mogul- und Rajasthani-Architektur. Dieser Palastkomplex beherbergt mehrere Gebäude, Innenhöfe und Museen, in denen königliche Kostüme, Waffen und Artefakte ausgestellt sind. Zu den wichtigsten Highlights zählen das Mubarak Mahal, das Chandra Mahal und das Diwan-i-Khas. Die komplizierten Schnitzereien des Palastes, die reiche Geschichte und die lebhaften Innenhöfe spiegeln das königliche Erbe von Jaipur wider. Besucher können auch die Pracht des Pfauentors und die wunderschön angelegten Gärten im Palast erleben.

3. Nebengewässer von Kerala (Alleppey)
Anschrift: Punnamada, Kottankulangara, Alappuzha, Kerala 688013, Indien
Beschreibung: Bekannt als das "Venedig des Ostens", bieten Alleppeys Backwaters ein unvergleichliches Erlebnis der natürlichen Schönheit Keralas. Das ruhige Netz von Lagunen, Seen und Kanälen lässt sich am besten mit Hausbootfahrten erkunden, die Ausblicke auf palmengesäumte Landschaften, malerische Dörfer und eine lebendige Vogelwelt bieten. Besucher können das traditionelle Kerala-Leben entlang der Ufer miterleben, während Sie lokale Meeresfrüchte und die ruhige Umgebung genießen. Das jährliche Nehru Trophy Boat Race sorgt für Spannung in dieser friedlichen Umgebung und macht es zu einem der wichtigsten Reiseziele in Südindien.

4. Gateway von Indien, Mumbai (Maharashtra)
Anschrift: Apollo Bandar, Colaba, Mumbai, Maharashtra 400001, Indien
Beschreibung: Das Gateway of India ist Mumbais berühmtestes Wahrzeichen, das während der britischen Kolonialzeit erbaut wurde. Dieses monumentale Bauwerk mit Blick auf das Arabische Meer erinnert an die Landung von König George V. und Königin Mary im Jahr 1911. Die Architektur im indo-sarazenischen Stil macht es zu einem beliebten Touristenziel. Es ist der Ausgangspunkt für Fährverbindungen zu den Elephanta-Höhlen und ist umgeben von lebhaften Straßenhändlern, Essensständen und einer geschäftigen Atmosphäre. Ein Besuch dieses Wahrzeichens bietet einen Einblick in Mumbais historische Vergangenheit und sein pulsierendes modernes Leben.

5. Meenakshi-Tempel, Madurai (Tamil Nadu)
Anschrift: East Chitrai Street, Madurai Main, Madurai, Tamil Nadu 625001, Indien
Beschreibung: Der Meenakshi-Tempel, der der Göttin Meenakshi (eine Form von Parvati) und Lord Sundareswarar (Shiva) gewidmet ist, ist ein Wunder der dravidischen Architektur. Bekannt für seine hoch aufragenden Gopurams

(Tortürme), die mit Tausenden von bunt bemalten Figuren geschmückt sind, ist der Tempelkomplex ein wichtiger Wallfahrtsort in Tamil Nadu. Besucher sind fasziniert von der Halle der tausend Säulen, komplizierten Steinmetzarbeiten und den lebhaften Festivals, die hier stattfinden, insbesondere dem Meenakshi Thirukalyanam. Die Geschichte und spirituelle Bedeutung des Tempels machen ihn zu einer Hauptattraktion sowohl für Anhänger als auch für Touristen.

6. Hawa Mahal, Jaipur (Rajasthan), Indien
Anschrift: Hawa Mahal Rd, Badi Choupad, J.D.A. Markt, Rosa Stadt, Jaipur, Rajasthan 302002, Indien
Beschreibung: Hawa Mahal, auch als "Palast der Winde" bekannt, ist eines der markantesten Wahrzeichen von Jaipur. Dieser fünfstöckige Palast aus rosa Sandstein wurde 1799 von Maharaja Sawai Pratap Singh erbaut, um den königlichen Damen zu ermöglichen, Straßenfeste zu beobachten, ohne gesehen zu werden. Seine 953 kleinen Fenster (Jharokhas) erzeugen einen luftigen Effekt und halten den Palast auch in den heißen Sommermonaten kühl. Besucher werden von der einzigartigen Fassade des Palastes, dem Panoramablick auf Jaipur und der Nähe zu anderen wichtigen Sehenswürdigkeiten wie dem Stadtpalast und Jantar Mantar angezogen.

7. Qutb Minar
Anschrift: Mehrauli, Neu-Delhi, Delhi 110030, Indien
Beschreibung: Das Qutb Minar, das höchste Backsteinminarett der Welt, ist ein beeindruckendes Beispiel früher indo-islamischer Architektur. Mit einer Höhe von 73 Metern ist es Teil des Qutub-Komplexes, der zum UNESCO-Weltkulturerbe gehört. Der Turm wurde 1192 von Qutb-ud-din Aibak begonnen und von seinen Nachfolgern fertiggestellt. Der Komplex umfasst die berühmte Eisensäule und mehrere Gräber und Moscheen. Die komplizierten Schnitzereien, koranischen Inschriften und die historische Bedeutung machen dies zu einem der meistbesuchten Wahrzeichen Delhis und spiegeln Indiens mittelalterliches islamisches Erbe wider.

8. Mysore Palace, Mysore (Karnataka), Indien
Anschrift: Sayyaji Rao Road, Agrahara, Chamrajpura, Mysore, Karnataka 570001, Indien
Beschreibung: Der Mysore-Palast, ein Symbol für Karnatakas königliches Erbe, ist einer der meistbesuchten Paläste in Indien. Die indo-sarazenische Architektur kombiniert Elemente des Hindu-, Mogul-, Rajput- und Gotikstils. Die prächtigen Innenräume des Palastes mit kunstvollen Kronleuchtern, Buntglasfenstern und aufwendig gestalteten Decken zeigen die Opulenz der Wodeyar-Dynastie. Während des jährlichen Dussehra-Festivals wird der Palast mit Tausenden von Lichtern beleuchtet, was zu seiner Pracht beiträgt. Besucher können die weitläufigen Gärten, die großen Hallen und die reiche Geschichte erkunden.

9. Victoria Memorial, Kalkutta (Westbengalen)
Anschrift: Queen's Way, Maidan, Kalkutta, Westbengalen 700071, Indien
Beschreibung: Das Victoria Memorial ist eine großartige Marmorstruktur, die zum Gedenken an Königin Victoria erbaut wurde und eines der Wahrzeichen von Kalkutta ist. Entworfen von Sir William Emerson, spiegelt es eine Mischung aus britischen und mogulischen Architekturstilen wider. Das Museum im Inneren beherbergt eine Sammlung von Artefakten, Gemälden und historischen Dokumenten aus der britischen Raj-Ära. Umgeben von üppigen Gärten steht das Denkmal als Symbol des kolonialen Indiens und ist ein beliebter Ort für

Geschichtsinteressierte. Die abendliche Licht- und Tonshow erzählt die Geschichte von Kalkutta und die Bedeutung des Denkmals.

10. Goldener Tempel, Amritsar (Punjab)
Anschrift: Goldener Tempel Rd, Atta Mandi, Katra Ahluwalia, Amritsar, Punjab 143006, Indien
Beschreibung: Der Goldene Tempel oder Harmandir Sahib ist der heiligste Sikh-Schrein und ein Symbol für universelle Brüderlichkeit und Gleichheit. Seine goldbedeckte Struktur, der ruhige Sarovar (heiliger Pool) und das spirituelle Ambiente ziehen jedes Jahr Millionen von Besuchern an. Die Architektur des Tempels, die islamische und hinduistische Stile vereint, ist ebenso faszinierend wie die Lehren, die er repräsentiert. Besucher werden ermutigt, an der Langar (Gemeinschaftsküche) teilzunehmen, in der allen, unabhängig von Kaste oder Glaubensbekenntnis, kostenlose Mahlzeiten serviert werden. Der Tempel, nachts beleuchtet, ist ein unvergesslicher Anblick.

11. Humayuns Grab, Delhi
Anschrift: Mathura Road, Opposite Dargah Nizamuddin, Neu-Delhi, Delhi 110013, Indien
Beschreibung: Humayuns Grab ist ein majestätisches Beispiel für Mogul-Architektur und ein UNESCO-Weltkulturerbe. Das Grab wurde 1570 von Kaiserin Bega Begum für ihren Ehemann, Kaiser Humayun, erbaut und befindet sich in einem großen, formalen Garten, der von Wasserkanälen durchschnitten wird und dem persischen Charbagh-Stil folgt. Es wird oft als Vorläufer des Taj Mahal in Bezug auf die architektonische Gestaltung angesehen. Das Denkmal aus rotem Sandstein ist von üppigem Grün, gewölbten Pavillons und verzierten Bögen umgeben. Besucher sind fasziniert von seiner Symmetrie, den komplizierten Details und der historischen Bedeutung als erstes Gartengrab in Indien.

12. Charminar, Hyderabad (Telangana), Indien
Anschrift: Char Kaman, Ghansi Basar, Hyderabad, Telangana 500002, Indien
Beschreibung: Das Charminar ist eines der bekanntesten Bauwerke in Hyderabad und symbolisiert das Erbe der Stadt. Das 1591 von Sultan Mohammed Quli Qutb Shah erbaute Bauwerk wurde entworfen, um an die Ausrottung der Pest in der Stadt zu erinnern. Die vier großen Bögen des Charminars tragen vier hoch aufragende Minarette mit jeweils aufwendigen Schnitzereien. In der Umgebung gibt es viele Märkte, insbesondere den berühmten Basar Laad. Die Mischung aus indo-islamischer Architektur und die zentrale Lage in der Altstadt von Hyderabad machen es zu einem Muss für Touristen.

13. Amber Fort, Jaipur (Rajasthan), Indien
Anschrift: Devisinghpura, Amer, Jaipur, Rajasthan 302001, Indien
Beschreibung: Amber Fort ist eine atemberaubende Festung auf einem Hügel etwas außerhalb von Jaipur, die für ihre majestätische Architektur und reiche Geschichte bekannt ist. Das aus rotem Sandstein und Marmor erbaute Fort überblickt den Maota-See und bietet einen atemberaubenden Blick auf die umliegende Landschaft. Im Inneren können Besucher den reich verzierten Sheesh Mahal (Spiegelsaal), Diwan-i-Aam und Diwan-i-Khas erkunden, die alle komplizierte Spiegelarbeiten und Fresken zeigen. Die Mischung aus hinduistischer und mogulischer Architektur des Forts sowie die abends stattfindende Ton- und Lichtshow tragen zu seiner Anziehungskraft bei.

14. Ranthambore Nationalpark, Sawai Madhopur (Rajasthan)

Anschrift: Sawai Madhopur, Rajasthan 322021, Indien
Beschreibung: Ranthambore, einer der berühmtesten Nationalparks Indiens, ist bekannt für seine bengalischen Tiger und seine atemberaubende Naturschönheit. Der Park liegt in den Ausläufern des Aravalli-Gebirges und war einst das private Jagdrevier der Maharadschas von Jaipur. Heute ist es ein Naturschutzgebiet, in dem Besucher Safaris unternehmen können, um Tiger, Leoparden, Krokodile und zahlreiche Vogelarten zu beobachten. Der Park beherbergt auch das historische Ranthambore Fort mit Panoramablick. Ranthambores vielfältige Flora und Fauna machen es zu einem Top-Ziel für Naturliebhaber und Fotografen.

15. Höhlen von Ajanta und Ellora, Aurangabad (Maharashtra)
Anschrift: Ajanta Caves Rd, Aurangabad, Maharashtra 431001, Indien
Beschreibung: Die Höhlen von Ajanta und Ellora gehören zum UNESCO-Weltkulturerbe und sind bekannt für ihre Felsarchitektur und atemberaubende Skulpturen. Die Ajanta-Höhlen bestehen aus 29 buddhistischen Höhlentempeln, die für ihre exquisiten Fresken und Gemälde aus dem 2. Jahrhundert v. Chr. berühmt sind. Ellora hingegen ist ein Komplex von 34 Höhlen, die hinduistische, buddhistische und jainische Traditionen repräsentieren. Das Highlight von Ellora ist der prächtige Kailasa-Tempel, eine ganze Struktur, die aus einem einzigen Felsen gehauen wurde. Diese Höhlen sind ein Beweis für Indiens reiche Kulturgeschichte und architektonischen Einfallsreichtum.

16. Festung von Jaisalmer, Rajasthan
Anschrift: Fort Rd, In der Nähe von Gopa Chowk, Amar Sagar Pol, Jaisalmer, Rajasthan 345001, Indien
Beschreibung: Das Jaisalmer Fort, auch bekannt als "Goldenes Fort" oder "Sonar Quila", ist ein massives Bauwerk, das sich aus dem Sand der Wüste Thar erhebt. Das 1156 von Rawal Jaisal erbaute Fort gehört zum UNESCO-Weltkulturerbe und ist eine der größten vollständig erhaltenen befestigten Städte der Welt. Es besteht aus gelbem Sandstein, der tagsüber golden leuchtet und sich nahtlos in die Wüstenumgebung einfügt. Das Fort beherbergt immer noch eine beträchtliche Bevölkerung und umfasst Tempel, Paläste und Havelis. Seine labyrinthartigen Gassen, geschäftigen Märkte und atemberaubenden Ausblicke auf die Wüste machen es zu einem magischen Erlebnis.

17. Varanasi Ghats (Uttar Pradesh)
Anschrift: Dashashwamedh Ghat Rd, Ghats von Varanasi, Varanasi, Uttar Pradesh 221001, Indien
Beschreibung: Varanasi, eine der ältesten Städte der Welt, ist berühmt für seine Ghats (abgestufte Böschungen) entlang des heiligen Flusses Ganges. Dashashwamedh Ghat ist das bekannteste, wo jeden Abend die Ganga Aarti aufgeführt wird, ein faszinierendes Ritual der Hingabe an den Fluss. Diese Ghats werden für religiöse Zeremonien, Baden und Einäscherung verwendet, was sie für Hindus spirituell bedeutsam macht. Eine Bootsfahrt entlang des Flusses bei Sonnenaufgang bietet atemberaubende Ausblicke auf die Ghats und Tempel. Varanasis pulsierende Atmosphäre, reiche Kultur und religiöse Bedeutung ziehen jedes Jahr Millionen von Besuchern an.

18. Tempel von Khajuraho, Madhya Pradesh
Anschrift: Khajuraho, Chhatarpur, Madhya Pradesh 471606, Indien
Beschreibung: Die Khajuraho-Tempel gehören zum UNESCO-Weltkulturerbe und sind berühmt für ihre atemberaubende Architektur und erotischen Skulpturen. Diese Tempel wurden zwischen 950 und 1050 n. Chr. von der Chandela-Dynastie

erbaut und stellen den Höhepunkt der mittelalterlichen indischen Kunst dar. Von den ursprünglich 85 Tempeln sind 25 erhalten geblieben, die komplizierte Schnitzereien aufweisen, die verschiedene Aspekte des Lebens darstellen, darunter Liebe, Musik, Tanz und Mythologie. Die Tempel sind in erster Linie Hindu- und Jain-Gottheiten gewidmet und bekannt für ihre einzigartige Darstellung menschlicher Formen und Emotionen, die die Schönheit und Komplexität des Lebens symbolisieren.

19. Rishikesh und der Ganges (Uttarakhand)
Anschrift: Near Ram Jhula, Rishikesh, Uttarakhand 249304, Indien
Beschreibung: Eingebettet in die Ausläufer des Himalaya ist Rishikesh eine spirituelle Stadt am Ufer des Ganges, die als "Yoga-Hauptstadt der Welt" bekannt ist." Es ist eine Drehscheibe für Yoga, Meditation und Abenteuersportarten wie Wildwasser-Rafting und Trekking. Die Stadt beherbergt mehrere Ashrams, darunter den berühmten Parmarth Niketan. Die Hängebrücken Ram Jhula und Laxman Jhula bieten einen atemberaubenden Blick auf den Fluss und die umliegenden Hügel. Rishikesh ist auch berühmt für seine abendliche Ganga Aarti im Triveni Ghat, die Pilger und Touristen anzieht, die nach spiritueller Verjüngung suchen.

20. Ramoji Filmstadt, Hyderabad (Telangana)
Anschrift: Ramoji Film City Main Rd, Hyderabad, Telangana 501512, Indien
Beschreibung: Ramoji Film City ist einer der größten Filmstudiokomplexe der Welt und eine wichtige Touristenattraktion in Hyderabad. Es erstreckt sich über 2.000 Hektar und bietet Führungen durch seine Filmsets, Gärten und Themenparks an. Besucher können einen Blick hinter die Kulissen des Bollywood- und Tollywood-Kinos werfen. Der Komplex verfügt auch über Abenteuerzonen, Vergnügungsparks und kulturelle Darbietungen. Ramoji Film City ist eine Mischung aus Unterhaltung, Spaß und Lernen, was sie zu einem beliebten Ziel für Familien und Filmbegeisterte gleichermaßen macht.

Diese ikonischen Orte bieten eine Vielzahl von Erlebnissen, von spirituellen Reisen bis hin zu historischen Sehenswürdigkeiten, und bieten den Besuchern einen umfassenden Einblick in Indiens umfangreiches kulturelles und architektonisches Erbe.

10.2: EMPFOHLENE 7-TÄGIGE WANDERROUTE

Diese 7-tägige Wanderroute erkundet die pulsierenden Städte und Regionen von Delhi, Rajasthan, Kerala, Goa, Uttar Pradesh, Maharashtra, Tamil Nadu und Westbengalen und bietet eine einzigartige Gelegenheit, die Essenz jedes Ortes hautnah zu erleben. Von den belebten Straßen der Märkte in Delhi über die ruhigen Ghats von Varanasi, die architektonische Pracht von Jaipur bis hin zum künstlerischen Charme von Kalkutta entfaltet sich jeden Tag der reiche Teppich des indischen Erbes, der Spiritualität, der Kunst und der Küche. Perfekt für Reisende, die nach authentischen Erlebnissen suchen, ermöglichen diese Wandertouren es Ihnen, Indiens Schönheit in einem langsamen, intimen Tempo zu entdecken und sich tief mit seinen Menschen, seiner Kultur und seiner Geschichte zu verbinden.

1. Delhi: 7-Tägige Wanderroute

Delhi ist eine Stadt der Kontraste, die historische Pracht mit moderner Raffinesse verbindet. Dieser Rundgang umfasst sowohl die Wahrzeichen von Alt- als auch Neu-Delhi, geschäftige Märkte und ruhige Gärten. Machen Sie sich auf eine Reizüberflutung gefasst, vom pulsierenden Straßenleben bis zu den friedlichen Ecken der historischen Gärten der Stadt.

Tag 1: Spaziergang durch das Erbe von Alt-Delhi
Alt-Delhi fängt die Essenz des Mogul-Indiens mit seinen labyrinthartigen Gassen, bröckelnden Havelis und großartigen Denkmälern ein.

- Start: Beginnen Sie am majestätischen Roten Fort, einem UNESCO-Weltkulturerbe, das die Architektur der Mogule zeigt.
- Spaziergang: Schlendern Sie durch den Chandni Chowk Markt, der mit Straßenhändlern, Gewürzläden und alten Basaren gefüllt ist.
- Höhepunkte: Besuchen Sie Jama Masjid, Indiens größte Moschee, die von Shah Jahan erbaut wurde, und Raj Ghat, das Denkmal von Mahatma Gandhi.
- Ende: Genießen Sie ein Mittagessen bei Karim, das seit 1913 für seine Mughlai-Küche bekannt ist.

Tag 2: Spaziergang durch die Denkmäler von Neu-Delhi
Neu-Delhi ist geprägt von Architektur und Freiflächen aus der britischen Ära, was es ideal zum Wandern macht.

- Start: Beginnen Sie am India Gate, einem Kriegsdenkmal, das von üppig grünen Rasenflächen umgeben ist.
- Spaziergang: Schlendern Sie den Rajpath hinunter in Richtung Rashtrapati Bhavan, der offiziellen Residenz des indischen Präsidenten.
- Höhepunkte: Besuchen Sie das Nationalmuseum mit Exponaten aus Tausenden von Jahren indischer Geschichte.
- Ende: Fahren Sie zum Connaught Place, um moderne Einkäufe zu tätigen, und essen Sie in einem Café im inneren Kreis zu Mittag.

Tag 3: Lodhi Garten und Khan Markt

Lodhi Gardens bietet einen ruhigen Spaziergang zwischen Gräbern aus der Lodhi-Dynastie und Landschaftsgestaltung aus der Kolonialzeit.

- Start: Erkunden Sie die malerischen Lodhi-Gärten mit ihren alten Gräbern und Wanderwegen.
- Spaziergang: Gehen Sie zum Grab von Safdarjung, einem Beispiel für Mogul-Architektur mit einem atemberaubenden Garten.
- Höhepunkte: Besuchen Sie Humayuns Grab, ein weiteres UNESCO-Weltkulturerbe, das als Vorläufer des Taj Mahal gilt.
- Ende: Khan Market, ein berühmtes Einkaufsviertel mit Buchhandlungen, Boutiquen und Cafés.

Tag 4: Historischer Spaziergang durch Süd-Delhi
Dieses Gebiet ist reich an Geschichte, mit Überresten aus verschiedenen Imperien.

- Start: Besuchen Sie das ikonische Qutb Minar, ein hoch aufragendes Minarett und UNESCO-Weltkulturerbe.
- Spaziergang: Schlendern Sie durch den Archäologischen Park Mehrauli, in dem sich Ruinen aus der Sultanats- und Mogulzeit befinden.
- Höhepunkte: Besuchen Sie die Jamali Kamali Moschee und den Garten der fünf Sinne für einen erfrischenden Spaziergang in der Natur.
- Ende: Erkunden Sie das lebhafte Dorf Hauz Khas zum Abendessen und Nachtleben.

Tag 5: Delhis Kunst- und Kulturspaziergang
Delhis Kunstszene ist lebendig, von Galerien bis hin zu Straßenkunst.

- Start: Erkunden Sie die Nationalgalerie für moderne Kunst für eine Dosis zeitgenössischer und historischer indischer Kunst.
- Spaziergang: Fahren Sie weiter zum India Habitat Centre, einem Zentrum für Kunst, Theater und Musik.
- Höhepunkte: Enden Sie im Lodhi Art District, wo die Wände mit farbenfroher Straßenkunst von lokalen und internationalen Künstlern geschmückt sind.
- Ende: Speisen Sie in einem der trendigen Restaurants in der Umgebung.

Tag 6: Spiritueller Spaziergang in Delhi
Ein Tag, um die spirituelle Seite von Delhi zu reflektieren und zu erkunden.

- Start: Besuchen Sie den ruhigen Lotustempel, der für seine blumenartige Architektur und seine ruhigen Meditationsräume bekannt ist.
- Spaziergang: Gehen Sie zum ISKCON-Tempel, einem großen hinduistischen Tempelkomplex, der Lord Krishna gewidmet ist.
- Highlights: Erkunden Sie den geschäftigen Nehru Place Markt für Elektronik und Bücher.
- Ende: Verbringen Sie einen ruhigen Abend auf dem Greater Kailash Markt, der für seine gehobenen Cafés bekannt ist.

Tag 7: Delhi Märkte zu Fuß
Shoppen, essen und tauchen Sie ein in Delhis berühmte Märkte.

- Start: Beginnen Sie am Sarojini Nagar Markt, der für günstige Kleidung und Accessoires bekannt ist.
- Spaziergang: Fahren Sie in Richtung Dilli Haat, einem Kunsthandwerksmarkt, auf dem Handwerker aus ganz Indien ihre Waren verkaufen.
- Höhepunkte: Erleben Sie Indiens regionale Küche und Kunsthandwerk an den Ständen von Dilli Haat.
- Ende: Genießen Sie ein Abendessen mit Street Food aus verschiedenen Regionen Indiens im Dilli Haat.

2. Rajasthan (Jaipur): 7-Tägige Wanderroute

Jaipur, die Rosa Stadt, ist eine UNESCO-Weltkulturerbestadt, die für ihre atemberaubenden Festungen, Paläste und ihr reiches kulturelles Erbe bekannt ist. Hier zu wandern bedeutet, großartige Architektur, pulsierende Märkte und ruhige Tempel zu erkunden.

Tag 1: Der rosa Stadtspaziergang

Die Altstadt von Jaipur ist eine Symphonie aus rosafarbenen Gebäuden, die Gastfreundschaft und Wärme repräsentieren.

- Start: Beginnen Sie am Hawa Mahal oder Palast der Winde, einem fünfstöckigen Palast, der 1799 mit komplizierten Gitterwerken erbaut wurde.
- Spaziergang: Gehen Sie in Richtung Stadtpalast, der königlichen Residenz mit Museen, die königliche Artefakte aus Rajasthan zeigen.
- Höhepunkte: Besuchen Sie das Jantar Mantar, ein UNESCO-gelistetes astronomisches Observatorium mit massiven Steininstrumenten.
- Ende: Erkunden Sie den geschäftigen Johari-Basar, der für Schmuck und traditionelles Rajasthani-Kunsthandwerk berühmt ist.

Tag 2: Erkundung von Amber Fort

Das Amber Fort liegt auf einem Hügel und bietet einen majestätischen Spaziergang durch die Rajput-Architektur.

- Start: Beginnen Sie Ihren Spaziergang am Fuße des Amber Fort, einer Mischung aus hinduistischer und mogulischer Architektur.
- Wanderung: Wanderung zum höher gelegenen Jaigarh Fort mit Panoramablick auf Jaipur.
- Höhepunkte: Besuchen Sie den Sheesh Mahal (Spiegelpalast) und die Diwan-e-Khas.
- Ende: Mittagessen in einem lokalen Restaurant in der Nähe des Forts.

Tag 3: Jaipurs Tempel und Gärten

Jaipurs spirituelle Seite offenbart sich in seinen alten Tempeln und friedlichen Gärten.

- Start: Besuchen Sie den Govind Devji Tempel, der Lord Krishna gewidmet ist, innerhalb des Stadtpalastkomplexes.
- Spaziergang: Fahren Sie in Richtung des Galtaji-Tempels oder des Affentempels, einem malerischen Tempel in den Hügeln.
- Höhepunkte: Spazieren Sie durch den üppigen Sisodia Rani-Garten, einen Gartenpalast mit abgestuften Gärten und Springbrunnen.

- Ende: Erkunden Sie den Moti Doongri Tempel, bevor Sie zum Bapu Basar gehen, um Textilien und Souvenirs zu kaufen.

Tag 4: Wanderung zum Nahargarh Fort
Das auf den Aravalli-Hügeln gelegene Nahargarh Fort bietet einen spektakulären Blick auf Jaipur.

- Start: Beginnen Sie am Fuße des Hügels und wandern Sie hinauf zum Nahargarh Fort.
- Spaziergang: Erkunden Sie die Innenhöfe, königlichen Gemächer und Galerien des Forts.
- Höhepunkte: Genießen Sie einen Panoramablick auf den Sonnenuntergang über Jaipur von den Stadtmauern der Festung.
- Ende: Gehen Sie zurück und besuchen Sie den Ramgarh See am Stadtrand für ein friedliches Ende des Tages.

Tag 5: Jaipurs Kunst und Kultur
Tauchen Sie ein in Jaipurs Kunst-, Textil- und Handwerkstraditionen.

- Start: Beginnen Sie am Albert Hall Museum, das Artefakte aus Rajasthans königlicher Geschichte zeigt.
- Spaziergang: Spazieren Sie durch den Ram Niwas Garden, einen weitläufigen Garten, der das Museum umgibt.
- Höhepunkte: Erkunden Sie das Anokhi Museum für Handdruck, in dem traditioneller Blockdruck ausgestellt ist.
- Ende: Besuchen Sie das Dorf Sanganer, das für seine Blockdruck- und Büttenpapierindustrie bekannt ist.

Tag 6: Jaipur Märkte und kulinarischer Spaziergang
Rajasthani Küche und Märkte sind ein Fest für die Sinne.

- Start: Besuchen Sie den Bapu-Basar und den Tripolia-Basar für Textilien, Gewürze und Kunsthandwerk.
- Spaziergang: Schlendern Sie durch die Essensstände von Chokhi Dhani, einem Dorf-Themen-Resort, das traditionelle Rajasthani-Küche anbietet.
- Höhepunkte: Probieren Sie dal baati Churma, Laal maas und Ghewar.
- Ende: Machen Sie einen Abendspaziergang um Jal Mahal, einen Palast in der Mitte des Man Sagar Sees.

Tag 7: Jaipurs moderne Atmosphäre
Jaipur balanciert Tradition und Moderne.

- Start: Beginnen Sie am World Trade Park, einem modernen Einkaufskomplex.
- Spaziergang: Schlendern Sie durch den Jawahar Circle, einen kreisförmigen Park, der für seine musikalischen Brunnen bekannt ist.
- Höhepunkte: Besuchen Sie das Patrika-Tor, ein farbenfrohes und aufwendig gestaltetes Tor.
- Ende: Genießen Sie das Abendessen in einem der modernen Dachrestaurants im C-Schema mit Blick auf die Stadt.

3. Kerala (Kochi): 7-Tägige Wanderroute

Kochi (Cochin) ist ein Schmelztiegel der Kulturen mit portugiesischen, niederländischen und britischen Einflüssen und bietet ein einzigartiges Wandererlebnis durch seine historischen Straßen, Kirchen und Uferpromenaden.

Tag 1: Fort Kochi Erbe Spaziergang
Fort Kochi ist ein historisches Viertel, das für seine Gebäude aus der Kolonialzeit bekannt ist.

- Start: Beginnen Sie an den chinesischen Fischernetzen, einem Symbol der Küste von Kochi.
- Spaziergang: Begeben Sie sich zur St. Francis Church, der ältesten europäischen Kirche in Indien, in der einst Vasco da Gama begraben lag.
- Höhepunkte: Besuchen Sie den niederländischen Palast (Mattancherry Palace) mit seinen Kerala-Wandgemälden und die jüdische Synagoge in Jew Town.
- Ende: Erkunden Sie die Gewürzmärkte von Mattancherry.

Tag 2: Kochi Kunstspaziergang
Kochis lebendige Kunstszene macht es zu einem erstklassigen Ziel für Kunstliebhaber.

- Start: Besuchen Sie das Kashi Art Café, das für seine Ausstellungen zeitgenössischer Kunst bekannt ist.
- Spaziergang: Erkunden Sie die Galerien entlang der Princess Street, einschließlich der David Hall Art Gallery.
- Höhepunkte: Besuchen Sie das Aspinwall House, den Hauptveranstaltungsort der Kochi-Muziris Biennale, die zeitgenössische Kunst zeigt.
- Ende: Entspannen Sie sich in einem Café am Meer.

Tag 3: Kultureller Kochi-Spaziergang
Ein Tag, an dem Sie die lokale Kultur von Kochi erkunden.

- Start: Besuchen Sie das Kerala Folklore Museum, in dem traditionelle Kunst und Antiquitäten ausgestellt sind.
- Spaziergang: Fahren Sie in Richtung Rameshwaram-Tempel und erkunden Sie den nahe gelegenen Palliarakkavu-Tempel.
- Höhepunkte: Erleben Sie eine Kathakali-Aufführung im Kerala Kathakali Centre.
- Ende: Speisen Sie in Malabar Junction, bekannt für die Kerala-Küche.

Tag 4: Willingdon Island Spaziergang
Willingdon Island bietet einen Kontrast zum Charme der alten Welt von Fort Kochi mit modernen Hafenanlagen.

- Start: Spaziergang entlang der Uferpromenade, Beobachtung der geschäftigen Hafenaktivitäten.
- Spaziergang: Begeben Sie sich in die Werft von Cochin, um den Schiffbau und die maritimen Aktivitäten zu sehen.
- Höhepunkte: Besuchen Sie das Maritime Heritage Museum.
- Ende: Genießen Sie das Mittagessen in einem Hotel entlang der Uferpromenade.

Tag 5: Kochi Backwater Wanderung
Kerala ist berühmt für seine Backwaters, und die Außenbezirke von Kochi bieten die Möglichkeit, diese ruhigen Gegenden zu erkunden.

- Start: Beginnen Sie am Marine Drive, einer malerischen Promenade entlang der Backwaters.
- Spaziergang: Schlendern Sie zur Inselfähre Vypin und machen Sie eine kurze Fahrt über die Backwaters.
- Höhepunkte: Erkunden Sie die malerischen Fischerdörfer auf der Insel Vypin.
- Ende: Kehren Sie zum Marine Drive zurück, um den Sonnenuntergang zu genießen.

Tag 6: Shopping und kulinarischer Spaziergang
Kerala ist bekannt für seine Gewürze, Textilien und einzigartige Küche.

- Start: Besuchen Sie den Broadway Market, der für seine Gewürzläden und traditionellen Artikel bekannt ist.
- Spaziergang: Erkunden Sie die Lulu Mall, Indiens größtes Einkaufszentrum, für ein modernes Einkaufserlebnis.
- Höhepunkte: Probieren Sie die Kerala-Küche im Grand Pavilion oder im Reisboot.
- Ende: Probieren Sie Kerala-Snacks wie Bananenchips und Unniyappam von lokalen Anbietern.

Tag 7: Fort Kochi Strandspaziergang
Ein gemütlicher Tag, an dem Sie den Strand und die Küstengebiete erkunden.

- Start: Spazieren Sie am Fort Kochi Beach entlang, einem beliebten Ort für Einheimische und Touristen gleichermaßen.
- Gehen Sie weiter zum Bastion Bungalow, einem holländischen Kolonialgebäude.
- Highlights: Erkunden Sie die nahe gelegenen Kunstgalerien und Boutiquen.
- Ende: Abendessen im Fort House Restaurant, bekannt für Meeresfrüchte und traditionelle Kerala-Gerichte.

4. Goa (Panaji): 7-Tägige Wanderroute
Goa, eine ehemalige portugiesische Kolonie, ist berühmt für seine Strände, Kirchen und seinen entspannten Lebensstil. Diese Wanderroute konzentriert sich auf die Hauptstadt Panaji (Panjim) und die umliegenden Gebiete.

Tag 1: Wanderung zum Panaji-Erbe
Erkunden Sie die koloniale Architektur und das Erbe von Goas Hauptstadt.

- Start: Beginnen Sie an der Kirche Unserer Lieben Frau von der Unbefleckten Empfängnis, einer der ältesten Kirchen von Panaji.
- Spaziergang: Gehen Sie die verwinkelten Gassen des Viertels Fontainhas Latin entlang, das für seine farbenfrohen portugiesischen Häuser bekannt ist.

- Höhepunkte: Besuchen Sie das Goa State Museum für Ausstellungen zur Geschichte und Kultur Goas.
- Ende: Mittagspause im Viva Panjim, einem traditionellen Restaurant mit traditioneller goanischer Küche.

Tag 2: Alt-Goa-Rundgang
Old Goa, einst die Hauptstadt von Portugiesisch-Indien, beherbergt einige der prächtigsten Kirchen und Klöster Asiens.

- Start: Besuchen Sie die Basilika Bom Jesus, ein UNESCO-Weltkulturerbe, in der die Überreste des heiligen Franz Xaver untergebracht sind.
- Spaziergang: Weiter zur Se Cathedral, der größten Kirche Asiens, und zum St. Augustine Tower, den Ruinen eines alten Klosters.
- Höhepunkte: Spaziergang zur St. Cajetan Kirche, die dem Petersdom in Rom nachempfunden ist.
- Ende: Mittagessen in einem Restaurant am Fluss in der Nähe von Old Goa.

Tag 3: Wanderung von Panaji nach Dona Paula
Dona Paula ist ein Küstenviertel, das für seine malerische Aussicht und seine historischen Sehenswürdigkeiten bekannt ist.

- Start: Spaziergang entlang des Mandovi Flusses, beginnend am Miramar Strand.
- Spaziergang: Fahren Sic weiter nach Dona Paula und halten Sie unterwegs am Fort Reis Magos an, um einen Panoramablick zu genießen.
- Höhepunkte: Besuchen Sie das Nationale Institut für Ozeanographie, um mehr über die Meeresumwelt von Goa zu erfahren.
- Ende: Genießen Sie den Sonnenuntergang am Dona Paula Jetty.

Tag 4: Goas Kunst- und Kulturspaziergang
Goa ist bekannt für seine blühende Kunstszene mit zahlreichen Galerien und Kulturzentren.

- Start: Besuchen Sie das Sunaparanta Goa Zentrum für Kunst in Altinho, Panaji.
- Spaziergang: Erkunden Sie die Kala Academy, ein Kulturzentrum mit Aufführungen und Ausstellungen.
- Höhepunkte: Besuchen Sie die Gitanjali Gallery in Fontainhas, um zeitgenössische Kunst von lokalen Künstlern zu sehen.
- Ende: Speisen Sie in Mum's Kitchen, einem Restaurant, das auf traditionelle goanische Rezepte spezialisiert ist.

Tag 5: Strandspaziergang von Baga nach Anjuna
Goas Strände gehören zu den besten der Welt, und dieser Spaziergang umfasst einige der berühmtesten.

- Start: Beginnen Sie am Strand von Baga, der für seine lebhafte Atmosphäre und Wassersportarten bekannt ist.
- Spaziergang: Folgen Sie der Küste zum Strand von Anjuna, der für seinen wöchentlichen Flohmarkt berühmt ist.

- Höhepunkte: Genießen Sie frische Meeresfrüchte in einer Strandhütte und erkunden Sie den Anjuna-Flohmarkt nach Souvenirs.
- Ende: Beobachten Sie den Sonnenuntergang am Strand von Anjuna und genießen Sie das lokale Nachtleben.

Tag 6: Rundgang durch Margao
Margao, die Handelshauptstadt von Süd-Goa, ist bekannt für seine historischen Gebäude und Märkte.

- Start: Beginnen Sie am Margao Municipal Garden, einem ruhigen Park im Herzen der Stadt.
- Spaziergang: Erkunden Sie die nahe gelegene Heilig-Geist-Kirche, eine wunderschöne Barockkirche.
- Höhepunkte: Besuchen Sie den Margao-Markt, auf dem Sie goanische Gewürze, Textilien und frische Produkte kaufen können.
- Ende: Genießen Sie ein traditionelles goanisches Essen in Martins Corner, einem berühmten lokalen Restaurant.

Tag 7: Gewürzplantagen-Spaziergang
Goas Gewürzplantagen bieten einen Einblick in sein landwirtschaftliches Erbe.

- Start: Besuchen Sie die Sahakari Gewürzfarm, wo Sie einen geführten Spaziergang durch die Plantage unternehmen können.
- Spaziergang: Erkunden Sie die verschiedenen Bereiche der Farm und lernen Sie Gewürze wie Kardamom, Pfeffer und Vanille kennen.
- Höhepunkte: Genießen Sie ein traditionelles goanisches Mittagessen auf der Plantage.
- Ende: Besuchen Sie einen nahe gelegenen Wasserfall oder Fluss für einen entspannten Tagesausklang.

5. Uttar Pradesh (Varanasi): 7-Tägige Wanderroute
Varanasi ist eine der heiligsten Städte Indiens, bekannt für seine Ghats, Tempel und seine lebendige spirituelle Atmosphäre. Diese Wanderroute führt Sie durch die alten Gassen und entlang des heiligen Ganges.

Tag 1: Ghats von Varanasi zu Fuß
Die Ghats sind die Seele von Varanasi, wohin Pilger kommen, um im heiligen Ganges zu baden.

- Start: Beginnen Sie am Assi Ghat, einem der wichtigsten Ghats in Varanasi.
- Spaziergang: Spazieren Sie am Flussufer entlang, vorbei am Dashashwamedh Ghat, das für den abendlichen Ganga Aarti bekannt ist.
- Höhepunkte: Besuchen Sie das Manikarnika Ghat, das Hauptverbrennungsghat, und erfahren Sie mehr über den Kreislauf von Leben und Tod im Hinduismus.
- Ende: Machen Sie eine Mittagspause in einem Café am Flussufer und genießen Sie die Aussicht auf den Ganges.

Tag 2: Tempel von Varanasi zu Fuß
Varanasi beherbergt zahlreiche Tempel, von denen jeder seine eigene Bedeutung hat.

- Start: Besuchen Sie den berühmten Kashi Vishwanath Tempel, der Lord Shiva gewidmet ist.
- Spaziergang: Fahren Sie in Richtung Annapurna-Tempel, einem weiteren wichtigen Hindu-Tempel.
- Höhepunkte: Erkunden Sie den Durga-Tempel (Affentempel), der für seine rote Farbe und Affen bekannt ist.
- Ende: Besuchen Sie den Tulsi Manas Tempel, in dessen Wänden Verse aus dem Ramayana eingeschrieben sind.

Tag 3: Varanasis historischer Spaziergang
Varanasis Geschichte ist reich und reicht Tausende von Jahren zurück.

- Start: Besuch der Banaras Hindu University (BHU), einer der größten Wohnuniversitäten Asiens.
- Spaziergang: Erkunden Sie das Bharat Kala Bhavan Museum mit antiken Artefakten und Gemälden.
- Höhepunkte: Besuchen Sie das Ramnagar Fort am Ostufer des Ganges.
- Ende: Genießen Sie eine Bootsfahrt auf dem Ganges bei Sonnenuntergang.

Tag 4: Spiritueller Spaziergang in Sarnath
Sarnath, in der Nähe von Varanasi gelegen, ist der Ort, an dem Buddha seine erste Predigt hielt, nachdem er Erleuchtung erlangt hatte.

- Start: Beginnen Sie am Dhamek Stupa, einem massiven Stupa, der die Stelle markiert, an der Buddha zum ersten Mal gepredigt hat.
- Spaziergang: Besuchen Sie den Mulagandha Kuti Vihara, einen modernen buddhistischen Tempel mit Wandgemälden, die Buddhas Leben darstellen.
- Höhepunkte: Erkunden Sie das Archäologische Museum von Sarnath, das Relikte und Artefakte aus dem alten Indien beherbergt.
- Ende: Nehmen Sie ein ruhiges Mittagessen in einem lokalen vegetarischen Restaurant in Sarnath ein.

Tag 5: Varanasis Märkte und kulinarische Wanderung
Die Märkte von Varanasi sind berühmt für Seidensaris, Kunsthandwerk und Straßenessen.

- Start: Beginnen Sie am Godowlia-Markt, einem der belebtesten Märkte in Varanasi.
- Spaziergang: Schlendern Sie durch die engen Gassen von Vishwanath Gali, das für seine Seidengeschäfte und Juweliergeschäfte bekannt ist.
- Highlights: Probieren Sie lokale Straßengerichte wie Kachori, Jalebi und Chaat im Kashi Chat Bhandar.
- Ende: Besuchen Sie das Banaras Silk Emporium für ein traditionelles Seidensaree-Einkaufserlebnis.

Tag 6: Erkundung der Ghats von Varanasi und darüber hinaus
Ein Tag, um weniger bekannte Ghats und Attraktionen zu erkunden.

- Start: Besuchen Sie Tulsi Ghat, benannt nach dem berühmten heiligen Tulsidas, der hier die Ramcharitmanas schrieb.
- Spaziergang: Fahren Sie in Richtung Chet Singh Ghat, einem historischen Ghat mit einer Festung.
- Höhepunkte: Besuchen Sie das Harishchandra Ghat, ein weiteres Kremationsghat, das weniger überfüllt ist als Manikarnika.
- Ende: Genießen Sie eine ruhige Bootsfahrt, um die Ghats vom Wasser aus zu erkunden.

Tag 7: Varanasis Kunst- und Kulturspaziergang
Varanasi ist nicht nur Spiritualität, sondern auch ein Zentrum für klassische Musik, Tanz und Kunst.

- Start: Besuchen Sie den Ashram des Internationalen Musikzentrums, wo Sie etwas über klassische indische Musik lernen können.
- Spaziergang: Erkunden Sie die Galerien der Ruchika Art Gallery, in denen Werke lokaler Künstler ausgestellt sind.
- Höhepunkte: Besuchen Sie eine klassische Musik- oder Tanzaufführung im Tulsidas Ghat oder in der Jai Prakash Narayan Hall.
- Ende: Abendessen in der Lotus Lounge, einem Restaurant mit herrlichem Blick auf den Ganges.

6. Maharashtra (Mumbai): 7-Tägige Wanderroute
Mumbai, die Finanzhauptstadt Indiens, ist eine pulsierende Metropole, die für ihre koloniale Architektur, ihr pulsierendes Straßenleben und ihre atemberaubenden Uferpromenaden bekannt ist. Diese Wanderroute führt Sie durch die ikonischen Gegenden von Mumbai.

Tag 1: Wanderung zum Erbe Süd-Mumbais
Süd-Mumbai beherbergt Gebäude und Wahrzeichen aus der Kolonialzeit, die die Geschichte der Stadt prägen.

- Start: Beginnen Sie am Gateway of India, einem großen Bogen, der während der britischen Herrschaft erbaut wurde.
- Spaziergang: Fahren Sie in Richtung des Taj Mahal Palace Hotels, einem ikonischen Luxushotel.
- Höhepunkte: Besuchen Sie das Chhatrapati Shivaji Maharaj Vastu Sangrahalaya (ehemals Prince of Wales Museum).
- Ende: Schlendern Sie durch den Colaba Causeway zum Einkaufen und essen Sie im Leopold Café zu Mittag.

Tag 2: Marine Drive und Chowpatty Strand
Marine Drive ist aufgrund seiner geschwungenen Form und der funkelnden Lichter bei Nacht als Halskette der Königin bekannt.

- Start: Gehen Sie den Marine Drive entlang, eine Promenade, die sich entlang des Arabischen Meeres erstreckt.
- Spaziergang: Fahren Sie zum Chowpatty Beach, einem beliebten Ort für abendliche Spaziergänge und Straßenessen.
- Highlights: Probieren Sie lokale Snacks wie Pav bhaji und Bhel Puri von den Straßenhändlern.

- Ende: Beobachten Sie den Sonnenuntergang vom Girgaon Chowpatty Beach aus.

Tag 3: Fort-Bereich und Flora-Brunnen-Spaziergang
Mumbais Fort-Viertel ist ein historisches Viertel mit einigen der ältesten Gebäude der Stadt.

- Start: Beginnen Sie am Flora-Brunnen, einem wunderschön geformten Brunnen im Herzen des Festungsgebiets.
- Spaziergang: Besuchen Sie den Horniman Circle, der von Gebäuden aus der Kolonialzeit umgeben ist.
- Höhepunkte: Erkunden Sie den Bombay High Court und die St. Thomas Cathedral, die älteste anglikanische Kirche in Mumbai.
- Ende: Essen Sie bei Britannia & Co., ein berühmtes Parsi-Café.

Tag 4: Spaziergang durch das Dorf Bandra
Bandra ist bekannt für sein portugiesisches Erbe, Straßenkunst und moderne Stimmung.

- Start: Spaziergang durch das Dorf Ranwar, eine bezaubernde Gegend mit farbenfrohen Häusern im portugiesischen Stil und Wandgemälden.
- Spaziergang: Fahren Sie in Richtung St. Andrew's Church, einer der ältesten Kirchen in Mumbai.
- Höhepunkte: Erkunden Sie die Basilika Mount Mary, die auf einem Hügel mit Blick auf das Arabische Meer thront.
- Ende: Besuchen Sie das Bandra Fort und gehen Sie die Carter Road für einen Abendspaziergang entlang.

Tag 5: Bollywood-Spaziergang in Juhu
Mumbai ist ein Synonym für Bollywood, und Juhu ist ein erstklassiger Ort, um einen Blick auf die Filmindustrie zu werfen.

- Start: Beginnen Sie Ihren Spaziergang am Juhu Beach, einem beliebten Treffpunkt für Einheimische und Touristen.
- Spaziergang: Erkunden Sie den nahe gelegenen ISKCON-Tempel, der für seine wunderschöne Architektur bekannt ist.
- Höhepunkte: Spazieren Sie durch das Viertel Juhu, in dem viele Bollywood-Stars leben.
- Ende: Genießen Sie das Abendessen im Prithvi Café, das sich im berühmten Prithvi Theater befindet, einem Zentrum für darstellende Künste.

Tag 6: Dharavi Slum Spaziergang
Dharavi, einer der größten Slums der Welt, bietet einen Einblick in die Widerstandsfähigkeit und das Unternehmertum seiner Bewohner.

- Start: Machen Sie einen geführten Rundgang durch Dharavi und konzentrieren Sie sich auf die Kleinindustrie, die hier gedeiht, darunter Töpferwaren, Lederwaren und Textilien.
- Spaziergang: Erkunden Sie die engen Gassen und erleben Sie den Alltag der Bewohner.

- Höhepunkte: Besuchen Sie den Recyclingbezirk, in dem Arbeiter einen erheblichen Teil des Abfalls von Mumbai recyceln.
- Ende: Beenden Sie die Tour auf einem lokalen Markt, auf dem Sie in Dharavi hergestellte Produkte kaufen können.

Tag 7: Elephanta Island Spaziergang
Eine kurze Bootsfahrt von Mumbai entfernt befindet sich die Insel Elephanta mit ihren alten Felsentempeln.

- Start: Nehmen Sie eine Fähre vom Gateway of India nach Elephanta Island.
- Spaziergang: Wandern Sie die Stufen zu den Elephanta-Höhlen hinauf, die zum UNESCO-Weltkulturerbe gehören.
- Höhepunkte: Erkunden Sie den Shiva-Tempel mit seinen aufwendigen Schnitzereien und Skulpturen.
- Ende: Rückkehr nach Mumbai und genießen Sie einen ruhigen Abend am Nariman Point.

7. Tamil Nadu (Chennai): 7-tägige Wanderroute
Chennai, die Kulturhauptstadt Südindiens, ist bekannt für seine dravidischen Tempel, die Kolonialarchitektur und die blühende Kunstszene. Diese Reiseroute führt Sie durch das Erbe und die spirituellen Wahrzeichen der Stadt.

Tag 1: Marina Strand und San Thome Basilika Spaziergang
Marina Beach ist einer der längsten Stadtstrände der Welt.

- Start: Beginnen Sie Ihren Spaziergang am Marina Beach, einem beliebten Ort für morgendliche und abendliche Spaziergänge.
- Spaziergang: Fahren Sie in Richtung der Basilika San Thome, die über dem Grab des heiligen Thomas, einem der zwölf Apostel Jesu, erbaut wurde.
- Höhepunkte: Erkunden Sie den nahe gelegenen Leuchtturm und das Anna-Denkmal, das dem ehemaligen Ministerpräsidenten C. N. Annadurai gewidmet ist.
- Ende: Genießen Sie ein traditionelles südindisches Frühstück im Saravana Bhavan.

Tag 2: Wanderung zum Mylapore-Tempel
Mylapore ist eines der ältesten Viertel in Chennai, bekannt für seine Tempel und seine traditionelle Kultur.

- Start: Beginnen Sie am Kapaleeshwarar-Tempel, einem atemberaubenden Tempel im dravidischen Stil, der Lord Shiva gewidmet ist.
- Spaziergang: Erkunden Sie den pulsierenden Mylapore-Markt, der für Blumen, Früchte und traditionelle Gegenstände bekannt ist.
- Höhepunkte: Besuchen Sie das Ramakrishna Math, ein spirituelles Zentrum, das Frieden und Ruhe bietet.
- Ende: Genießen Sie ein traditionelles Mittagessen in Rayar's Mess, einem beliebten lokalen Restaurant.

Tag 3: Kolonialer Chennai-Spaziergang

Chennais koloniale Vergangenheit spiegelt sich in seiner Architektur und seinen Sehenswürdigkeiten wider.

- Start: Beginnen Sie am Fort St. George, der ersten englischen Festung in Indien, in der sich ein Museum und die gesetzgebende Versammlung von Tamil Nadu befinden.
- Spaziergang: Erkunden Sie die St. Mary's Church, die älteste anglikanische Kirche in Indien.
- Höhepunkte: Spazieren Sie entlang Rajaji Salai und besuchen Sie das High Court Building, ein schönes Beispiel für indo-sarazenische Architektur.
- Ende: Mittagessen im Amethyst Café, das sich in einem Bungalow aus der Kolonialzeit mit üppigen Gärten befindet.

Tag 4: T. Nagar Einkaufs- und Essensspaziergang
T. Nagar ist das Herz von Chennais Einkaufsszene, bekannt für seine Seidensaris und Schmuck.

- Start: Beginnen Sie am Pondy Bazaar, einer belebten Einkaufsstraße, die von Kleidung bis hin zu Elektronik alles bietet.
- Spaziergang: Erkunden Sie die Ranganathan Street, die für ihre traditionellen Seiden-Saree-Läden und Goldschmuckgeschäfte bekannt ist.
- Highlights: Probieren Sie südindisches Street Food wie Idli, Dosa und Vadai im Murugan Idli Shop.
- Ende: Besuchen Sie den Panagal Park für einen ruhigen Spaziergang nach dem Einkauf.

Tag 5: Chennais Kulturspaziergang
Chennai ist ein Zentrum für klassische Musik und Tanz, insbesondere karnatische Musik und Bharatanatyam.

- Start: Beginnen Sie an der Musikakademie, einer der führenden Institutionen für klassische Musik und Tanz.
- Spaziergang: Erkunden Sie die Kalakshetra Foundation, eine Kulturakademie, die sich der Erhaltung traditioneller Künste widmet.
- Höhepunkte: Besuchen Sie das Cholamandal Artists 'Village, eine Künstlerkommune, die zeitgenössische südindische Kunst zeigt.
- Ende: Besuchen Sie eine Live-Aufführung in Narada Gana Sabha.

Tag 6: Triplicane Tempel und Marktspaziergang
Triplicane ist bekannt für seine historischen Tempel und lebhaften Marktstraßen.

- Start: Besuchen Sie den Parthasarathy-Tempel, der Lord Krishna gewidmet ist und einer der ältesten Tempel in Chennai ist.
- Spaziergang: Erkunden Sie die engen Gassen des Triplicane-Marktes, der für seine Blumenverkäufer, Gewürzläden und traditionellen Artikel bekannt ist.
- Höhepunkte: Besuchen Sie das Eishaus, ein Gebäude aus dem 19.Jahrhundert, in dem einst aus Amerika importiertes Eis gelagert wurde.

- Ende: Genießen Sie ein traditionelles Essen im Ratna Café, das für seine Sambar und Idli berühmt ist.

Tag 7: Mahabalipuram Rundgang
Mahabalipuram, ein UNESCO-Weltkulturerbe, liegt etwas außerhalb von Chennai und ist berühmt für seine alten Felsentempel.

- Start: Beginnen Sie am Shore Temple, einem atemberaubenden Tempel aus dem 7. Jahrhundert mit Blick auf den Golf von Bengalen.
- Spaziergang: Erkunden Sie die Pancha Rathas, fünf monolithische Strukturen, die Streitwagen darstellen.
- Höhepunkte: Besuchen Sie die Arjuna-Buße, eine massive Felszeichnung, die Szenen aus der hinduistischen Mythologie darstellt.
- Ende: Essen Sie in einem Café am Meer zu Mittag und genießen Sie die malerische Aussicht auf die Küste.

8. Westbengalen (Kolkata): 7-tägige Wanderroute
Kalkutta, die Kulturhauptstadt Indiens, ist bekannt für ihre koloniale Architektur, ihre lebendige intellektuelle Szene und ihre reiche Geschichte. Diese Wanderroute erkundet das Erbe und das moderne Leben der Stadt.

Tag 1: Kolonialer Kolkata-Spaziergang
Kolkatas koloniale Vergangenheit zeigt sich in seinen prächtigen Gebäuden und breiten Straßen.

- Start: Beginnen Sie am Victoria Memorial, einem großen Marmorgebäude, das von üppigen Gärten umgeben ist.
- Spaziergang: Gehen Sie in Richtung des Indischen Museums, dem ältesten Museum Indiens, mit einer umfangreichen Sammlung von Artefakten.
- Höhepunkte: Besuchen Sie die St. Paul's Cathedral, ein wunderschönes Beispiel gotischer Architektur.
- Ende: Mittagessen im Flurys, einer ikonischen Teestube in der Park Street.

Tag 2: Howrah Bridge und Blumenmarktspaziergang
Die Howrah-Brücke ist eines der bekanntesten Wahrzeichen in Kalkutta.

- Start: Gehen Sie über die Howrah Bridge und genießen Sie die Aussicht auf den Hooghly River.
- Spaziergang: Erkunden Sie den geschäftigen Blumenmarkt Mallick Ghat, auf dem Verkäufer eine Vielzahl von Blumen für Tempelopfer verkaufen.
- Höhepunkte: Besuchen Sie den Bahnhof Howrah, einen der verkehrsreichsten Bahnhöfe Indiens.
- Ende: Mittagessen in einem nahe gelegenen Restaurant in Howrah.

Tag 3: College Street und Spaziergang für Bücherliebhaber
Kolkata ist als intellektuelle Hauptstadt Indiens bekannt, und die College Street ist das Herz seiner literarischen Kultur.

- Start: Beginnen Sie Ihren Spaziergang an der College Street, der Heimat des berühmten College Street Coffee House.

- Spaziergang: Erkunden Sie die zahlreichen Bücherstände, an denen alles verkauft wird, von Lehrbüchern bis hin zu seltenen literarischen Werken.
- Höhepunkte: Besuchen Sie die Universität von Kalkutta und den Campus der Presidency University.
- Ende: Genießen Sie einen Kaffee und einen Snack im Indian Coffee House, einem Zentrum für Intellektuelle und Studenten.

Tag 4: Kumartuli-Wanderung
Kumartuli ist das Töpferviertel, in dem Handwerker Tonidole von hinduistischen Göttern und Göttinnen herstellen, insbesondere während der Durga Puja.

- Start: Spazieren Sie durch die engen Gassen von Kumartuli und beobachten Sie die Handwerker bei der Arbeit.
- Spaziergang: Besuchen Sie das Kumartuli Ghat, einen Ort am Flussufer, an dem Idole während Festivals eingetaucht sind.
- Höhepunkte: Lernen Sie die traditionelle Kunst der Götzenherstellung von den lokalen Handwerkern kennen.
- Ende: Besuchen Sie ein lokales Café für Tee und Snacks.

Tag 5: Tagores Kolkata-Spaziergang
Rabindranath Tagore, einer der größten Dichter Indiens, wurde in Kalkutta geboren und sein Erbe kann auf diesem Spaziergang erkundet werden.

- Start: Beginnen Sie in Jorasanko Thakur Bari, dem Stammsitz von Rabindranath Tagore, heute ein Museum.
- Spaziergang: Erkunden Sie Rabindra Sarobar, einen großen künstlichen See, der von Gärten und Kulturzentren umgeben ist.
- Höhepunkte: Besuchen Sie Rabindra Sadan, einen Kulturkomplex, in dem Tagores Theaterstücke und Lieder aufgeführt werden.
- Ende: Mittagessen im Oh! Kalkutta, ein Restaurant, das für traditionelle bengalische Küche bekannt ist.

Tag 6: Wanderung zum Erbe von Nord-Kolkata
Nord-Kalkutta ist bekannt für seinen Charme der alten Welt mit engen Gassen, zerfallenden Villen und historischen Tempeln.

- Start: Besuchen Sie den Marmorpalast, ein Herrenhaus aus dem 19.Jahrhundert mit europäischer Kunst und Antiquitäten.
- Spaziergang: Erkunden Sie die engen Gassen von Shobhabazar und besuchen Sie das Shobhabazar Rajbari, ein altes aristokratisches Herrenhaus.
- Höhepunkte: Besuchen Sie den Kumortuli-Tempel, der für seine komplizierten Terrakottaarbeiten bekannt ist.
- Ende: Genießen Sie eine Mahlzeit im Bhojohori Manna, einem Restaurant, das traditionelle bengalische Gerichte serviert.

Tag 7: Parkstraße und Nachtleben Spaziergang
Die Park Street ist das Herz des Nachtlebens von Kalkutta mit Restaurants, Bars und Musikveranstaltungen.

- Start: Beginnen Sie am Park Street Cemetery, einem der ältesten Friedhöfe der Stadt, mit Gräbern aus der britischen Zeit.

- Spaziergang: Erkunden Sie die zahlreichen Restaurants und Bars entlang der Park Street, darunter Moulin Rouge und Peter Cat.
- Höhepunkte: Besuchen Sie den Oxford Bookstore, ein beliebtes Literaturcafé und Buchladen.
- Ende: Genießen Sie eine Live-Musik-Performance in Someplace Else, einem berühmten Pub, das für seine Rockmusikszene bekannt ist.

Jede dieser Wanderrouten fängt die Essenz der Region ein, kombiniert Geschichte, Kultur, Spiritualität und lokale Aromen und bietet Reisenden ein beeindruckendes Erlebnis.

ABSCHLUSS

Indien, ein Land von zeitloser Schönheit und grenzenloser Vielfalt, ist nicht nur ein Reiseziel, sondern eine Reise durch Jahrhunderte voller Geschichte, Kultur und Naturwunder. Wie Ella Karl in diesem Reiseführer anschaulich gezeigt hat, liegt die Essenz des Landes in seinen Kontrasten – von den geschäftigen Straßen der Metropolen bis zu den ruhigen Backwaters von Kerala, von den hoch aufragenden Gipfeln des Himalaya bis zu den goldenen Sandstränden von Rajasthan. Jede Region bietet ein einzigartiges Mosaik an Erlebnissen für jeden Reisenden, egal ob er spirituelles Erwachen, abenteuerlichen Nervenkitzel, kulinarische Köstlichkeiten oder eine friedliche Flucht sucht.

Bei der Erkundung von Indiens pulsierendem Wandteppich ist es unmöglich, die Bedeutung seines Erbes zu übersehen. Die antiken Tempel von Tamil Nadu, die königlichen Paläste von Rajasthan, die Architektur aus der Kolonialzeit in Goa und die spirituellen Zentren in Uttar Pradesh zeugen von Indiens reicher historischer Abstammung. Aber ebenso wichtig ist die dynamische Gegenwart – die farbenfrohen Festivals, geschäftigen Basare und zeitgenössischen Städte, in denen die antike und die moderne Welt nahtlos nebeneinander existieren.

Die große geografische Vielfalt des Landes sorgt dafür, dass jeder Staat seinen eigenen Geschmack präsentiert. In Rajasthan werden Sie von der Pracht seiner Festungen und Paläste beeindruckt sein, die in eine Geschichte der Tapferkeit und des Königtums eingetaucht sind. Kerala mit seinen ruhigen Backwaters und üppigem Grün lädt Sie ein, sich zu entspannen und sich wieder mit der Natur zu verbinden. Goa verspricht sonnenverwöhnte Strände und ein lebhaftes Nachtleben, während der Himalaya ein Paradies für Wanderer und spirituelle Suchende gleichermaßen bietet. Inzwischen präsentiert das kosmopolitische Treiben von Städten wie Delhi und Mumbai Indiens Gesicht als globales Kraftpaket, eine Mischung aus Tradition und Innovation.

Bei einer Reise durch Indien geht es sowohl darum, das Chaos anzunehmen, als auch darum, an unerwarteten Orten Ruhe zu finden. Die belebten Straßen, lebhaften Festivals und überfüllten Märkte mögen überwältigen, aber sie beleben und inspirieren auch. Auf der anderen Seite kann ein einfacher Spaziergang durch ein ländliches Dorf oder ein Sonnenuntergang am Ganges ein Moment tiefer Ruhe und Besinnung sein.

Was Indien wirklich auszeichnet, sind seine Menschen. Warmherzig, gastfreundlich und tief mit ihren Wurzeln verbunden, bereichern sie jedes Reiseerlebnis. Ob Sie mit einem Einheimischen in Rajasthan Chai trinken, Yoga in einem Ashram in Rishikesh lernen oder ein hausgemachtes Essen in Kerala genießen, es sind die Menschen in Indien, die den nachhaltigsten Eindruck hinterlassen werden.

Ella Karls Reiseführer hat die Leser durch Indiens weitläufige Landschaft geführt, von den goldenen Wüsten über die tropischen Küsten, die hoch aufragenden Berge bis hin zu den pulsierenden Städten. Sie hat wertvolle Einblicke in die berühmtesten Sehenswürdigkeiten und verborgenen Schätze des Landes gegeben und Tipps für die Navigation durch Indiens Feinheiten gegeben, von der vielfältigen Küche bis hin zu den öffentlichen Verkehrsmitteln.

Zusammenfassend lässt sich sagen, dass Indien nicht nur ein Ort zum Besuchen ist. Es ist ein Reiseziel, das man in all seiner lebendigen und unvorhersehbaren Schönheit erleben kann. Es ist ein Land, in dem jede Ecke eine Geschichte zu erzählen hat, jedes Gericht eine Geschichte zu erzählen hat und jede Person, die Sie treffen, eine Lektion zu bieten hat. Wie Ella Karl treffend demonstriert, werden Reisen in Indien Ihnen mehr als nur Fotos oder Souvenirs hinterlassen. Es wird Ihnen Erinnerungen, Einsichten und eine tiefere Wertschätzung für die Vielfalt der Welt hinterlassen.

Egal wie lange Sie bleiben, Indien wird Ihnen immer mehr zu zeigen haben und Sie einladen, immer wieder zurückzukehren, bereit, sein nächstes Rätsel zu lösen.

Made in the USA
Las Vegas, NV
03 December 2024

13268141R10115